历史定格于镜头
情感流淌在笔端

見證

——定格于镜头、流淌于笔端的云大五十年

徐嘉文　著

云南大学出版社
YUNNAN UNIVERSITY PRESS

图书在版编目（CIP）数据

见证 ：定格于镜头、流淌于笔端的云大五十年 / 徐嘉文著. -- 昆明 : 云南大学出版社, 2019
ISBN 978-7-5482-3810-2

Ⅰ. ①见… Ⅱ. ①徐… Ⅲ. ①云南大学一纪念文集
Ⅳ. ①G649.287.41-53

中国版本图书馆CIP数据核字(2019)第225703号

策划编辑：王翌沣
责任编辑：石　可
封面设计：殷明月
封面题字：陈佰林

見證

——定格于镜头、流淌于笔端的云大五十年

徐嘉文　著

JIANZHENG

——DINGGE YU JINGTOU LIUTANG YU BIDUAN DE YUNDA WUSHINIAN

出版发行：云南大学出版社
印　　装：昆明理煌印务有限公司
开　　本：787mm×1092mm　1/16
印　　张：22.75
字　　数：360千
版　　次：2020年5月第1版
印　　次：2020年5月第1次印刷
书　　号：ISBN 978-7-5482-3810-2
定　　价：198.00元

社　　址：昆明市一二一大街182号（云南大学东陆校区英华园内）
邮　　编：650091
电　　话：0871-65033244　65031071
网　　址：http://www. ynup. com
E-mail：market@ynup. com

若发现本书有印装质量问题，请与印厂联系调换，联系电话：0871- 64167045。

東陸春秋年復年，回眸往事未如烟。玉皇堂奥人文盛，會津樓高日月懸。幾度滄桑留勝迹，一朝星斗煥新天。人才輩出風姿在，振鐸敢為天下先。

題徐嘉文《見証》

戊戌之秋

九十二翁 張文勃題

序

徐嘉文教授《见证——定格于镜头、流淌于笔端的云大五十年》一书出版了。它表现了他对云南大学的感恩之情，是他在云南大学辛勤耕耘、艰苦奋斗的结果。

该书是徐嘉文教授从20世纪70年代至今，作为报社的特约记者和广播电台、电视台的特约撰稿人在新华社、光明日报、中国教育报、中国科学报、中国青年报、云南日报、云南人民广播电台、云南电视台、云南画报、云南政协报、昆明日报、春城晚报、云南大学报等10多家媒体发表消息、通讯、特写和调查报告近40余万字，照片2000多张，从中选出部分汇编出版的。该书记录了自20世纪70年代以来云南大学重大的教学、科研、管理和党政工作的活动内容，如国家“211工程”大学的申报和建设，云南大学列入国家“双一流大学”建设的过程；以及云大五十年来百余名功勋卓著、国内外知名的专家教授以及对云南大学的建设和发展做出杰出贡献的大批中青年教师，他们铸就了“会泽百家，至公天下”的云大精神！

该书见证了云南大学经过几代人的努力拼搏，奋发图强，发生重大变化的过程。云南大学1996年被列入国家“211工程”建设大学，2017年成为中国首批42所“双一流大学”建设高校之一。作者不仅是云大发展过程的见证者，更是积极的参与者和建设者。他用文字和照片记录了云南大学40余年发展历程中的人和事，并通过报纸、广播和电视等媒体让国内外的人知道云南大学，了解云南大学，从而扩大了云南大学的知名度和影响力。

该书用新闻媒体发表过的文章和照片记录了云南大学的那段史实，为研究和学习那段历史，提供了宝贵的丰富资料。认识云大，它是一扇窗口。

2018.12.19

目 录

第一章 教学改革

第二章 科技创新

第三章　学术交流

第四章 重大活动

第五章 党团建设

第六章 制度建设

第一章　教学改革

第一节 优化管理

教研室要把教学工作管起来

本报讯 1979 年 3 月 10 日，我校举行了第二次校务会议。会议由刘披云校长主持，各系正副主任和各行政部门的负责人参加。会议讨论了如何把工作重点转移到教学和科研上来的问题。

到会同志认为，要把学校工作重点转移到教学和科研上来，必须加强教学第一线，由水平高一些，经验多一些的教师上基础课。任课教师要力求稳定。新教师上课，必须有充分的准备，要有试讲，要有老教师指导。每门课必须订出教学大纲。上课用的教材，要在课前发到学生手中。教研室要把教学工作管起来，把好教学质量关。要建立教师考核制度。不能胜任教学工作的教师，要在做好思想工作后，安排做其他适宜的工作，要改变那种忽视教学质量，应付了事的现象。到会同志提到：要有一个安静的教学环境，这一点很重要。云大成了第二个圆通山，四通八达，人来车往，不收“门票”，影响了正常的教学秩序。建议学校保卫处抓好这方面的工作。举行舞会、电影晚会或其他文艺晚会一律安排在星期六晚上或节假日，不得占用学习和工作时间。

参加校务会议的同志还讨论了师资培养问题。大家认为，大力提升师资水平是提高教学质量和学术水平、建成“两个中心”的关键。目前，培养提高教师的重点应该是中年教师。培养教师，要包括红和专两方面，红和专都要有具体内容。必须结合教学、科研任务，来安排进修提高工作，对学校安排的必要的政治活动、理论学习、生产劳动，教师都应该积极参加。培养教师应坚持“三个为主”的原则，不论自学、在校进修或校外进修，都要服从教学、科研需要。“文化大革命”以来，毕业留校的教师，都要补好基础课，要进行考核。可以采取办专业基础课进修班，或以老带新，随学生班听课等方式进行。为提高教师的外语水平，学校要坚持办好高、中、初级外语进修班。对造诣深的老教师要配备助手，把他们的专长继承下来。校、系、教研室领导要关心教师的生活，在条件许可的情况下，帮助他们解决困难，使他们能专心致志地搞好教学和科研工作。

（本文原载《云南大学报》1979 年 3 月 7 日，原题为《我校召开第二次校务会议贯彻三干会精神，建立正常教学秩序，做好师资培养工作》）

我校试行教师工作量制度

本报讯 《云南大学教师工作量试行办法》（以下简称为《试行办法》）1979年4月1日起在我校试行，受到了我校广大教师的拥护，许多教师反映说，《试行办法》要求明确，有章可循，奖罚分明。认真做好这件事，对调动广大教师的社会主义积极性，保证教学、科研和师资培养等任务的完成，进一步提高教学质量和科研水平，将起到很好的促进作用。

《试行办法》是根据我校的具体情况，虚心学习兄弟院校的经验，认真征求了广大教师的意见，从1978年10月份起酝酿讨论，反复修改后，经校党委审核批准颁布试行的。《试行办法》强调了学校工作必须以教学为主，努力提高教学质量，教师的根本任务是认真教好学生，积极完成教学和科研任务。

教师工作量主要包括教学工作量、教学法工作量和科研工作量等。《试行办法》中规定了教师全年的工作量定额。每个教师全年扣除节假日外，为270个工作日。每个工作日以8小时计算，全年为2160个工作时。为保证教师至少有5/6的业务工作时间，每个教师全年工作量为1800个小时，教师因病，经医生证明，系主任审核，校长批准，可酌情减免部分或全部工作量，已到退休年龄的体弱教师，根据实际情况，可适当安排力所能及的工作，而不以定额标准相要求。

对于专职或主要从事科研、实验室工作的教师，《试行办法》也做了具体规定：每学期应有明确的任务和工作计划，实行每日工作8小时为满的工作量上班制。并在一定阶段，对其完成任务情况或工作成果做出总结、汇报。兼任科研工作的教师，其应完成的教学工作量，按扣除参加科研的工时计算。

教师担任党、政、社会工作以及教师进修提高时的工作量，《试行办法》中也做了明确的规定。

为了体现社会主义按劳分配原则，《试行办法》对教师教学工作量超额和缺额问题，做了说明和规定。强调教研室安排教师的工作任务必须合理，力求做到劳逸结合，轻重得当。凡教师个人承担的全年工作量超过百分之百，其中教学工作量超过百分之八十者，经教研室提名，系主任审核，学校批准，对超额部分给予津贴。对无故完不成工作量的教师应说明原因，并按不同情况给予批评教育。连续两年完成工作量不足百分之五十者要追查原因，由系报学校批准，按不同职称和相应的比例扣除一定的工资。

《试行办法》在试行过程中，将根据情况，及时总结经验，不断修改完善，使之成为我校教学管理工作的一项必要制度。

（本文原载《云南大学报》1979 年 4 月 1 日，原题为《合理安排教师工作　调动教师的积极性　我校试行教师工作量制度》）

文科学术委员会举行第三次会议

本报讯　1979年9月29日，10月4日，文科学术委员会举行第三次会议。由杨振铎、蔡葵、马开梁、李兆同、金承旺等同志分别汇报“文学概论”“中国古代史”“历史文选”“古代汉语”“英语实践课”等五门课程的教学情况，并提出了改进这几门课程教学的意见，会议进行了讨论。

“文学概论”“中国古代史”“历史文选”“古代汉语”等课程，在五八年和“文化大革命”中曾两度被冲掉或大大压缩学时，尤其是在“文化大革命”期间，这些课程被“四人帮”搅得很乱，破坏得很厉害，现在正处在拨乱反正，解放思想，重新建立课程体系的过程中。这几门课程现在都加强了基础知识、基本理论教学，注意研究讲授过去“绕开走”的问题，如关于共同美的问题，世界观与创作的关系问题；注意完整地讲授历史知识，克服叙述历史文件和历史人物的片面性；“历史文选”和“古代汉语”注意讲解语法，指导学生阅读历史文献和古典文学名著，帮助学生使用辞书和年表，改变单纯的破字解句、文字训诂的教法，要求学生多记多背。“英语实践课”的听力课全部使用外国人的录音，教师用外语讲课，好、中、差三种程度的学生都同外国人接触过，学生的听说能力远远超过了“文化大革命”前的。目前存在的问题，是教材偏重用外国的，不看《北京周报》。只训练外翻中的能力，这样不行。外语教材，现代的要读，但应以学习传统外语为主。

同志们提出，文史两系招的学生过多，班太大，教师批改作业看不过来。尤其是文选课和古汉语课,应该精讲多练,学生人数太多,就不能很好地做到这一点。

大家就如何提高史、论、选和语言等类课程的教学质量交换了意见，认为文科教学要适应四个现代化的要求，必须做到打好基础，培养研究问题的能力。为此，要正确坚持马列主义、毛泽东思想指导，坚决执行双百方针，打破各种禁锢；要充分传授知识，克服把历史和文学课教成政治课的偏向；要让学生多读一些书，指导学生有计划地阅读规定的必读书目；要加强公共外语课教学，使学生既能学好外语，又不妨碍学习专业课。文科教学要重视社会调查，把它作为一种重要的教学方式。经济学科要与企业挂钩，主动承担经济方面的研究课题。

大家认为，提高文科教学质量，开展科学研究，图书资料工作必须跟上。方国瑜教授说：教学、科研都要有分工，要有一部分人做资料工作。做资料工作的同志要有“踏破铁鞋到处觅”的精神，使研究工作者“得来全不费功夫”。资料要使人用得上、信得过。方国瑜教授自己就是这样做的，他主持编辑《云南史料丛刊》已出到十五期，共约一百六十万字，他现在把他的主要精力用在资料工作上。金琼英教授提出，培养研究生应从教他们怎样做资料工作开始。

（本文原载《云南大学报》1979 年 9 月 29 日，原题为《文科学术委员会举行第三次会议　汇报史论选语言课程教学情况　就如何提高文科教学质量交换意见》）

我校召开先进集体“三好学生”颁奖大会

本报讯　1979年10月26日我校召开了1978—1979学年先进集体、“三好”学生颁奖大会。校领导杨黎原、林亮、赵季、杨桂宫、程明轩、顾耀宗同志出席了大会。各系和机关各部处负责同志也参加了大会。大会由校党委副书记、副校长赵季同志主持，党委副书记、副校长林亮同志在会上讲了话。

林亮同志在讲话中首先代表校党委向获得1978—1979学年先进集体称号和“三好”学生称号的同学们，表示热烈的祝贺！他在讲话中肯定了去年开展“三好”活动以来，全体同学以“三好”为目标，以学习为中心，刻苦攻关，为实现社会主义现代化而勤奋学习所取得的成绩后强调指出，德智体全面发展，成为有社会主义觉悟的有文化的劳动者，这是毛主席为我们制定的教育方针，是社会主义现代化建设的需要，也是党和人民的殷切希望。“三好”学生必须学习成绩显著，就是说，学习成绩全优或接近全优，但全优生不一定是“三好”生，因为学习好只是“三好”中的一个方面，还要有社会主义觉悟，把坚定正确的政治方向放在首位，此外还要把体育课作为基础课，有强健的身体，才能在大学毕业后为国家和人民健康地工作五十年。

林亮同志在讲话中指出，为国家造就又多又好的人才，这是学校工作的中心任务。在这方面我们做了不少工作，但与四化建设的要求，与全国各先进大学相比，差距还很大，需要继续努力。思想政治教育要加强，专业教学要改进，教育质量要提高。我们要按科学和民主精神办事，实行科学办学，民主办学，遵循教育的规律。他还着重指出，广大师生员工，是学校的主人，要充分发挥大家的积极性、主动性和创造性。现在要认真学习叶剑英同志国庆讲话，结合真理标准问题讨论的补课，联系学校实际，批判林彪、“四人帮”的极“左”路线，全面贯彻党的教育方针，提高教学质量和科研水平。

林亮同志最后勉励被授予先进集体和“三好”学生称号的同学们，戒骄戒躁，继续前进，百尺竿头，更进一步。做解放思想的促进派，做四化建设的促进派，做教学和科研的促进派，把德育、智育、体育提高到一个新的水平。

会上，党委宣传部负责人刘洪同志宣布了1978—1979学年评出的22个先进集体（其中包括由团省委授予新长征突击队称号的政治系七六级团支部），189名“三好”学生（其中包括由团省委授予新长征突击手称号的历史系七七级学生周庚鑫）名单，并对一年来的“三好”活动作了小结。他说，从党委去年号召开展“三好”活动以来，同学们积极响应，各系党总支、共青团、学生会和政治辅导员都做了大量工作。在三月份还对开展“三好”活动的情况进行了小结。这次评选先在政治系毕业班和数学系七八级搞了试点，为全校提供了较好的经验。通过评选，同学们进一步明确了作为一个社会主义的大学生，必须以“三好”为目标，以学习为中心。评选“三好”生和先进集体为大家树立了学习的榜样，促进了学习，增强了集体荣誉感。这次评选工作，在个人总结和群众评议中，大家都能本着实事求是的精神，有成绩说成绩，有缺点说缺点。有的同学，特别是学生干部，在荣誉面前十分谦让，表现出了良好的风格。这次授予的“三好”学生占学生总数的8.8%，先进集体的人数占总人数的21.4%。评选“三好”学生、先进集体鼓舞着同学们在新的学年中发扬成绩，克服缺点。

大会最后由校党委副书记、副校长杨黎原同志和副校长杨桂宫同志向先进集体和“三好生”颁发了奖状和奖品。大会后，各系还先后召开了学生大会，对开展“三好”活动以来，表现较好的同学进行表扬。

（本文原载《云南大学报》，《云南日报》刊用，云南广播电台播放，原题为《以“三好”为目标，以学习为中心 我校召开先进集体、“三好”学生颁奖大会》）

我校召开1980—1981学年三好表彰大会

本报讯　1980年10月16日下午，我校召开了1980—1981学年三好表彰大会。

这次评选三好生，是在个人学年小结的基础上，按照三好评比条件，经过群众提名酝酿，班级评议，班主任同意和系总支审查，最后经学校批准的。全校共评出三好学生300名，优秀学生干部121名，先进集体19个。三好学生中有党员38人，团员206人，连续两年以上评为三好学生的有105人。

校领导出席了表彰大会。杨桂宫副校长在大会上讲了话。他代表校党委向三好生、优秀学生干部和先进集体致以热烈祝贺。他在讲话中说，评选三好学生和先进集体的工作，自粉碎“四人帮”以来已进行了三次。三年来，全校学生在德智体三个方面有了普遍提高，创三好的活动正在逐步深入，一年多来，同学们学习了中央一、二号文件和《关于建国以来党的若干历史问题的决议》，开展了学雷锋、树新风、五讲四美等项活动，提高了坚持党的四项基本原则，抵制资产阶级自由化和各种不良倾向的自觉性，振奋了精神，明确了努力方向。学校的政治思想和教学秩序一年比一年好。同学们在政治上要求进步，思想上注意修养，学习上更为刻苦。政治系七九级党支部针对部分同学对政治学习不感兴趣的现象，组织座谈讨论，提高思想认识，改进学习方法，由后进变为先进，被评为先进集体。在开展学雷锋、树新风的活动中，很多同学，利用课余时间到车站、百货公司、公园等地做了大量的好事，获得社会的好评。师生之间，同学之间互相关心，互相帮助的动人事迹层出不穷。物理系的陈国标、历史系的陆韧、政治系的钟元浚等同学，在思想作风上能严格要求自己，数年如一日，受到同学的赞扬。在学习方面，同学们的学习自觉性不断提高，大家都能主动抓基础、抓薄弱环节，学习成绩在不断上升。公共外语教研室开办的听音练习常常是挤满了教室，很多班级还自发地举办了英语听音练习，提高外语水平。在1980年昆明地区文科大学生论文比赛中，我校文科学生有23篇论文获一等奖，占一等奖的48.8%。还有13篇论文获得二等奖。化学系学生组织的业余实验小组，成功地利用废显影液处理含六价铬污水的实验，得到有关单位的肯定。体育锻炼方面，也获得显著成绩，在上学年各项体育比赛中，破一项市记录，刷新 35 项校记录，有两名学生达到国家二级运动员标准，40 名达三级运动员标准，274 名达到国家体育锻炼标准。在过去的一年里，先后有 30 名学生光荣地参加了中国共产党，74 名学生加入了共青团。

杨副校长在讲话中指出：我们虽然取得了很大的成绩，但与全国其他重点院校相比，我们还有一定的差距。需要大家共同努力，认真贯彻校党委《关于1981—1982 学年工作的决定》，把学校各项工作搞上去。他说：新的学年已经开始，我们首先要认真学好《关于建国以来党的若干历史问题的决议》，把思想统一到《决议》的基本结论上来，政治上与党中央保持一致，树立远大的革命理想，树立艰苦奋斗，振兴中华的坚定信念，为四化建设贡献力量。要继续深入开展五讲四美、建立社会主义精神文明的活动，整顿好校风和学校秩序，要自觉抵制资产阶级自由化倾向，做一个爱劳动，守纪律，讲文明礼貌又红又专的社会主义大学生。杨副校长号召大家向先进学习，勉励三好学生、优秀学生干部和先进集体，要戒骄戒躁，不断前进，在新学年里，取得更大的成绩。

最后，校领导向先进集体、三好学生和优秀学生干部颁发了奖状和奖品。

（本文原载《云南大学报》，《云南日报》刊用，云南广播电台播放）

我校决定招收两名攻读博士学位的研究生

我校决定招收两名攻读博士学位的研究生，主攻方向为中国民族关系史，导师为方国瑜教授，学制为二至三年。

凡 1980、1981 年中国民族史专业的研究生，思想进步，拥护四项基本原则，业务优秀，身体健康，年龄不超过 40 岁，经所在单位或培养单位同意均可报考。报名时间为 1982 年 1 月 10 日至 20 日。考试科目为：马克思主义理论（包括马克思主义哲学、政治经济学）、外语（英语或日语、俄语任选一种）、中国通史及古代汉语、云南地方民族史。考试时间为 2 月 20 日前后。报名地点为云南大学科研处。外地可函报。报名应送交本人以下材料：①所学研究生课程成绩单；②论文及毕业论文评审和答辩意见；③交一万字以上的外语翻译材料；④送交报考登记表、县以上医院体检表、政治审查表，另交照片两张，经我校审查批准，发给准考证。

（本文原载《云南大学报》1982 年 1 月 12 日）

我校 1983 年将招收 40 多名硕士生

本报讯　经教育部批准，我校 1983 年将招收四十名攻读硕士学位的研究生。条件好的话，还可增加名额。历史系六名，中文系四到五名，经济系四到五名，外语系五到六名，物理系十一名，化学系四名，生物系四名，数学系和无线电系各一名。

凡在校期间政治思想好、品行端正、成绩优良、身体健康的应届本科毕业生，均可报考。各系对报考研究生的优秀应届本科毕业生，要写出书面推荐材料，供录取时参考。学校还将与有关科研单位及大专院校联系，推荐具有实际工作经验，特别是具有专业实际工作经验的在职人员报考。根据教育部要求，今年各学科专业均应全面进行复试；中国语言文学、化学专业要进行综合考试试点，即在原定考试科目外，要增加一门综合考试。学校要求各系抓紧时间做好择优选择和命题组织工作。

（本文原载《云南大学报》1982 年 11 月 16 日，《云南日报》刊用，云南广播电台播放）

物化教研室试行教学工作责任制

经过两个多月的酝酿讨论，化学系物理化学教研室教职工共同商定了一个实行教学工作责任制的试行方案，为开创教学工作新局面迈出了第一步。

这个办法，是在党的十二大精神鼓舞下，同志们为了改变教研室科研工作比较落后的局面，以及如何为四化做贡献的讨论中提出的。大家把教研室一年的教学工作量进行了计算。教研室二十五人，助理工程师二人，除去一人出国进修，一人搞副系主任工作，三人担任研究生课的教师外，平均每人的工作量为一千零五百学时，学校规定每人每学年面对学生的工作量为一千四百个学时。计算结果表明，按平均量算，每人还应有三百多学时做其他工作，也就是说，教研室可抽出三至四人做机动。根据这一情况，他们把二十五人，按学科分成三个教学科研组，即胶体及表面化学组、电化学组和结构及量子化学组。各组包干自己所承担的课程和实验。在完成教学任务，保证教学质量的前提下，各组自行安排科研或其他工作。为此，他们还规定了三条原则：

（1）担任基础课的教师必须由教研室决定，把好基础课关，保证教学质量。

（2）每个组承担的教学量只是预算，到年终以实际工作量结算，待下一学年进行调整、平衡。

（3）经济效益的安排，在完成学校提成，仪器设备的折旧和药品的耗费外，百分之七十归各组自行处理，百分之三十交物化教研室做自筹资金。

物化教研室在讨论研究这一办法的时候，大家认为，这样做使个人任务明确、职责明确、方向明确，可以调动和发挥集体和个人的积极性，避免人力的浪费，同时可克服工作中的惰性，有利于教学和科研，适当开展部分社会服务项目，可以为四化建设多做贡献。

目前，物化教研室已按教学工作责任制安排了下学期的教学工作。大家的积极性很高。各组都安排一定人力到省市有关单位搞社会科技咨询，搞调查，联系协作或兼职，搞对外服务项目。胶体及表面化学组已与某厂商定，帮助该厂“废液处理”的研究项目，还与某厂协作搞聚氯乙烯分子量的分布测量的研究。电化学组正酝酿举办短训班。结构及量子化学组也参与磷矿综合利用的部分研究工作。

据了解，分析化学教研室副主任刘松愈讲师在该教研室也建议实行教学责任制的办法。这一建议正在教研室展开讨论。

（本文原载《云南大学报》1983年1月21日，同年《云南日报》一版头条。编者按：号召全省高等院校进行教学改革，云南广播电台播放。原题为《打开新局面　迈开新步伐　物化教研室试行教学工作责任制》）

我校电子计算机科学系成立

本报讯　为适应日益发展的工农业、科学教育事业的需要，在推广应用微型电子计算机的热潮中，我校电子计算机科学系已于最近成立。

电子计算机科学系是在数学系软件专业的基础上建立起来的。该系软件专业从 1971 年起就在云南省首先使用电子计算机，先后为水电、铁路、国防、建筑、水文、地质、测量、机械等部门进行了程序编制和数据处理，为我省的国民经济应用电子计算机做了大量工作，还为云南省的计算机应用工程培训了技术人员 1200 多名。在 1982 年西南地区计算机推广应用会上，该系软件专业获得了计算机应用集体奖。在 1984 年云南省微机应用的 34 个重点项目中，该专业又承担了 10 项，为推广微机应用起到了骨干作用。

计算机科学系虽是一个新系，但教学上有一定的基础和经验。现已按教育部的规定开出电子计算机专业应开的 14 门课程。该系现有 3 个年级，在校学生 100 人。根据形势需要，该系近年内将有较大的发展。

（本文原载《云南大学报》1984 年 9 月 29 日，《云南日报》登载，云南广播电台播放，原题为《适应工农业、科学教育事业发展需要　我校电子计算机科学系成立》）

经济学院的人口研究所开展民族贫困地区人口与经济社会协调发展研究的调查

本报讯 1990年2月下旬开始，经济学院的人口研究所全体人员和经济系八六级部分学生共40多人，用一个多月时间，到红河哈尼族彝族自治州的绿春县进行民族贫困地区人口与经济社会协调发展研究的调查，这是联合国人口基金会和国家教委联合下达的研究课题。

红河州绿春县的哈尼族村庄

这次调查，师生分别对1000户6000多哈尼族农民进行调查，获得了大量的民族人口经济的数据。在调查期间师生与当地人民同吃、同住，亲身感受到此次调查的重要性，认识到国家要富强，民族地区的建设和发展尤为重要。

（本文原载《云南大学报》1990年5月4日）

调查者与村民的合影

我校中国经济史博士点举行博士论文答辩会

1992 年 3 月 16 日上午，我校中国经济史博士点在老图书馆 2 楼举行博士论文答辩会。答辩委员会由前辈史学家马曜教授担任主席，委员由尤中、潘镛、李英华、董孟雄、侯绍庄、林超民等省内外知名教授组成。委员们以高标准、严要求对学位论文《宋金时期的银的生产与使用》进行了提问，李埏教授的博士生李槐一一阐述了自己的观点。委员们一致认为，该文不仅选题较好，逻辑严明，而且资料丰富，功底扎实，是一篇成功的博士论文，一致同意李槐同学毕业并建议授予博士学位。

（本文原载《云南大学报》1992 年 3 月 28 日）

博士学位论文答辩会会场

云大首次颁发笹川良一优秀青年教育基金奖

1995 年 5 月 5 日上午，我校首次颁发笹川良一优秀青年教育基金奖。获教育基金研究项目资助和研究成果奖共 70 个项目，金额达 16 万多元人民币。

笹川良一优秀青年教育基金是在日本船舶振兴会笹川良一会长倡导下，由笹川平和财团捐赠设立的特别基金之一。设立该基金是为了资助人文社会科学领域跨世纪优秀青年人才的培养，促进世界和平与发展。迄今，全世界已有 10 多个国家的 53 所大学得到基金会资助，设立了笹川良一优秀青年教育基金，另有 6 所大学得到基金会资助。我校是中国得到笹川良一基金会资助设立优秀青年教育基金的高校之一。1994 年 6 月 13 日签订协议，笹川良一基金会向我校提供 100 万美元建立基金，每年所得利息的 30% 返回本金，其余部分主要用于资助优秀人文社会科学人才的培养。

这次获奖的笹川良一优秀青年基金研究项目资助和研究成果奖励的 70 个项目中，有 52 个资助研究项目，18 个成果奖励项目。其中研究生项目 38 项，占项目总数的 54.3%，其余为 45 岁以下的青年教师项目。

会上，王学仁校长，日本笹川平和财团副主任研究员小田早苗小姐，日本笹川基金会研究员补佐黎晓妮女士及国家教委孙建明处长为获资助和成果奖者颁发证书和奖金。

小田早苗小姐还介绍了笹川良一优秀青年教育基金设立的经过及在全世界开展这项活动的情况。笹川良一优秀青年教育基金除资助研究项目和成果奖项目外，还设立了一些后期项目：如共同研究交流项目，小型研讨会资助项目；为教授和管理人员提供资助的项目等。小田早苗小姐热忱希望我校的师生积极参加，申报各种项目的研究。她还强调，获资助和获奖的博士、硕士研究生，出国深造后可能回祖国、回母校为教育事业多做贡献。

（本文原载《云南大学报》1995 年 5 月 22 日，《云南日报》刊用，云南广播电台播放）

我校设立伍达观教育基金

本报讯　1997 年 7 月 2 日，我校伍达观教育基金会成立，副省长赵淑敏、省教委主任杨崇龙、副主任吴家仁、我校党政领导及部分教师学生 200 余人参加成立大会。

伍达观先生为香港爱国人士，为振兴教育、培育人才，集资 115 万美元，在我校设立伍达观教育基金，基金会在香港注册成立有限公司，由伍达观先生管理，本金永不动用，以每年的利息收入 50 万元人民币作为奖学金。其中 30 万元奖励历史、生物、数学、物理、化学等 5 个系的优秀学生，每系每年资助 5 万元，每年以利息收入 16 万元作为助学金，资助除以上五个系以外的家境贫寒的 160 名

伍达观题词

优秀学生。还以利息收入的 3 万元奖励在教学、科研工作中有突出贡献的 6 位教师。伍达观教育基金每年评选一次。

在基金成立大会上，赵淑敏副省长盛赞伍达观先生的热爱祖国、热爱家乡云南，关心、支持教育的高尚精神，并向伍达观先生颁发了增补他为云南大学董事会董事的聘书。伍先生发表了热情洋溢的讲话。校长朱维华、教师和学生代表讲话衷心感谢伍先生对云大的关怀和支持，表示一定要努力学习和工作，用优异的成绩回报伍达观先生。伍达观先生最后激动地说，如果基金投入后起到好的作用，明年再资助云南大学 1000 万元。全场报以热烈的掌声。

（本文原载《云南大学报》1997 年 7 月 10 日，云南日报，云南广播电台播放）

高治国校长的两篇文章和两个“五十一”

高治国做报告

20世纪60年代初，高治国到云大的最初三个月，他不在大会上作报告、讲话。他到教室里听课、进宿舍拉家常、到食堂看伙食，检查校园环境卫生，有时还会跟老师和学生下棋、打牌、打网球，渐渐融入大学生活。他了解教师、学生的思想，能摸到学校中的症结之所在。他践行着“种田要问问农民，做工要问问工人，打仗要问问士兵，叫我管学校，当然要问问知识分子”的真知灼见。不久，他的两篇著名文章在《光明日报》发表了。一篇是《学校必须以教学为中心》，一篇是《办好学校必须调动教师的积极性》。两篇文章在拨乱反正、尊师重教方面与南京大学匡亚明校长的相关论文并列于全国一流媒体，引起了高教部的重视。在制定《全国重点高等学校指导工作条例》，即“高校六十条”时，特邀高治国校长参加。该条例本来只在高教部直属院校试行，却把云南大学也列为试行学校。云大由此名声大震，被称为进入了“第二个黄金时代”。

高治国在云大办学，他提倡的以教学为中心的做法和尊师重教的观念是出了名的。他的依靠两个“五十一”：即五十一个教授副教授，五十一个老讲师。提得精准、朴实、实在，也让人吃惊。吃惊之余，看到、见到的是他拜师求学、拜师求教。他“像海绵那样吸取知识”，数理化、文史哲他都涉猎。他通读了《资治通鉴》《说文解字》，并请人辅导。他与学校很多教师，既是领导与被领导的关系，同时也保持着师生关系，深受师生的喜爱与尊敬。

（本文原载于《云南大学报》，《老云大》刊用）

第二节　硕果累累

我校理科二十一项科研成果受奖

本报讯　1979 年 5 月 29 日，省委、省革委召开科技成果颁奖大会，奖励我省建国以来的重要科技成果。我校受奖项目共 21 项，其中，1977 年以前的 17 项，1978 年的 4 项。有 8 项是 1978 年全国科学大会受奖项目。这些项目的内容包括基础理论、应用科学技术和新兴科学技术等。有的科研成果达到了国内先进水平，受到了有关部门重视。

我校受奖的 21 项科研成果是：物理系 7 项。主要是 SM–I 型集成电路寿命台；长寿命阴极透射式电子显微镜；电子计算机在流速仪检定计算中的应用；620M 高炉上料自动程序控制；汉字信息处理输入系统的途径；激光技术及其应用；SJ–I 型激光显微光谱分析仪的研制。数学系 4 项：倾斜动线法构成犁体曲线的计算方法；数学地质的研究应用；电法勘测；电子计算机在流速仪检定计算中的应用。生物系 4 项：《滇南本草》《云南植物志》第二卷《云南芭蕉科植物》；油

《云南植物志》

《滇南本草》

橄榄引种栽培在云南的生态适应调查研究，滇型水稻杂种优势利用研究；环境、食品卫生的调查研究；滇池螳螂川污染对水生生物的影响。化学系 3 项：配位场势理论；普钙法制氮磷复合肥料；若干元素三元络合物新光度法的研究。地球物理系 3 项：西南低涡及其与我国暴雨关系的研究；红河河谷横断面气候考察；夏半年青藏高原 500 毫巴层低涡切变活动规律的研究。

我校受奖的 21 项科研成果中，有 15 项是紧密结合工农业生产实际，为发展工农业生产服务的。其他还有新兴科学技术 2 项，基础理论研究 3 项，环境保护 1 项。广大教职工通过科学研究提高了学科基础理论水平，为提高教学和科研质量创造了条件，做到科研教学双丰收。

（本文原载《云南大学报》1979 年 5 月 29 日，云南广播电台、云南电视台广播。原题为《齐心搞四化　科研结硕果　我校理科二十一项科研成果受奖》）

我校古籍善本书编目工作基本结束 整理出善本书二百五十多种三千多册

根据周恩来总理生前“要尽快地把全国古籍善本书总目编出来”的指示精神，1978 年 5 月，我校图书馆组织了 4 名同志开始工作。最近，古籍善本书的鉴定和编目工作基本完成，共整理出古籍善本书 250 多种，3000 多册。

这次整理出来的古籍善本书，经、史、子、集都有；明刻本和明刻别集比较多，其中有明代闵齐汲的套色版和毛晋的汲古阁两家有名的刻书家所刻的版本。还有少部分宋元版本和科学技术善本书。在整理过程中，还发现了《渊著堂十八家诗选》和《古今诗评》等全国独一无二的善本书。《渊著堂十八家诗选》是吕留良藏过的清初抄本，全书分六集，一百三十九卷，十六册。它是公安、竟陵派

善本书编目工作和古籍管理

十八家的诗文总集。《古今诗评》一书是清初稿本，共十六册。此书评论了明代的诗文。还有一些刻本，如明代偶桓编，经大藏书家董康收藏并鉴定，清初大考据家鲍廷博校过的十四卷本《乾坤清气集》。题晋陵杜浚撰，明代藏书家钮石溪收藏的《杜氏文谱》。清代杨应琚、杨廷璋纂的八卷六册《续纂幸浙盛典》等书。

在整理过程中，参加工作的 4 名同志兢兢业业，一丝不苟，做到了肯定有理，否定有据，有理有据才下笔著录。在一年半的时间里，他们共普查了 15000 多种，16 万余册的古籍书。在工具书不全的情况下，要辨别古籍善本书的真伪问题，他们到省图书馆查证；有时从书中查找内证根据，读透和深入研究书中的序和跋；翻阅有关讲版本的书籍和校准的书籍。如他们对《春秋经传集解三十卷并首卷及终卷附音释》一书的真伪问题的鉴定，先后用了三个多月时间，查阅了二十多种书籍资料。

（本文原载《云南大学报》1980 年 2 月 8 日，《光明时报》《云南日报》刊用，云南电视台广播）

历史系鼓励学生进行科研活动取得明显成果

本报讯　历史系鼓励学生在课余时间开展科研活动，取得了明显的成果。

近两年来，历史系的学生已写出各类学术论文 120 多篇，有 10 多篇论文已在省以上报纸杂志发表。其中两篇论文刊于《历史研究》。在 1980 年云南省教育厅举办的大学生文科学术论文竞赛中，这个系有 10 篇文章被评为省级优秀论文，有 7 篇获得一等奖。一些学生还被邀请参加了全国或省的学术会议。这种可喜的现象，引起了有关部门的重视。

这两年，历史系做了以下几方面的工作。

一、加强基础理论学习，明确史学研究的指导思想。这个系的学生刻苦学习，认真钻研探讨学术问题，撰写文章。系领导支持学生搞科研活动的积极性。他们对学生提出了明确的要求：1. 在打好基础的前提下，开展科研活动。在低年级，主要是学好基础课，高年级学生在教师指导下开展学术科研活动。2. 要求学生学好马列主义理论课，用马克思主义的辩证唯物主义和历史唯物主义指导史学研究，学会用马克思主义的立场、观点和方法来观察分析历史问题。3. 要求结合本省特点开展科研活动，根据云南地处边疆，民族众多的特点，历史系学生科研的重点应该以研究云南各民族的历史、研究和云南相邻国家的历史入手，这样，有利于扬长避短，发挥优势，把科研活动和本省的四化建设结合起来。

二、发挥教师的积极性，起好引路作用。这个系把指导学生开展科研活动作为教学工作的一个内容，全系正、副教授和教学经验比较丰富的讲师，基本上都担任了一两门课程的主讲任务。这些教师在开课时，注意介绍各种学术观点，提出问题，让学生思考。系上还安排了一批教师轮流为学生开办“史学基础知识讲座”，向学生介绍了自己的学习经验和学习方法。有的教师和学生合作开展研究，撰写文章。省大学生论文竞赛时，这个系各个教研室都指定了水平比较高的教师担任学生的指导教师，中国古代史和世界史教研室的两位教授接受指导学生写作论文的任务后，主动向学生提供有关书目索引，指导学生查资料，看参考书，还把自己珍藏的书籍借给学生。有的教师虽然没有担任指导学生写论文的任务，对学生同样有问必答、有求必应，许多同学说：我们的研究成果包含着教师的心血。

三、多开选修课，扩大学生知识面。两年来，这个系已开出各种选修课29门，其中本学期就开出选修课9门，他们注意发挥专业优势和教师所长，选修课有本系特色。这些课程的开设扩大了同学的视野，丰富了知识面，为学生进行学术科研活动打开方便之门。

四、积极创造条件，鼓励学生大胆探索。这个系的学术科研气氛很浓。教师外出参加学术讨论会回来都向师生进行传达，介绍史学界最新学术动向。系里，经常组织学术讨论，邀请一些专家做报告。有的班每个学期结合教学任务开展一两次学术讨论。系里还支持学生会办好学生刊物《史学园地》，刊登学生的学术文章。对一些有水平、有价值的论文积极推荐给省内外的报纸杂志发表。还推荐学生参加全国性学术会议。这些措施对促进学生的科研活动有重要作用。

（本文原载《云南大学报》1981年9月22日，《光明时报》刊用）

国务院批准我校一批学科、专业点取得博士、硕士学位授予权

本报讯 经国务院学位委员会讨论通过并报国务院批准的第一批给予博士、硕士学位授予权的学科、专业点名单中，我校取得博士学位授予权的学科、专业点一个，即中国民族史，导师方国瑜教授；取得硕士学位授予权的学科、专业点十二个，即中国民族史，世界地区史、国别史，专门史（唐、宋经济史），基础数学，计量数学，固体物理，电子、离子物理，无线电电子学，物理化学，有机化学，植物学，动物学。

这些专业和学科，有较好的师资条件，能为研究生开出基础理论课和选修课 120 多门，其中有一部分属新兴学科和边缘学科方面的课程。这些专业、学科有较稳定的科学研究方向和课题，大多已形成科研班子，不同程度地开展了科学研究工作，取得了一定的成果。有 9 个项目曾获得 1987 年全国科学大会奖。31 个项目获得云南省科技成果奖。特别是在民族史和植物生态学等方面有自己的特点。为了发展科研和培养研究生，我校先后成立了西南边疆民族历史研究所、西南亚研究所、微生物研究所、民族文学研究室、经济研究室、生态地植物研究室、物理研究室、化学研究室和激波管研究室。还为理科各专业建立了实验中心，拥有

云南大学学位建设情况

云南大学学位建设情况

云南大学学位建设情况

一些较先进的实验设备，如红外分光光度计，紫外分光光度计，辐射光谱，透射式及扫描式电子显微镜，超高速离心机，X 光衍射仪，激波管等实验仪器设备，能基本上适应目前研究生较高级实验及科研工作的需要，有一套电子计算机系统。学校有一个较大的图书馆，现有藏书 80 万册，订有文理科外文期刊报纸 1200 多种，“文化大革命”期间没有中断；文史方面的图书资料比较丰富，有一部分珍本和善本书。学校现有研究生 44 人，绝大部分属这些专业。有的专业从 20 世纪 50 年代开始就连续不断招收研究生，为国家输送了教学、科学研究的高级专门人才，积累了培养研究生的经验。（本文所配诸图为云南大学 211 工程建设汇报学位建设情况时所摄）

（本文原载《云南大学报》1981 年 12 月 12 日）

把祖国的需要当作自己的志愿

本报讯　我校志愿赴西藏、新疆工作的外语系八二届毕业生张晶、徐嘉、印云（女）1982 年 8 月中旬办理了离校手续，现已踏上赴西藏、新疆的征途。

当这三位同学离开学校的前夕，校领导接见了他们，对他们这种坚决听从党的召唤，把祖国的需要当作自己的志愿，决心到艰苦地方去锻炼的精神，给予了表扬和鼓励。并希望他们到达自己的工作岗位后，发扬艰苦奋斗的革命精神，把自己所学到的知识献给边疆的四化建设，为母校增光。

张晶是法语专业毕业生，学习成绩名列前茅，家在昆明。根据他的学习成绩和表现，外语系毕业生分配小组在研究分配方案时，计划分配他到昆明市高等院校任教。但当他得知国家下达的分配指标中，法语专业有一个名额要到西藏去，经过深思熟虑后，他主动向组织申请把他分配到西藏去。他说："我母亲去过西藏，知道那里艰苦，需要身体好的才能去。我身体好，年纪又较轻，我最有条件去。"他这种把方便让给别人，把困难留给自己的无私精神，主动要求到艰苦地方去锻炼自己的坚强意志，得到校领导的表扬和鼓励。他的行动也得到父母亲的大力支持。他父亲张兴华是云南省第一人民医院党委办公室主任，母亲徐道谦在云南地质局工作，他们都表示，孩子是国家培养的，应该服从国家的分配。孩子有理想，有抱负，愿到艰苦的地方去锻炼自己，做父母的应该支持，应该鼓励，应该高兴，不应拖他们的后腿。好儿女应该志在四方。让孩子围着家庭这个小安乐窝边转，对孩子成长没有好处。

徐嘉、印云是俄语专业毕业生。父母亲都在四川工作。他们认为到新疆去，更能发挥自己所学专业的特长，为祖国的四化建设做出更多的贡献，决心到艰苦的地方去，在生活上闯出一条新路子，创造自己的幸福。徐嘉父亲也连续来信，鼓励徐嘉到新疆去工作。印云却连续收到家庭的加急电报，不同意她去新疆。印云却说："父母亲是怕我去吃苦，但我是大学毕业生了，我有我的理想和抱负，我不能因怕苦而不考虑国家的需要和自己的前途！"

我省赴边疆先进毕业生表彰大会代表合影

当这三位同学自愿要求去西藏、新疆工作的消息传出后，学校各级领导、教师和大多数同学都给予支持和鼓励。但也有少数人窃窃私语，说他们是“盲动”，是“疯”了，他们对这些议论都置之一笑，决心用自己的实际行动来回答这些议论。

（本文原载《云南大学报》1982年8月31日，《云南时报》刊用，云南广播电台播放，原题为《把祖国的需要当作自己的志愿　外语系张晶、徐嘉、印云赴西藏、新疆工作》）

以方国瑜教授为学术带头人的班子组成了稳定的教学科研梯队

以历史系方国瑜教授为学术带头人的班子（云南地方古代史研究室），是一个由老、中、青相结合组成的比较稳定的教学科研梯队。这个梯队以方国瑜教授为学术带头人，其助手木芹、徐文德讲师为中年骨干，在职博士研究生林超民、资料员郑志惠为青年研究人员。由于学术带头人指导认真严格，中年骨干教师起到承上启下的骨干作用，青年研究人员和资料人员比较努力，内部团结较好，因而在教学、科研工作中做出了明显的成绩。

近年来，方国瑜教授出版了几十年来搜集、整理、研究的重要科研著作《纳西象形文字谱》一书（云南人民出版社 1981 年版，共 645 页，省历史研究所和志武参订）。纳西象形文字符号，是世界上仅有的活的象形文字，历来为国内外学者所注意。方国瑜教授此书出版后，得到了国内外学术界的好评，西德科隆大学教授、东方文化研究所所长雅纳特来信，称方教授为“纳西文化和历史研究之父”。

方国瑜教授主编，其助手木芹、徐文德讲师协助编辑的《云南史料丛刊》大型资料集，已油印 50 辑（每辑平均约 10 万字，总字数已超过 500 万），计划编辑 70 辑或再多一些。这是研究云南地方、民族史的基本资料。准备在编辑完成全部资料后，再精选铅印出版。

方国瑜教授即将出版的著作还有《云南史料目录概论》（100 万字）、《滇史论丛》第一集（25 万字，二、三集已编成）、《中国西南地理考释》（80 万字）、《黎族史稿》（50 万字）。

方国瑜教授的助手木芹讲师完成了《云南地方史研究讨论稿》《南诏野史会证》《云南志补校》《南中志会笺》4 书初稿。徐文德讲师完成了《清实录辑要（云南部分）》《明实录辑要（云南部分）》两本书初稿。

木芹、徐文德讲师还协助方国瑜教授指导博士、硕士研究生，参加本科学生

以方国瑜教授为学术带头人的班子

教学活动，近年来开出了“云南地方史专题”“南诏大理史专题”“云南史籍评论”等专题选修课程。

在职研究生林超民，除完成研究生学习、协助指导教师整理手稿外，自己独立发表了十余篇学术论文，完成了一本专著初稿。

以方国瑜教授为学术带头人的班子，人数不多，近年来在教学和科研方面都做出了明显的成绩，他们的经验，可以归纳为以下几点。

第一，学术带头人学术造诣高，在学术上确实能起带头作用，能为该门学科或该项课题的研究确定方向，方国瑜教授近五十年来专门从事云南地方民族史的教学和研究，积累了大量资料，出版了相当多的著作，对这方面的研究情况了如指掌，因而能为这个班子确定比较稳定的研究方向。在研究过程中，围绕既定的方向不断提出新的问题，使研究工作逐渐深化。

第二，班子比较稳定，并且逐渐形成老、中、青结合的梯队。以方国瑜教授为带头人的班子，早在1963年历史系成立云南民族史研究室就开始建立，作为方国瑜教授主要助手的木芹讲师，从那时起就跟着方教授进行研究工作。20世纪70年代，为方教授配备了另一助手徐文德讲师。“文革”以后又增加了新的力量，使这个班子逐渐完善。木芹、徐文德讲师作为中年教师，起到了承上启下的骨干作用。

第三，研究课题明确，目标稳定，计划周密，定期检查，工作落实。1978年以来在制定科研规划中，这个班子明确了自己今后较长时期的研究课题，是云南地方史（包括地方史和民族史）。为了最终完成这个研究课题，提出了四个指标：

（一）编辑大型资料辑《云南史料丛刊》。

（二）完成云南古代史编年。

（三）完成若干专史。

（四）最后完成云南地方古代史稿。计划分段分时间完成，定期检查督促，要求比较严格，工作比较落实。

到目前为止，第一项指标已接近完成，第二、三项指标已经开始进行。

第四，分工明确，团结互助，共同为完成科研课题而认真努力。有了共同的课题，还要有明确的分工，分工的基础上，又能团结互助，共同刻苦努力，因而这个班子的成绩比较显著。

（本文原载《云南大学报》1982年11月16日，《云南日报》《中国教育报》刊用，云南广播电台播放，原题为《以方国瑜教授为学术带头人的班子 组成了稳定的教学科研梯队做出了成绩》）

一个工作出色的研究和教学集体
——记生态地植物研究室

生态地植物研究室创立于1964年。十多年来，研究室教师的足迹遍及全省，收集整理了我省各地区、不同气候环境中的大量地植物标本和资料，仅蕨类植物标本室经研究鉴定的标本就达30000多份。写出了一批有影响的论文。他们还参加编著全国的《中国植被》专著，编写了《云南植被》《云南森林》《植物生态学》教材和《植物生态和植物群落基础知识》等等。近年来，他们承担国家、省内外重点科研项目有："云南哀牢山常绿阔叶林生态系统研究""云南高原湖泊调查研究""云南松类型研究""云南草场研究""中国蕨类植物志"的编写和"云南百万分之一植被图及百万分之一区划图"绘制等项目。一批中年教师在省内外一些学术组织中担任了工作，如中国人与生物圈国家委员会委员，中国大百科全书编制委员会委员，云南省环保局顾问，省农业科技顾问，中国植物学会理事，中国环境科学学会副理事长，中国生态地植物学委员会理事，省植物学会名誉理事长、副理事长，省植物学会生态专业组正、副组长，省地理学会副理事长等。有的担任《生态学报》《植物生态学与地植物学丛刊》《植物分类学报》《植物学通报》《中国植物志》《云南植物研究》等全国性刊物的编委。有的教师还参加了在澳大利亚举行的十三届国际植物学会，进行学术交流，有的到美国访问讲学。这些工作对我国地植物学科的发展，学术交流都做出了贡献。

这个研究室有16名教师：教授1名，副教授3名，讲师4名，助教8名。初步形成了完整的教学和科研梯队。研究室学科也比较齐全，它有植物分类学、自然地理学和地植物学三个学科。朱彦丞教授是法瑞地植物学派在我国唯一的代表人物，曲仲湘教授留美和回国后曾发表过多篇地植物学的论文，属英美的植物学派。20世纪50年代，我校邀请莫斯科大学沃罗诺夫教授来校讲学，系统介绍苏联地植物学派的情况。所以，在研究工作中，结合几大学派的工作方法，突出了法瑞学派并形成了自己的特点，在大量研究工作的基础上，开出了"植物研究方法”课程，给研究生新开了“法瑞学派的理论和方法”，系统介绍了法瑞学派（也包括英美学派）的基础理论和研究方法。现有的 3 名副教授和 4 名讲师，过去都是朱彦丞、曲仲湘两位教授的学生或助手，工作能力都比较强。8 名助教现在都定了专业方向和近期内的主攻目标，指定了他们的指导老师。目前该研究室在学科研究上不满足已有的成绩，又向数学生态等新方向发展。给研究生新开了系统生态学课程，并准备开出“生物圈”“蕨类学”及“数学生态学”等新课程，除完成科研任务外，还为本科生开出和将开出 5 门专业课和基础课，4 门研究生课，在 9 门课中有 5 门是根据科研成果和科研需要新开出的课程。近三年来指导本科生毕业论文 28 人，他们已招研究生 8 人，1983 年招 1 人，并筹备招收博士研究生的工作。由于科研工作的发展，丰富、充实了教学内容，教学效果比较好。该研究室还积极运用学科知识直接为生产实践服务，大力普及科学知识，两年为省内外农、林、牧等生产单位相继开办了专业学习班两期，1983 年还将办两期，

在梅里雪山考察

培训专业人员 650 人。受到省科协、省植物学会和有关生产部门的好评。他们还为省科协、省冶金局、市建委等讲学多次，为生产单位鉴定植物标本 500 多份。

该研究室野外工作较多，因我省自然条件复杂，设备不足，工作十分艰苦，但很多教师几十年如一日，勤勤恳恳、兢兢业业地工作。一般每年有两三个月的时间在野外工作。暑假，正是进行植物野外调查工作的黄金季节。许多教师放弃休假，不计报酬，奔赴野外。有的到海拔很高、空气稀薄而寒冷的西部横断山区和高原地带，有的到骄阳似火的南部低热河谷，冒着烈日或阴雨，赤脚在冰冷刺骨的高原沼泽草甸上进行调查，住宿在人迹罕至的原始森林里或杳无人烟的深谷中。他们时常与山区农民同吃、同住，进行调查访问。有时赶不到住宿地点，晚上只能和衣坐卧在火塘边。为了得到准确的资料和重要的植物标本，爬再高的山，走再远的路，也要达到目的。有时还得做几次调查、采集，最后才做印证。在野外工作，即使再苦再累，也坚持把资料、标本基本整理好。在学术论文的写作和发表，参加学术活动方面，教师都比较谨慎，治学上比较严谨。他们尊重科学，讲究科学的态度，受到省内外同行的好评。

党的三中全会以来，一副欣欣向荣、蒸蒸日上的社会主义建设的蓝图展现在大家面前，党的知识分子政策逐步得到落实，使大家心情舒畅，精神振奋，干劲倍增，全力以赴地投入教学和科研工作。一方面，研究人员得到充实，使梯队的建设日臻完善；另一方面，研究室开展了大量野外调查，收集了很多标本和资料。1980 年以来，新采集的植物标本就有 24000 多份，群落标本 10000 多份。在加强基础理论研究的同时，重视了应用科学的研究，承担了一些国家急需和直接为我省大农业生产服务的科研项目，如“云南草场研究”和“云南松类型研究”等。还为省里举办了两次农业生产专业干部培训班，讲授生态平衡、自然保护和农业生态的知识，收到较好的效果。

生态地植物研究室直到目前没有教辅人员和行政人员，但工作上的责任感促使同志们尽力自觉分担各种杂务，工作井井有条。他们学习上互相帮助，生活上互相关心，工作上互相扶持，可以说是一个团结互助和谐的整体。一位教师的亲属卧床三年多，而该教师又经常出差，有时长达两三个月，研究室里的其他同志就主动到他家照顾病人，使这位教师解除后顾之忧，能安心工作。有的同志患病全休，教师们就经常到家里探望，把工资送到家里。大家都觉得生活在这个集体里感到特别的温暖。

他们为什么这样齐心？有这么大的干劲？这样团结？他们深有体会地说，这里有一股向心力，这个向心力来自每个教师高度的责任感和强烈的事业心。云南有得天独厚的自然条件和极为丰富的地植物资源，是国内外同行瞩目的地方，被誉为“植物王国”，生活和工作在这样优越的环境里，理该为祖国生态地植物学的发展做出一定贡献。在本世纪末实现国民经济翻两番的宏伟规划，如催春的战鼓，激励着他们去奋发。大家说，为我省的农林牧副业的发展贡献力量，是义不容辞的责任。研究室的一些老教师花费了几十年的心血，收集、积累了较丰富的科学资料，打下了良好的科研、教学的基础，大家都十分珍惜老前辈的成果，中年教师肩负着承上启下的重任，深感任重而道远。他们决心要为祖国的地植物学的教学和科研“做出成绩，引起重视”，这一共同愿望鼓舞大家奋发向上、勇往直前。有的同志说，我们要一辈子待在这里，生根、开花、结果，把毕生的精力贡献给祖国边疆的建设事业。俗话说得好，干工作要天时、地利、人和，我们研究室全都占了。有党的十二大精神鼓舞，有一系列方针政策的指引，为研究室开创新局面创造了条件，我们觉得，在这里大有奔头、大有希望。

（本文原载《云南大学报》1983 年 4 月 15 日，《云南日报》刊用，云南广播电台播放）

1982 年我校 7 个项目获得中国科学院科学基金资助

本报讯　1982 年，我校 7 个科研项目获得中国科学院科学基金资助，金额为 295000 元。学校对这些项目十分重视，采取了一些措施，保证研究工作能按计划顺利进行，有的已取得阶段性成果。

去年的科学基金资助项目分两批进行，我校第一批获得 5 项（见本刊 1982 年，315 期第二版），第二批为 2 项。他们是化学系的“有机共轭分子的共振能和 Pauling 键序”（杨丕鹏）和“多元络合物及其在分析化学中的应用研究”（徐其亨、刘松愈、刘锦跃、施永善）。资助金额由 255000 元增至 295000 元。为了保证这些研究工作能按计划顺利地进行，学校把获科学基金资助的项目列为校管项目，视为国家下达的科研项目任务重点管理。学校还召集了资助项目负责人会议，征求对管理工作的意见。对资助项目实行“个人负责，系监督，学校检查”的管理原则，使资助项目负责人对研究工作的安排和经费使用有充分的自主权，同时又能发挥系、教研室、课题组的监督保证作用。校科研处经常对项目负责人了解、检查科研的进展情况，半年小结、年终总结。财务上单独建账，单独核算，保证专款专用。经费由校财务科直接管理，按项目设户头，定期结算账目。对资助项目需要的人员、器材及测试、分析、计算、加工条件、学校充分给予保证。在使用校内现有仪器设备时，尽量做到少收费或不收费，使资助经费尽可能发挥经济效益。

最近，科研处召集各项目负责人，检查研究工作的进展情况。总的来看，各个项目负责人工作积极，认真负责，能够节约开支，有效地使用经费，研究工作正按计划、有步骤地进行。经过近半年的努力，有的项目取得初步成果。

“利用激波管研究高温气体及等离子体的辐射特性”已进行了 4 个方面的工作：一、双膜激波管高压端改成冷氢气爆炸的设计工作已经结束，图纸已交有关单位加工；改装工作将于 8 月份结束。二、测定激波管里的温度，力争暑假做出结果。三、高温气体辐射初步有一些结果。四、用分子组态相互作用方法计算双原子分子激发电子态波函数、氮分子第一激发电子态，A 电子态、D 电子态暑假就能出结果。B、C、X 电子态的三篇研究论文即将发表，10 月份又可写出两篇理论文章。

“宇宙线研究”做了三方面工作：一、超高能核作用，今年分析 19 个单元，7 月底可写出论文两篇。二、探测器研究已做完模拟试验，6 月份可写出论文，参加第十八届国际宇宙会议。目前水声效应研究收集了大量的数据；氖管研究做了性能测试，证明原工艺是成功的，性能指标的测量还在进行，论文写出初稿。三、超高能核作用的理论研究还在进行。年终可写出论文一篇。

“多元络合物及其在分析化学中的应用研究”，按原计划：一、三元杂多酸的一个项目的研究已经完成，正准备资料作进一步充实。二、三元络合物过去主要搞光度法，现在在分析化学方面开出了新路子，三元络合物在络合滴定应用已初见成效，写出《三元络合物在离子选择性电极上的应用》的论文，已发表在《冶金分析》杂志上，论文在第一机械工程学会关于络合滴定应用会上宣读，引起生产部门的重视。三、在激普、重量、原子吸收方面的应用，已做了大量的资料调查。

“几种特有药用植物胚胎发育的研究”，已采集了一部分黑蕨草和金钱草的从花蕾到花籽形成的全过程的花样，准备年底拿出金钱草的研究结果。

“有机共轭分子的共振能和 Pauling 键序”，已完成 1982—1983 年的研究计划，写出了《非交替烃的共振能和 Pauling 键序》的论文，即将在《分子化学》杂志发表。现在已开始着手下一阶段“芳烃自由基的共振稳定能”的研究。

“高质量汉字微型计算机系统”的研究，已开始进入单元、小系统的探讨研究阶段。对字模管中关键部分——字模版的材料选取进行了探索。过去采用单晶硅做字模板基，金、铝为字模材料。最近已试验了导电玻璃，微孔玻璃等作字模板基，初步结果表明效果良好，字形薄膜较为牢固，字形清晰。年底以前进行用硬件构成所需的检字扫描系统，用软、硬结合实际所需的检字扫描两个系统并进行性能比较。

“云南高原湖泊生物本底及其利用保护”研究的各专题组，都已积极开展活动。1982 年 4 月，微生物、植物和动物三个专题组，组织了师生三十多人，到洱海和泸沽湖（对照湖）进行了多学科综合调查采样，采集了大批样品，现正在进行分析鉴定。动物组初步筛选出两个白鱼的新亚种，写出几篇论文，准备在《动物学研究》和本校学报发表。高原湖泊真菌区系调查，1982 年 5 月、9 月和 1983 年 5 月，三次到滇池采样和分类鉴定，第一、二次采样写出了论文草稿。1983 年 4 月到洱海、泸沽湖真菌区系进行调查。高原湖泊无脊椎动物调查，1982 年 9、10、11 三个月、1983 年 3 至 5 月多次在滇池采样。1982 年 11 月、1983 年 1 月至 4 月到洱海采样。他们还先后到澄江的抚仙湖，到茈碧湖和剑湖进行采样，目前正在做鉴定。云南高原湖泊藻类调查，1982 年 5 月和 9 月，1983 年 4 月分别到滇池、洱海、泸沽湖进行采集藻类的定量定性标本。云南高原湖泊鱼类调查，他们已对掌鸠河、南盘江、元江、杞麓湖、抚仙湖、星云湖进行采样，现在正做鉴定工作。

（本文原载《云南大学报》1983 年 5 月 31 日，《云南日报》刊用，云南广播电台播放。原题为《八二年我校七个项目获得中国科学院科学基金资助　学校积极采取措施保证研究工作顺利进行　有的已取得阶段成果》）

我校举行首次颁发硕士学位证书典礼

本报讯 1984年元旦前夕的12月30日，我校举行首次颁发硕士学位证书典礼。会上校领导还给我校获得云南省1982年度科技成果奖的7个科研项目的负责人，颁发了奖状。接着进行了迎接1984年元旦茶话会，大家互敬节日的问候，并就如何办好云大，提出了许多好的建议。

出席会议的有校领导，系（所）处（部）的负责人、我校学位评定委员会成员、研究生指导教师、获得硕士学位的毕业研究生和其他有关方面人员100多人。副校长姜汉侨主持了典礼仪式。云南大学学位评定委员会主席杨桂宫代表云南大学学位评定委员会正式宣布，授予林超民、史继忠、杨庭硕、何景熙、徐建国、吕昭义等6位研究生以历史学硕士学位，授予张懋洵、廖鸿志、戴正德、唐振兴、杨秀国、林毓材、潘尔达、洪品杰、刘光恒、叶松、曹槐、杨中明、董学畅、党承林、游承侠、周鸿、戴康、宋峥、刘万国、邱崇利等20名毕业研究生以理学硕士学位。

杨桂宫同志在讲话中说，自1978年恢复招收研究生以来，云大共招收6届研究生。目前已有2届、44名研究生毕业。这44名毕业研究生分属10个学科专业，除6名我校无权授予学位以外，其余38名均属我校已有硕士学位授予权的学科专业。而在这38名毕业研究生中，经各系、各答辩委员会通过，并建议授予硕士学位的共25名，加上昆明师范学院数学系、云南省东南亚研究所申请我校硕士学位的3名以及存在争议的1名，故实际共有29名毕业研究生的学位问题送交我校学位评定委员会评定。

他说，云南大学学位评定委员会是经省教育厅批准，于1983年6月11日正式成立的。成立以来，评定委员会认真学习、贯彻《中华人民共和国学位条例》《中华人民共和国学位条例实施办法》，修改制定了《云南大学授予硕士学位实施细则》，并严格执行这些条例、办法，对学位申请者逐个进行了全面审核，对其政治思想及品德表现、课程学习及考试情况、科研训练及毕业论文、答辩情况进行了认真、仔细的调查、评审。在此基础上，根据“坚持标准、严格要求、保证质量、公证合理”的原则，采取无记名投票表决的方式，决定对其中 26 名毕业研究生授予硕士学位。

他说，为了维护我国学位制度的尊严，保证学位质量，按照政治与业务统一、课程与论文并重的原则，我们在评审时，一般注意掌握政治标准、入学基础、课程学习情况、科研训练情况、论文质量水平等条件和环节，同时严格按照条例规定的程序完善手续。对不符合标准、不符合手续的，决不降格以求；另一方面，又注意了防止过严过苛，特别在出现争议时，要能在坚持标准的原则下，从关怀爱护青年一代迅速成长的愿望出发，主持公道，给予实事求是的评价。

校长杨光俊也在会上讲了话。他首先向获得硕士学位的 26 名毕业研究生表示热烈祝贺，向进行辛勤劳动的指导教师、学位评定委员、各系（所）分管研究生工作的同志表示亲切问候。他详细分析了我校授予硕士学位的情况，认为，我校培养研究生的工作是认真的、是注意质量的，评审工作是严肃的、是坚持了标准的。

在谈到今后培养研究生工作时，杨光俊同志说，教育部 1983 年在武汉召开的高等教育工作会议上，确定了采取“多层次、多规格、多种形式，加速发展高等教育”的方针，我们除要增设一些新专业，举办各种大专班、短训班，使我校招生数有较大发展外，作为云南的一所老大学、重点大学和综合大学，在质量上要进一步提高，要为国家培养出更多的合格的研究生，这是义不容辞的光荣任务。今后高等学校的教师和研究单位的研究人员的补充，主要靠研究生。以我校教师队伍状况看，老化的问题十分严重，急需补充新生力量。他希望留校的毕业研究生，在政治上要坚持四项基本原则，自觉抵制精神污染；在业务上继续努力，精益求精；在生活上要坚持低标准，艰苦奋斗，不追求过高标准。

在谈到一些同志对学校在落实知识分子政策上的意见时，杨光俊同志说，我可以向同志们表示，党的知识分子政策，一定要彻底落实。我们欢迎同志们争当教授、副教授，这是好事。争当教授、副教授，意味着愿为国家承担更大更多的任务。我们希望在三五年内，在 50 多岁的中年副教授中，出现一些有博士授予权的教授。我校硕士授予权，现在也只有 12 个学科专业，这也不够，我们要力争在近几年内翻一番。他说，对于老教师们为培养博士、硕士研究生而争取当教授、副教授，这是好事，要支持，要为他们创造条件，也要鼓励后来者居上。但是我们培养硕士、博士研究生是攀登科学高峰的“国家队”，一定要保证质量，实事求是，不能采取不负责任的态度，更不能虚报浮夸，沽名钓誉。

指导教师江应樑教授，杨兆钧教授，获得硕士学位的代表林超民、党承林也在会上发表了热情洋溢的讲话。

接着校领导给我校获得云南省 1982 年度科技成果奖的 7 个科研项目负责人颁发了奖状。获二等奖的是：汉字字形三元三体代码法；获三等奖的有：汉字信息微型机处理信息系统、双膜激波管、GB—l 型光电测雹仪、离子选择电极在有机分析中的应用、三元络合物在分析化学中的应用；获得四等奖的有：半导体器件可靠性研究。

颁发奖状后，与会同志举行了迎接 1984 年元旦茶话会。吴道源、李埏、欧应钦、刘洪、林恩慈、郑苏民、徐其亨、张文勋、王昌益、寸开瑞、张传等同志发了言，就学校思想政治工作、提高教学质量，提高科研水平、加强师资队伍建设、教材建设、图书设备建设等一系列问题，提出了许多宝贵的意见，最后，校团委李家华在会上宣读了校团委、校学生会致全校教职工的新年慰问信。

（本文原载《云南大学报》1984 年 1 月 7 日，《云南日报》刊用，云南广播电台播放，原题为《我校举行首次颁发硕士学位证书典礼会上还给我校获得云南省 1982 年度科技成果奖的项目及个人颁发奖状，进行了迎接 1984 年元旦茶话会》）

中国民族史第一名博士在我校诞生　历史系林超民通过了博士论文答辩

本报讯　1985年5月30日上午，历史系林超民的博士论文答辩在经济系大楼阶梯教室举行。教室被400多名教师和学生挤得水泄不通。上午10点45分，当论文答辩委员宣布林超民以全票通过答辩，同意毕业，并授予博士学位时，全场爆发了热烈的掌声，祝贺中国民族史第一名博士在我校诞生。

林超民今年40岁，腾冲县人，1962年考入历史系，毕业后被分配到勐海县任教。1978年和1983年，他在方国瑜教授指导下，攻读中国民族史硕士和博士研究生。方国瑜教授逝世后，改由江应樑教授负责指导，几年来，以优秀成绩完成学业，还先后发表十余篇有学术价值的论文。他的博士论文《安西、北庭都护府与唐代的西部边疆》，论述了唐代安西、北庭两个都护府建立的过程及其在开拓与巩固西部边疆，发展经济文化，促进民族融合等方面所起的作用。对羁縻州制度

方国瑜教授在指导林超民进行研究

答辩委员对林超民的博士论文答辩准备进行无记名投票

方国瑜教授逝世后，江应樑教授担任了林超民的博士指导教师

云南大学中国民族史博士研究生论文答辩会

的研究，对东西突厥分立原因的分析，对汉唐经营西域的目的阐述以及对安西四镇的考证等方面，提出了一系列创见，在西域史的研究方面是一个重要突破。

答辩委员会由中山大学人类学系教授梁钊韬、中南民族学院民族研究所教授吴泽霖、云南师大历史系教授方龄贵、我校历史系教授江应樑和李埏担任。

（本文原载《云南大学报》，《云南日报》刊用，云南广播电台播放）

云南省首届大学生优秀论文作品奖和八三级英语竞赛揭晓

本报讯　由省教育厅组织的云南省首届大学生优秀论文、作品评奖和八三级学生英语竞赛揭晓。我校有28篇论文作品获奖，有16名学生获英语竞赛二等奖。1986年1月4日下午在昆明医学院举行了发奖仪式。教育厅领导给优秀论文、作品的作者及英语竞赛获奖者颁发了奖状和奖品。

优秀论文作品和作者名单奖。

中文系4篇。谢薇（八二级）写的《试析〈梁祝〉和〈娥并〉的共同之处》；杨浩东（八二级）写的《“难题神话”试析》；张稼文（八二级）写的诗《一块红泥巴——献给我的故乡云南》和《约你去爬山》；程静（八二级）写的《林中山雀的晨歌——由〈线秀〉看傣族叙事长诗的艺术特色》。

历史系3篇。杜松（八二级）写的《民族发展的两类形态及其时代探讨》；王文成（八二级）写的《北宋积弱积贫原因探讨》；谭晓健（八二级）写的《论中东的国际地位》。

经济系3篇。李增跃（八四级）写的《试论林业在云南国民经济中的地位和作用》；李保泽（八四级）写的《元阳县俄扎区农村经济调查与生产结构调整设想》；毛八钧（八二级）写的《在横向与纵向交叉认识中把握信息的本质》。

经济系3篇。李绕芳（八二级）写的《厂长的决策》；赵辉（八二级）写的《对西双版纳经济发展模式的初探》；付梅冰（八一级）写的《论贸易保护主义及我国的对策》。

法律系2篇。杨阳（八一级）写的《论建立我国的破产法律制度》；原江（八二级）写的《论国际法和国内法的关系》。

外语系贺志雄（八二级）写的《评拜伦及其长诗〈唐璜〉》。

数学系2篇。杨宗文、杨柱元（八一级）合写的《EPD方程边值问题》；何树宏（八一级）写的《具有定性变量的回归模型》。

计算机系杨恒芬（八一级）写的《云南省机电公司二类机电产品进销存管理

系统》。

物理系 4 篇。宋修庆（八一级）写的《氯化钇阴极的制作工艺特性测试》；吴杰、刘涵哲（八一级）合作的《利用激光散斑实现图像相减》；强继业（八一级）写的《二氧化锆—二氧化硅高反射膜的镀制》；唐红、乔治（八一级）合作的《轻子与强子的横动量分布》。

无线电系 2 篇。孙娟（八一级）写的《频谱分析仪中接口电路的设计》；陆俊（八一级）写的《频谱分析仪中的 FFT 程序设计》。

化学系八一级潘艳兰与方绮军合作的《嗅邻苯三酚红—混合表面活性剂吸光度法测定微量铍》。

生物系八一级朱宝森写的《鲤亚目三种鱼的核型演化研究并论鲤亚科鱼类的核型演化以及双孔鱼科、胭脂鱼科、鲤科的分类地位》。

地球物理系八一级王彬写的《单轴压力下岩石破裂时声射和由磁辐射之频谱关系研究》。

八三级英语竞赛获奖名单：

（按成绩顺序排列）张中明（物理）、田梅（物理）、林国广（数学）、郑建洲（无线电）、黎伟和（生物）、李云梅（数学）、梁洁（地物）、曾鸣（地物）、王政（地物）、杨贺新（化学）、王春容（生物）、韩艳萍（无线电）、张多多（中文）、谢卫国（化学）、何羽滨（化学）、穆承红（化学）。

（本文原载《云南大学报》，原题为《学生结合专业学习，开展科研、创作结硕果，云南省首届大学生优秀论文作品奖和 83 级英语竞赛揭晓》）

我校共有教授研究员 86 名

本报讯　1987 年我校第一次高级任职资格评定工作告一段落，有 30 名副教授被提拔为教授（含研究员），82 名讲师被提拔为副教授（含副研究员），至此，我校共有教授、研究员 86 人（在编 58 人，离退休 28 人），副教授、副研究员 254 人（在 编 222 人，离退休 32 人）。有一批助教提拔为讲师，全校有讲师 400 余人。

从高级任职资格评定来看，一是年龄普遍下降。评定前，教授的平均年龄为 72.5 岁，副教授平均年龄为 61 岁。评定后，在编教授平均年龄降为 57. 4 岁，平均下降了 15.1 岁。在编副教授的平均年龄降为 49.3 岁，平均下降近 12 岁。现任教最年轻的教授 49 岁，副教授是 40 岁。二是女教授的比例增加。评定前，女教授仅有一人，副教授 9 人，现在，全校有女教授 7 人，女副教授 33 人。三是文理科高级任职人员趋于合理，现在文科教授 41 人，副教授 112 人。理科教授 44 人，副教授 135 人。四是体育教研室有了第一位教授，还有 7 人被提拔为副教授。

职称评定工作的顺利进行，调动了教职工的积极性，对学校的教学、科研工作将有很大促进。目前，卫生、会计、图书和出版系列的职称评定工作也进入了筹备阶段。

（本文原载《云南大学报》1987 年 5 月 19 日，《云南日报》刊用，云南广播电台播放，原题为《高级任职资格评定工作告一段落，我校共有教授研究员 86 名，副教授副研究员 254 人，讲师 400 余人》）

以教学科研为中心 中文系十年硕果累累

本报讯 中文系在这10年之中，紧紧抓住教学与科研两个关键环节，使教学充满活力，而科研也取得了长足的进步。

一、科研成果量多、质高。10年来，在省级及国家级刊物上发表论文400余篇，出版专著、教材近60部。有的论文、专著还得到了省教委的奖励，这些成果在全国、全省有一定影响。如张文勋先生的《诗词审美》一书，在上海被列为最受欢迎的十本书之一。李丛宗、杨振昆老师主编的《新中国文学史》填补了此类教材的空白。杨振铎老师主审的《文学概论》发行量达120余万册，有些论文发表在《文学评论》《哲学研究》《文艺理论研究》《文学遗产》《中国语文》等国内一流刊物上。

二、加强对外联系，促进相互交流。10年来，该系邀请了一些海外学者来系讲课，如陈若曦先生、叶嘉莹先生等等，国内的如柯岩等一批有名学者。该系先后有张文勋、李子贤、赵浩如、谭君强诸先生到美国、日本、中国香港、荷兰等地进行讲学和教学交流，其效果甚佳。

三、注重青年后辈力量的培养。由于中文系是老系，老教师大多功底深厚，且具有很强的科研能力，系上以老带新、发挥优势的办法，使一些青年教师在科研上有了明显的进步。如张文勋老师带着六七个青年教师编一套丛书，使青年教师既得到锻炼又出了成果。

四、投入资金，扶助科研。按系里计划，每年由系上资助出版2 ~ 4本专著。另外每年拨专款出一本《汉语言文学论丛》，这些措施深得广大教师的拥护，使一些学术价值较大而又难出版的著作能够问世。

五、学生研究活动也蓬勃兴起。系里实行导师制，调动了各有所好的学生科研的积极性。每年该系在全省大学生优秀论文、作品竞赛中都获得奖。此外，还在本科生中大力提倡办学术小组，如“银杏文学社”在全国都有一定影响。研究生的科研也在系的领导下搞得火热，10年来计有近百篇论文发表。

（本文原载《云南大学报》1990年6月14日，《云南日报》刊用，云南广播电台播放）

我校与丽江、大理、楚雄科技合作的跟踪调查

本报讯　根据省委、省政府的有关指示精神，近两年我校先后与丽江、大理、楚雄三个地州的政府和主管部门分别签订了一些科技合作协议。

1993 年 5 月，校科研处与各地州协议方发函联系 10 月 12 日至 23 日科研处派出检查小组到三个地州对所签协议进行了逐个检查落实。其目的在于检查落实协议的执行进展情况，加强联系，听取意见，解决项目实施过程中的实际问题，进一步搞好合作。

这次检查落实中各地州的领导对过去一年多来我校所做的工作作了充分肯定，对学校领导和课题组及老师表示感谢。一些项目已经完成或通过鉴定，取得了明显的经济效益，为地州的经济建设做出了贡献。为 3 个地区完成或正在履行的 21 个项目，如科研处出资，学校赠送丽江和大理州的二米卫星电视天线系统都已到达，BR-120 植物生长素在丽江推广 2 万多亩，在大理推广 1.6 万亩，取得明显增产效果，其中小麦增产 12%，蚕豆增产 10%，油菜增产 6%，为丽江县举办为期 3 个月的“氯碱生产技术”“制浆造纸工艺”两个培训班，培训技术人员 80 多人，帮助丽江县饮料厂完成海棠果、橄榄汁化学分析，“引洱入滨”隧道进口及鹤庆洗马池水库“电网拦鱼工程”已完成；洱海土著鱼人工养殖技术研究已通过鉴定，3 个鱼种得到了挽救和保护，“902”增塑剂，金属高效快速黏接剂等项目已完成小试。楚雄州禄丰县东河水库已完成电网拦鱼装置，1993 年汛期成功地拦鱼 10000 多斤，在南华毛板桥水库和车定县庆丰水库安装的两套“电网拦鱼”装置已完成。为牟定县研制成功的“荞酒”已投放 70 多吨，销路较好。

从检查落实科技合作协议的情况看，比较突出的问题是：一、许多协议为企业的上级主管部门所代签，不能正确体现厂家意愿；如楚雄州所签的 26 项中有 12 项就是主管部门代签，工作衔接不上，协议因无法实施而终止。二、90% 以上的协议为意向协议，致使所签协议对当事双方的约束力不大。三个地州共签协议 67 项，真正或暂缓实施的 32 项只占总数的 47.7%。三、1993 年初县级以下机

构大部分调整，其中一些机构已经撤销或正准备撤销，领导班子更换，致使工作脱节。四、县乡各企业普遍存在资金困难，严重制约了项目的实施。五、战线拉得太长，交通、通信困难等因素，客观上也为项目的实施增加了难度。

（本文原载《云南大学报》1993 年 12 月 6 日，《云南日报》刊用，云南广播电台播放）

云大在“中国专利十年成就展”中获好评

本报讯　最近,在北京举办的“中国专利十年成就展”中,云大获得6个金奖,1个银奖的好成绩,金奖数占全省获奖的58%。

云大1986—1995年10年来共申请专利66项,已批准授专利权的有36项。其中由物理系吴兴惠教授发明的组合型半导体气敏元件还申请了美国、日本专利。已转化实施和许可实施的39项,累计创造的经济价值十分可观,同时还产生了显著的社会效益,为社会做出了贡献。化学系三位青年教师发明的BR-120植物生长调节剂已在全国实验示范300多万亩,对16种作物有明显的增产效果,1995年被国家科委定为“国家科技成果重大推广计划”项目。体育教研部程智燊教授发明的“田径运动场钢管突沿建筑新技术”已在云南、贵州、四川等省内外20多个大中专学校及体育单位实施推广,受到用户好评。物理系包德修教授发明的两项专利“江河水库涵洞溢洪道电网拦鱼”已在省内10多个水库安装使用,每个水库一年可挽回经济损失10万元以上。物理系林理中教授发明的“细胞光谱显微仪”弥补了普通光学显微镜和电子显微镜只能观察细胞形貌,不能分析细胞内部组成的不足。“用特殊多色仪扩展OMA同时谱宽”及快速精密CCD色仪的发明创造,引起国外光谱仪器厂商及同行的注目,美国ACT公司多次来函购买技术。

(本文原载《云南大学报》1995年5月22日,《中国教育报》《云南日报》刊用,云南广播电台播放)

云南大学亚非研究中心成立

本报讯　适逢江泽民主席在非洲访问，我校亚非研究中心于2000年4月17日成立。该中心的成立受到国内外有关部门的重视，尼日利亚、几内亚、缅甸等国的驻华使馆，外交部、外经贸部、教育部、农业部、中国社科院派代表出席成立大会并表示热烈祝贺。

亚非研究中心是我校一个跨学科、跨院、系、所的综合性研究机构。其宗旨是加强和促进我校在亚非方面的科学研究、学科建设、教学工作、人才培养。同时为政府、社会、企业提供咨询与信息服务，以增进中国（特别云南与中国大西南地区）与亚非人民的相互了解与友谊，发展与亚非国家的经济、文化与教育科技关系。

校党委书记高发元在成立仪式上讲了话，高书记回顾了我校开展亚非研究的历史和现状，介绍了我校在亚非研究领域、云南与周边国家关系研究方面取得的一系列教学科研成果及开展学术与文化交流的情况。高书记最后说，加强与亚非发展中国家交流与合作是我国外交思想的重要内容，我校将大力推进亚非研究工作，为云南、为大西南的对外开放做出我们应有的贡献。

会上，尼日利亚联邦驻华大使馆（大使衔）副馆长阿布巴卡尔、几内亚共和国驻华大使馆（大使衔）临时代办邦古拉、缅甸联邦驻昆明总领事吴瑞模，以及外交部非洲司、外经贸部西亚非洲司、教育部国际合作司、农业部非洲农业开发中心、中国社科院西亚非洲研究所的代表对中心的成立表示热烈祝贺。

人文学院院长张鑫昌宣布了云大亚非研究中心成立的决定。校长朱维华为中心授牌。期间，外宾参观了学校的科技产业，召开了座谈会，外交部非洲司副司长于庆泰做了题为“关于当前中非关系”的报告。中国社科院西亚非洲研究所副所长杨立华做了“中国与非洲友好关系”的报告。

（本文原载《云南大学报》2000年4月30日，《云南日报》刊用，云南广播电台播放）

中国民族史第一个美国人博士在我校诞生

本报讯　2000 年 5 月 17 日，中国民族史第一个美国人博士在我校诞生。博士生浦哲文（Jeff Book）在林超民教授指导下，经过 3 年的潜心研究，提交了 10 万余字的博士论文——《论楚雄彝族健康观中的双重性》，受到了论文答辩委员会专家的首肯，一致同意通过答辩并建议授予博士学位。

浦哲文的博士论文具有较高的学术价值和社会现实意义。神灵性和科学性并存的双重健康观普遍存在于我国西南各少数民族中，学术界对这一问题尚未进行深入研究，因此，该论文填补了彝族史研究的这一空白。论文对楚雄彝族历史和现实社会中存在的健康观所体现出的科学观和神灵观二重性的揭示以及对这二重性此消彼长的发展变化规律阐述，不但有助于正确认识、引导彝族人民的健康观，而且有利于充分挖掘、弘扬、利用传统医药文化中科学、合理的部分，造福于人

中国民族史第一个美籍博士生浦哲文在进行论文答辩

答辩会后导师林超民向浦哲文表示祝贺

类。论文在写作时充分利用民族历史、医学人类学、民族哲学、民族医药学、民族宗教学、民族社会学、民族语文学、生态学等多学科的知识和方法，多角度、多层次地对问题进行了阐述，使论文在写作方法上多有独到、创新之笔，大大丰富了民族文化研究的内容和手段。浦哲文在查阅大量史料的同时，还在楚雄彝族自治州做了一年半的实地调查，对彝族人民的生活健康状况和医药状况有亲身感受。因此，他在论文中阐述道：楚雄彝族的健康观从来就分为精神和生理两大部分，他们确信神灵对健康有直接影响，被触怒的神鬼会导致疾病的发生，但楚雄彝族人民长期以来也有古老的用药传统，这样科学观与神灵观共同贯穿于彝族的健康观中，形成双重特点。作者尊重事实、尊重历史，对我国的民族政策持理解、支持的态度，论文的字里行间洋溢着对所研究民族的友好感情。

浦哲文（Jeff Book）系美国宾夕法尼亚州人，他从宾夕法尼亚州立大学毕业后到南京大学、南京药学院、中科院四川分院从事英语教学。现为香港晨星教育基金会中国西南地区代表。10年前认识林超民教授后，对中国民族史的研究颇感兴趣，并师从林教授攻读中国民族史硕士、博士，取得了丰硕成果。浦哲文来华工作学习已有十七八年，为传播中国文化做了大量工作，曾翻译过冰心、汪曾祺、玛拉沁夫、铁凝等人的作品并介绍到西方，为中西文化的交流、传播起到了桥梁作用。

（本文原载《云南大学报》2000年5月30日，《中国教育报》《云南日报》刊用，云南广播电台播放）

《思想战线》高校学报被引次数排序第十五

在最近出版的《中文社会科学引文索引》(光盘)和《中国社会科学研究计量研究指标——论文、引文与期刊引用统计》中，我校主办的人文社会科学学报《思想战线》被引次数在全国高校综合性学报中名列第十五名。

《中文社会科学引文索引》(光盘)和《中国社会科学研究计量研究指标——论文、引文与期刊引用统计》，是教育部人文社会科学"九五"规划重大项目"中文社会科学引文索引"(Chinese Social Science Citation Index，CSSCI)的研究成果，由南京大学中国社会科学评价中心和香港科技大学联合研制开发。该项目得到了教育部社科司的指导与支持，借鉴国际上通行的《科学文献索引》(SCI)、《社会科学引文索引》(SSCI)和《艺术与人文科学引文索引》(A& HCI)等主要索引的研制方法，从中国大陆出版的约 3500 种中文人文科学、社会科学学术期

《思想战线》创刊百期座谈会

刊中精选出 496 种比较规范的学术期刊作为 CSSCT 的源刊，来源文献 6 万余篇，被引用文献近 8 万篇，各项指标和统计排序用科学的方法由“中文社会科学引文索引”系统自动生成。它是目前系统、定量、科学评价中文社科期刊学术影响和地位的最具权威的方法，在此次评价中，《思想战线》在全国高校综合性学报被引次数排序中位列第十五名，被引用次数为 41 次。

（本文原载《云南大学报》2001 年 3 月 30 日，原题为《中国社会科学研究评价中心发布最新评价结果　〈思想战线〉在全国高校学报被引次数排序中名列第 15》）

第二章　科技创新

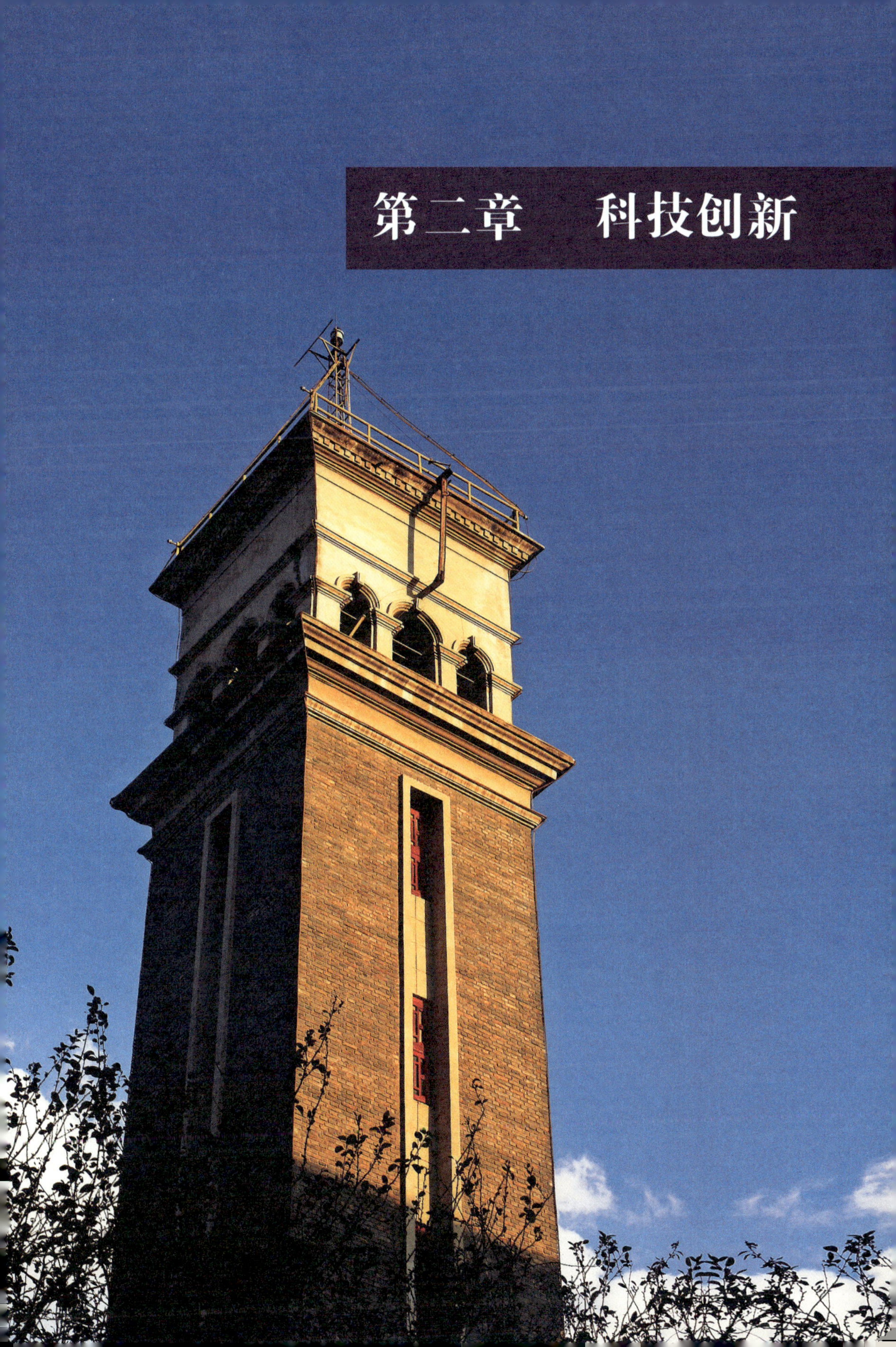

第一节 发明创造

化学系用普钙法制磷铵成功

本报讯 化学系磷铵研制小组用类似制造普通过磷酸钙的方法制造磷铵年产100吨中间试验初见成效，为磷铵生产闯出了一条新路。

磷酸铵类肥料是一类高效氮磷复合肥料。生产这种肥料技术要求高，控制困难，中间产品腐蚀性大，要用高级合金钢制成的设备。1975年徐绍龄教授带领磷铵研制小组的同志查阅了国内外有关文献资料，参观了省内外的部分化肥厂，提出用普钙法制磷铵的方案。

经过前后3年200多次试验，最近中试年产100吨磷铵初步取得成果。

普钙法制造磷铵与国内外的磷铵生产方法相比，有其明显的特点：1. 生产技术条件比较容易控制；2. 操作温度较低，设备腐蚀性较小，对设备材质要求不高，可用涂防腐材料的普通碳素钢代替特种合金钢；3. 设备简单，容易制作，可以就地加工，便于土法上马和推广；4. 覆盖法制造的磷铵，既保持了普钙的优点，又克服了普钙有效磷含量低的缺点，同时又改进了碳铵容易分解、挥发，损失较大的缺点。制出的磷铵含氮12% ~ 15%，含五氧化二磷48%以上，有效成分的总含量占50%以上，生产成本为500元/吨左右，在磷石膏的结晶大小及过滤强度等方面已达到了比较先进的水平。

（本文原载《云南大学报》1979年4月10日，《云南日报》刊用，云南广播电台播放）

我校物理系制成 YWD—1A 型扫描电子显微镜

本报讯　物理系自行设计，全部采用国产材料加工研制成功一台“YWD-1A 型”扫描电子显微镜的科研样机。1979 年 12 月 3 日至 7 日，由四川省科委、四川省机械局、云南省教育局和云南大学共同邀请了省内外有关的工厂、高等院校和科研部门共 48 个单位，70 名工程师、教授、科研人员和管理干部，在昆明召开了扫描电子显微镜的鉴定会。会议期间，物理系电子物理教研室主任陈尔纲副教授，做了关于扫描电子显微镜科研样机研制的总结报告，其他同志宣读了有关的 4 篇论文。鉴定测试小组对样机的主要技术性能进行了现场测试。会议代表还观看了扫描电子显微镜的工作情况。

这台扫描电子显微镜科研样机，经鉴定表明，主要技术指标分辨率（二次电子像），优于 100A，放大倍数为 40 倍至 14 万倍（分段连续可变），具有国内先进水平；机器的设计方案是可行的，电子光学系统的设计是成功的。样机里采用的自行研制的新型阴极是有特色的。鉴定会还认为，这台科研样机可以转入新产品的试制和生产。

研制“YWD-1A 型”扫描电子显微镜的工作是从 1976 年 10 月开始的。当时四川省科委和四川省机械局为满足西南地区对扫描电子显微镜的迫切需要，组织成都仪器厂和我校协作，共同研制。科研样机的设计和加工主要由云南大学承担，成都仪器厂参加了部分技术工作。学校党委对这项科研工作十分重视，专门开会进行讨论研究。在党委领导下成立了由科研处、物理系组成的扫描电子显微镜研制领导小组。组织了 18 个教师、12 个工人参加研制工作。他们查阅了国内外大量有关资料，设计出方案，对样机进行了安装、调试。在成都仪器厂的大力协作下，经过 3 年的艰苦努力，今年国庆节前，扫描电子显微镜科研样机研制成功。

扫描电子显微镜，是人们认识、研究和改造微观世界的一种有力武器。它在金属材料科学，生物学、医学、农学以及冶金、机械、石油等方面的研究和生产上起着重要作用。这台扫描电子显微镜科研样机研制成功，对我国独立发展自己的扫描电子显微镜的研制工作，提供了一个有价值的实验成果，科研样机投入新产品的试验和生产，将使这项科研成果很快变成生产力，促进科研和生产的发展。

（本文原载《云南大学报》1979 年 12 月 29 日，《云南日报》刊用，云南广播电台播放，原题为《我校物理系制成 YWD—1A 型扫描电子显微镜 经四川省科委等单位和我校共同邀请省内外专家鉴定 达到国内先进水平》）

我校理科取得一批科研成果

本报讯 我校数学、物理、化学、生物、地球物理5个系的教职工，在认真完成教学任务的同时，积极地进行科学研究，取得了一定成绩。1980年我校接受国家科委、中央各部委和省科委、各厅局委托的科研项目共91个，截至1980年底，已有24个科研项目取得了成果，其中3项获得云南省1980年科技成果三等奖。

在已完成的科研项目中，大部分是工农业生产和四化建设中急需解决的一些科研项目。如物理系陈尔纲副教授等研制成功的“扫描电子显微镜”，郑苏民讲师等参与的“昆明铁钢厂高炉自动上料工程”的研究，数学系邹举副教授参与的“水田犁犁体曲面设计方法及主要参数选择和研究”，都获得了云南省1980年科技成果三等奖。又如化学系讲师李儒发等对“水中恒量元素磷、磷酸盐及全磷的测定方法的研究”，在多次全国性学术会议及有关会议上被公认为方法稳定可靠、简单易行、快速灵敏、适应性广，受到国内同行的一致好评。该方法经“全国环境污染分析测试方法编委扩大会议”审定，被确定为全国污染物统一测定法，收编在《环境污染分析方法》一书中，现正由科学出版社编辑出版。物理系讲师杨春成等的“介质二次电子发射系数的测量及物质二次电子发射理论的研究”，解决了介质二次电子发射系数的测量方法及测量手段问题，所用测试方法在国内是首创。对二次电子发射有关公式的修正，在电子学研究中具有重要的理论价值。有关测试理论对生产、科研和电子学有关领域的研究有重要意义。其他如生物系讲师王焕校等的“筛选抗氯吸氯植物及某些方法的探讨”；物理系讲师郑文兴研制成功的“707M型返波管测试台”；数学系屈超纯教授的“点源场计算的数学理论的研究”等等对工业生产有一定作用。在有关农业生产方面的研究上，理科各系都做了很多工作。为充分利用云南丰富的磷矿资源，向高效复合肥料方向发展，化学系徐绍龄教授等研究“普钙和碳铵反应制取氮磷复合肥料——碳铵化普钙”，他们研究普钙和碳铵反应制取碳铵化普钙的生产流程，对原料的质量、混合比例、含水量、粉碎程度和混合方式等反应条件的影响进行了研究，找到了生产含氮约4%、含有效磷17%的碳铵化普钙的优惠条件，并探讨了碳铵化过程的反应机理。为改造碳铵的不稳定和改造单一低效肥料普钙为高效复合肥料——磷铵提供了一条简单易行的途径，为农村混合施用普钙和碳铵提供了理论依据。该项研究成果在农科部门协助下，在安宁县和昆明市前卫公社等地作了肥效实验，初步结果表明，碳铵化普钙对苞谷、小麦和水稻都有增产效果，尤其以旱地苞谷增产效果显著。农民施用这种肥料可以增产增收。另外，如化学系副教授徐德祥等的高效低毒低残留杀虫剂“二氯菊酸新合成路线的研究”；生物系杨貌仙讲师等的“水稻雄性不育系及其保持系花粉形成和发育的细胞形态学研究”；地球物理系尤丽钰讲师的“云南雨季开始和大气环流季节变化的关系的研究”；生物系杨明江讲师等的“云南省部分水稻品种蛋白质含量测定”等等，都对发展农业生产有一定促进作用。

与此同时，理科各系还加强了理论科学和边缘科学的研究。化学系副教授戴树珊参与“分子轨道图形理论的研究”；数学系副教授王学仁对“数学地质”的研究，写出了《地质数据的多变量统计分析》一书，还写了有关的论文 10 篇，其中 5 篇已在全国或省内科学杂志上发表，得到国内同行和专家的好评。他与有关单位协作，应用多元统计分析对个旧矿区及其外围成矿规律进行了定量评价；对云南老厂矿区煤田资源进行了预测等，他的研究成果得到我省和全国一些有关地质、冶金和数学地质工作者的认可和赞扬，其理论价值和经济价值都比较显著。其他如数学系杨光俊副教授的“奇性拟微分算子及其简单应用的研究”；物理系高效宇讲师等的“用激光模拟实验研究高能荷电粒子水声效应的热声机制”；彭守礼讲师等的“重正化群用于强子多重产生的理论研究”；地球物理系讲师沈如桂有关“季风槽北上与高原低涡形成的动力学分析”；谢应齐讲师研究的“多尺度扰动方法及其在气象中的运用”等对理论研究有参考价值。其他还有环境保护和眼镜式骨导助听器的研究都取得可喜成绩。

通过这些科研活动，培养和锻炼了一批教学和科研骨干，科研成果应用到教学上，促进了教学质量的提高，调动了教职工教学和科研的积极性。

（本文原载《云南大学报》1981 年 1 月 14 日，《云南日报》刊用，云南广播电台播放，原题为《 积极开展科学研究　努力提高教学质量　我校理科取得一批科研成果》）

“汉字三元三体编码”和“YEE8100 汉字信息处理系统”研制成功

本报讯　1983 年 3 月 10 日至 12 日，无线电系召开了有全国各地部分电子计算机中心、汉字信息处理研究机构，高等院校及工厂的专家，教授，科技人员 40 多人参加的鉴定会，对该系与物理系合作研制成功的汉字“三元三体编码”和“YEE8100 汉字信息处理系统”的设计原理、技术指标及性能等做了鉴定。鉴定认为，该项成果有独到之处，可投入生产使用。

“三元三体”汉字代码法，是无线电系张其濬教授和物理系林恩慈讲师研究成功的。解放初期，张教授看到印刷工人繁重的体力劳动，就致力于汉字代码和印刷的研究，30 年来，张先生为此贡献了毕生的精力，研究了三元三体代码草案。1979 年开始，成立了汉字信息研究小组，配备物理系林恩慈讲师参加编码研究，无线电系副主任、副教授郑苏民等研究信息处理系统，使汉字信息研究的整个工作较快地开展起来。

三元，就是说的取汉字字形信息中的三个特征部件做汉字输入代码。用字形部首代替传统部首。而字形部首就在每个字的开头，分解的顺序和书写的顺序基本一致，使用方便。如在 7000 字范围内，“氵”类的字约 360 字，其中属于“宀”类的字有“渲、淀、滨、浣、淙、演、滓、涫、泞”等共 11 字，取“渲”字的三个特征部首，“氵”，“宀”和“一”为代码即可输入。再如“浣”的三个特征部件，即“氵”，“宀”和“乚”。有时也可把特征法和如实法结合起来使用。如“爨”字，如实法就用“丿𠂉同冖木木大火”几个代码，特征法则用“𠂉同火”三个代码，输入速度不一样，结果完全相同，可以节省不少时间。三体，指的是汉字的简体、繁体和异体。由于用三元做汉字代码，使输入汉字时的笔画击键数降到了最低数，也就是说，一个字不管笔画多少，多么复杂，只需三次击键就可以输入一个字。根据字形符号的相容原理，使码元数（键码）也降到了 50 个。在国内外已研制成功的汉字键盘中，它是最小的。记住 50 个组符号的数字代码，可以用纯数码输入，此时的输入可以接近电报码输入的速度。目前已编成6700多字符的方案，集外字的扩充简单容易，重码字很少。经YEE8100微型机汉字处理系统应用，证明已达到适用阶段。

YEE8100微型机汉字信息处理系统，是郑苏民副教授、张懋询教师等，在保持YEE8100微型计算机原有功能不变的基础上，增设汉字显示接口，14×16点阵EPROM汉字库以构成汉字扩展箱，配置必要的软件，并将原配打印机经改造而成为具有汉字显示、编辑、打印输出的汉字处理系统。该系统采用“汉字三元三体编码法”，每按三次键输入一个汉字。对英文、数字、标点符号仍为一键一字。当输入代码出错或库中无此汉字时，屏幕上显示双问号，以提示操作人员重新输入。汉字字形清晰、匀称，显示稳定，无闪烁现象。由于采用直接存储器存取控制器提取汉字字形点阵，速度比较快，比国内现有把字库建立在软磁盘上的快几千倍，比把字库建立在随机存储器和软磁盘上的机器快几十倍。该系统还有较全的屏幕编辑功能，也可以删除任意字任意行。也可以插入任意字，插入任意行，插入字之后，后面的字将自动进行重新排列，不影响其他文字段落结构。它还有一定的造字功能，当字库中无某一字时，可以由用户自行设计字形存储到活动字库中，以便随时取用。它可以进行磁带文件的转储与输入，也可以进行磁带连接。这有利于财贸管理、医疗卫生等使用计算机，利于计算机的推广。

目前，该系统使用的是本省生产的YEE8100微型计算机，数量多，价钱便宜，而且它与国内拥有量巨大的TRS—80计算机相似，易于在国内推广使用，适用范围也广。

（本文原载《云南大学报》1983年3月31日，《云南日报》刊用，云南广播电台播放，原题为《我校物理系制成YWD—1A型扫描电子显微镜　经四川省科委等单位和我校共同邀请省内外专家鉴定　达到国内先进水平》）

无线电系研制成功国内先进水平波形存储示波器

本报讯　无线电系部分教职工，经过一年时间的艰苦努力，最近研制成功了一台处理性能强、应用范围广，带微处理机数字式的快速、多功能波形存储示波器，1984年21日至23日，邀请省内外十几个单位的专家、教授和科技人员进行了鉴定。

这台带微处理机的数字式波形存储示波器，能存储周期和非周期波形，特别适用于捕捉随机信号，能把已存储信号的各项参数进行测量计算，并把波形调出显示或转入磁带做长久存储，还能把波形打印出来。由于该存储系统带有微处理机，所以能对所测信号的各项参数作精确计算，对波形幅度、时间的测量误差都小于1%。目前，该机已有28种处理功能，根据不同用户的不同需要，还可以扩展处理功能。这台机器的独到之处是可用单次存储方式控制被测对象，记录万分之一秒级瞬变过程，还可用等待存储方式捕捉随机信号。采用连续方式利用进取样的原理进一步提高工作频率。由于它方便记录周期、非周期和随机信号，在教学、科研和生产部门的用途广泛，如自控系统的响应过程，爆炸过程，神经系统受刺激的反应，放电、雷击、地震、衰减振动等方面的观测和研究。

鉴定认为，该机器工作稳定可靠、测量精度高，读数直观清晰，操作方便，成本较低，功耗小。在国内的智能仪器研究方面已达先进水平，可投入批量生产试用。

（本文原载《云南大学报》1984年1月7日，云南广播电台播放）

物理系研制的电子显微镜获奖

本报讯 物理系研制的两台电子显微镜，在 1983 年 12 月召开的全国国产电子显微镜应用成果交流会上获奖。

这次国产电子显微镜应用成果交流会，是对我国自 1958 年开始到 1984 年，26 年间研制成功的电子显微镜及其应用成果的大检阅。我校物理系参加交流会的两台电子显微镜，一台是 1974 年研制成功的透射式电子显微镜，另一台是

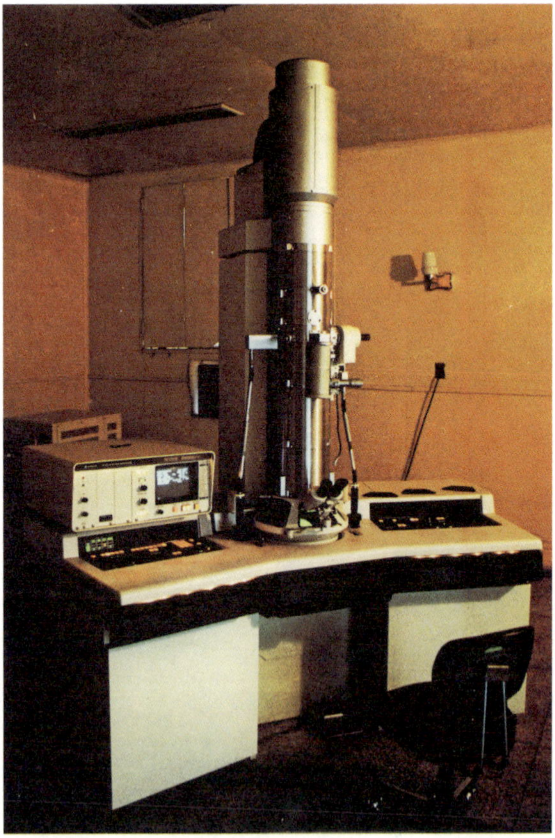

陈尔纲等人研制成功的电子显微镜

1979 年研制成功的扫描电子显微镜。均为陈尔纲副教授等教师自己设计、制造。两台仪器都为教学、科学研究和生产建设做出了不少成绩。扫描电子显微镜还被四川某工厂试生产了一批投入使用。这两台电子显微镜的研制都列入我国电子显微镜生产的里程碑。陈尔纲、沈凤鸣、郑如梅三人写的《一种电子显微镜用高亮度长寿命阴极 Y_1O_3 1—1》和陈尔纲、胡宗高两人写的《电子显微镜设计电子计算机程序汇编》两篇论文获得三等奖。全国电子显微镜学会给他们发了奖状和奖金。奖励他们为发展我国电子显微镜学事业做出了贡献。电子显微镜高亮度长寿命阴极，就是对电子显微镜的灯丝进行新的研制。国内一般电镜的灯丝只能使用 10 多个小时。改进后，能延长到 100 多个小时，目前，已有好多教学、科研、生产单位来函购买。新设计的电子计算机程序汇编，把过去靠人工和图表计算的方法，变为电子计算机计算，提高了工作效率和精确度。两篇文稿在全国都有较高的理论水平。

（本文原载《云南大学报》1985 年 2 月 6 日）

新型植物生长调节剂——高纯度正三十烷醇研制成功

本报讯 从蜂蜡中提取高纯度正三十烷醇是化学系陈国才老师等接受昆明军区制药厂委托，并在军区制药厂进行中试成功的。1985 年 10 月 19 日，通过了研制及中试生产技术鉴定。

高纯度正三十烷醇是当前普遍引起国内外重视的一种新型植物生长调节剂，被誉为“八十年代提高粮食产量的希望”。从 20 世纪 70 年代中期开始，国内外专家学者进行了大量的研究和试验，证明它对植物生长和发育具有特殊的调节功能和控制作用，用于农业，能使大部分农作物增产。

1984 年 2 月起，他们抓住国内从蜂蜡中提取正三十烷醇纯度难以提高的关键，经过多次反复实践，参考了有机化合物的溶解度参数的有关规律，选择较好结晶温度，创造了一套完整的封闭式生产技术设备，实现了产品安全、稳定、简易、高质量的目的。制取了工业生产纯度高达 96% ~ 98% 的正三十烷醇，超过全国同类型的产品。

经军区制药厂生产并投放市场，注册为“滇龙牌”商标，定名为“301 农作物增产激素”。从 1984 年 8 月到 1985 年 9 月一年时间，在云、贵、川、黔、豫、浙等省 100 多个单位销售 50 多万瓶，收到大批用户单位和个人来信，普遍反映增产效果明显。不仅对水稻、花生、小麦、大麦、油菜、玉米等粮食作物有效，而且对甘蔗、茶叶、烟叶、花卉等经济作物效果也较好，还可以喂猪、喂鸡，收效也不小。

专家们认为，该项目技术路线合理，萃取工艺有所改进，工艺简单，操作方便，产品分析方法可靠，在从天然产物中提取高纯度正三十烷醇的问题上有所突破，经济效益显著。

（本文原载《云南大学报》1985 年 11 月 8 日，《云南日报》刊用，云南广播电台播放）

云南省珍稀濒危物种预测研究通过省级鉴定

本报讯 云南省建设厅委托我校生物系承担的云南省珍稀濒危物种(动、植物)及自然保护区预测研究，于1986年暑假通过省级鉴定。

云南省动、植物种类繁多，素有“动物王国”“植物王国”之称，但由于多年来山林的砍伐和开垦及滥捕乱猎等原因，云南省的野生动植物资源数量显著减少，许多珍稀濒危物种趋于灭绝。加强珍稀濒危动植物的保护迫在眉睫。

珍稀濒危动物预测研究小组，在全省几十个有关单位的大力支持下，收集了大量资料，并先后在全省各地州近100个县作了大量的野外考察，掌握我省主要珍稀动物的分布和数量，根据历史和现状进行研究分析，预测发展趋势。鉴定认为，研究的方法和手段可行，数字基本可靠，对珍稀濒危动物种类的预测是符合我省实际情况及发展趋势的，提出的对策有科学依据，为我省领导制定有关自然保护的方针、政策、规划提出了科学依据。

珍稀濒危植物预测研究小组，在前人工作的基础上，采用专家评估法，以专家、教授和技术骨干等为索取信息对象，广泛收集资料，亲临高黎贡山和西双版纳自然保护区进行实地考察，并应用植物区系、植物分类和植物历史地理等学科的研究成果，科学地进行了分析研究。提出了新的自然保护区的定义、选择标准和关于珍稀濒危物种评价的原则。鉴定认为，研究课题立论正确，预测可靠，对策可行，符合云南的实际情况和需要，有一定的创造性和学术水平。是一份很有价值的科学资料。研究报告提出了珍稀濒危物种和自然保护区保护的三个关键问题：一是建立多学科的，有权威性的统一领导机关；二是做好资源利用和保护的合理安排；三是提高执行自然保护和管理的工作能力。鉴定会对此作了充分肯定。

（本文原载《云南大学报》1986年9月10日，《云南日报》刊用，云南广播电台播放）

我校与港大将在梁王山共建宇宙线高山观测站

本报讯　经过云大和香港大学双方充分一致的讨论，双方一致同意在昆明梁王山合作建宇宙线高山观测站，用以研究宇宙超高能 r 点源及超高能现象。1988 年 2 月初，双方签订了合作意向书。4 月中旬，通过了建立宇宙线高山观测站的课题论证会。专家们认为，云大物理系宇宙线研究组的报告，科学论证是正确的，措施和步骤是可行的，可以达到预期的目的。

根据双方意向书的要求，5 月双方将签订正式协议书后即开始动工。1988 年 10 月前完成室外施工，年底全部调试、阵列预前运转情况等工作，1989 年元旦正式收集数据开始工作。

梁王山宇宙线观测站主要是通过观测、研究超高能 r 点源及超高能现象，以便探寻宇宙线超高能的起源、加速和传播情况，发现超高能相互作用中的新现象

梁王山宇宙线观测站

和新机制，检验高能物理中的一些基本理论并发展这些理论。超高能 r 的探测，是当前国际上宇宙线研究的前沿。这项研究具有重要的学术价值，梁王山观测站将可能发展成国际合作研究宇宙线的基地，使我国我省在这一领域的研究与国际上同步前进。

在梁王山建立宇宙线高山观测站，有两大优势：首先，有人才优势和研究的基础条件。我校从 20 世纪 50 年代开始宇宙线的研究工作，培养了一批优秀的科学工作者。近几年来，用小云室进行了宇宙线 W 介子簇反常实验，参加了中日合作的西藏甘巴拉乳胶室的研究，开展了空气簇射簇芯的水声效应的系统研究，空气簇射时间结构和大气契仑柯夫光的实验研究，先后在国内外发表了一批具有相当水平的文章，连续三次参加了国际宇宙线会议，在国内外同行中受到好评，取得了一定的学术地位。其次，梁王山海拔 2820 米，有足够的海拔高度。梁王山处于有利的地理纬度。山上有大面积的开阔平地，而且气温适中。它距昆明 60 千米，空气污染小、能见度高，便于观测。目前，梁王山已通水、通车、通电，据国内外一些有关专家实地勘测，是建立宇宙线观测站的最佳地理位置之一。

（本文原载《云南大学报》1988 年 4 月 19 日）

无线电系八年取得二十项科研成果

本报讯 1981 年成立的无线电系，积极适应社会生产和教学需要，八年来已取得近二十项科研成果，有两项荣获 1988 年北京国际发明银牌奖，两项获云南省科技进步二等奖，三项获云南省科技小发明奖。其中一个项目填补了国内空白。这些科技成果既满足了工农生产的需要，创造了一定的经济和社会价值。新技术、新成果更充实了教学内容，受到生产单位和学生的欢迎。

无线电电子学技术发展十分迅速，三至五年就更新一代，为适应这种电子技术更新的趋势，使学生了解和掌握现代无线电子技术，教师必须对国内外的新动向进行探讨，对工农业生产部门提出的新课题进行研究，并将研究成果纳入教学。多年来无线电系的教职工坚持不懈地做了大量的研究工作，取得了明显的成绩。如 ZN–2 型振动式河流含沙量测定仪，先后在黄河根治委员会水质资源研究所、山西省水文总站、北京地理研究所、大连海运学院作过试用，效果显著。曾获云南省科技三等奖。将这个工艺引入煤炭选煤工艺，在羊场煤矿作随机监测，大大提高了煤炭浮选效率，填补了国内空白。目前，振动式河流含沙量测定仪由无线电系投入生产。DZ–1 型地震电磁信息接收机，能测到地震电磁场的变化，从而准确地得到地震方向和距离及地震的震级，获得 1988 年北京国际发明展览银质奖。一些应用性项目如微机应用于粮库温度系统监测、长途电话台的微机监控、乌龙一级站微机监控、单片机控制的物种监护系统、微机应用汉字编码、瑞丽糖厂微机锅炉控制、邮电报纸杂志订购微机管理系统、微机学生学籍管理系统，对工农业生产有较大的实用推广价值，还有存储示波器、眼镜式助听器、帽沿式助听器、立体声助听器也受到用户欢迎。微波能的研究、微波等离子体的研究在学术上有较大价值。值得一提的是，该系学生进行微波能用于酒的醇化在丽江胜利酒厂试制成功，获得我校颁发的首次熊庆来奖学金。有一批学生论文，获得省大学生优秀论文奖，有的已在 1987 年省电子学会年会上发表。

为推动全系师生的科研积极性，系里举办多种全国性的学术会议，如近代无线电实验讨论班、微机应用于电子线路讨论班、汉字信息处理研究年会、无线电抗干扰技术讨论班等，请知名的专家教授做学术报告，扩大了师生的视野，了解国内外无线电技术的最新动向。

无线电系认为，学校改革，不仅仅体现在经济效益上，更重要的要体现在提高教学质量上。他们打算在提高学生的动手能力方面下功夫，以增强今后参加人才市场的竞争能力。该系准备调整现有课程，加强应用科学的研究，增开实验课和选修课，积极扶持学生课外科技活动，搞小发明、小创造，论文题目由社会生产单位提出。一方面解决生产急需，另一方面让学生真刀实枪地锻炼，平时让学生在系里的电子实验工厂参加劳动，搞一些“短平快”项目，尽快增强学生适应能力和动手能力。

（本文原载《云南大学报》1988 年 11 月 17 日，《云南日报》刊用，云南广播电台播放，原题为《积极适应生产和教学需要　无线电系八年取得二十项科研成果》）

信电系瑞丽糖厂锅炉控制系统通过省级鉴定

本报讯 为支援边疆民族地区的工业发展，实现科学技术为地方经济建设服务的目的，信电系于 1988 年底接受了德宏州计经委的委托，进行瑞丽糖厂每小时 35 吨锅炉微机控制系统的研制任务，经过两年多的艰苦奋战，该系统经受住了瑞丽糖厂两个榨季的生产使用的考验，于 1990 年 4 月中旬通过省级鉴定。

锅炉是糖厂的主要动力设备，锅炉的状况直接影响糖厂的生产和经济效益。目前，糖厂普遍以甘蔗渣为主要燃料，煤为辅助燃料，既要保证满足生产用气负荷变化幅度大，变化速率快，气压平稳等要求，又要节约燃料，已经成为糖厂的一大难题。信电系研制的 35 吨锅炉微机控制系统完全解决了这些问题。

鉴定认为，该系统有几个特点：1. 选型合理。采用 STD 总线工业控制机，它具有多种功能模块，经济适用，便于开发，抗干扰性能较强，稳定可靠。2. 该系统能对锅炉的水位、燃烧和过热器三个系统进行全面控制。3. 计算机与原有的 DDZ- Ⅱ型仪表配合合理，能达到自动与手动的无扰动切换，进一步提高了系统的可靠性。4. 软件采用模块化结构，有多种汉字显示与打印功能，提供了修正参数手段，便于操作。 5. 设计的方案是先进合理的，有独到的特色，为糖业锅炉的改造，节能找到了一条新路子，该系统已达到省内同行业领先水平。6. 经济效益明显。采用微机控制后，节能效果好，耗煤量由原来的 7.13% 降到 6.54%，1989—1990 年榨季节煤、节柴、节蔗渣、节电四项共节约 18.8 万元。德宏州已决定近两年内在全州 11 个大中型糖厂推广使用。

（本文原载《云南大学报》1990 年 5 月 24 日，《云南日报》刊用，云南广播电台播放，原题为《科学技术为振兴边疆民族经济服务 瑞丽糖厂锅炉微机安置系统经过省级鉴定》）

物理系光学多道分析仪开发居国内第一流水平

本报讯　由世界银行贷款、物理系引进美国帕克公司生产的“光学多道分析仪”（OMA），经过物理系老师三年的消化吸收、改革创新，开发出四项新成果、新功能，引起了国内同行的重视。

物理系光学组引进的这套光学多道分析仪，1987 年底验收投入使用后，林理忠、雷杰、普晓云三位老师从光谱、计算机和电子学等方面对这套仪器的性能进行了认真的研究，不仅熟悉、熟练地掌握了它，而且在常规光谱方面做了大胆的应用开发，使这套仪器的功能得到开拓。

1. 在同时谱宽不变的条件下，提高了二维 OMA 的分辨率。现在世界市场上供应的通用 OMA，一般只能采集到 30 纳米至 60 纳米、分辨率为 0.2 纳米的光谱，分辨率比较低。经过研究开发，光学多道分析仪在同时谱宽不变的条件下，分辨率提高到 0.007 纳米。

也就是说，将一台小型的摄谱仪的分辨率提高到大型的摄谱仪的水平。光谱分析的速度大大加快，数据速度至少提高两个数量级，这一新技术在国内外文献资料中尚未见过。

2. 在光学多道分析仪中开发出高精度的色度测量方法，可替代专用的色度分析仪。这种色度测量方法可快速测量发射、透射和反射等多种色源的颜色。并给出色品值和色品值及在色品图上的位置，在仪器上可以直接观察各种颜色的变化状况。此成果在化工、印染等行业有广泛的应用前景。

3. 利用二维探头光学多道分析仪的特性和现代光纤技术，开发了双光路单探头快速、高精度测量物质吸收光谱，吸收光度和透光系数的方法。该方法可同时输出物质的吸收光谱、吸收曲线及定量数值。它克服了专用光电分光光度计双探头的缺点，而且可以做时间分辨、吸收光谱和透光系数时间变化的工作。

4. 在光学多道分析仪上开发出了测量轴对称光源空间分辨光谱的工作。过去用传统光谱方法做此项工作，需花费较长时间，快则一小时，慢则个把月才能完成。现在开发的新方法，仅用三分钟即可完成同样的工作内容，并能给出发光光机制、物理量空间分布等情况。该技术在激光器、各种电灯和等粒子体系光源的研究中有很大的作用。测量方法简便易行。

光学组的三位老师，在光学多道分析仪中开发出这四项新功能后，除在教学和科研，学生毕业实践和学生实验课中应用外，还培养了研究生。用这些新技术帮助云南农业大学、云南天文台等单位做了各种测试工作，效果明显，反映较好。在全国的两次专业培训班上做 OMA 专题讲座。在两次全国光学多道分析仪学术会议上，共发表论文 14 篇(会议共发 46 篇)；在国家级和省级学术刊物上发表论文 13 篇。所发表的论文数量多，质量比较高。有关专家反映，我校在光学多道分析仪的应用开发方面，居国内一流水平。美国帕克公司对开发出的功能也表示极大关注。

（本文原载《云南大学报》1991 年 6 月 11 日，《云南日报》刊用，云南广播电台播放，原题为《引进、消化、吸收、改革创新　物理系光学多道分析仪开发居国内第一流水平》）

云南大学重大科技攻关项目通过立项验证

为使我校已确定的5个重大科技攻关项目顺利实施，学校组织了4个重大项目的立项论证会，邀请了校内同行专家对项目的可行性进行了评估论证。

对“放线菌生物学研究”的论证。专家组认为该项目在现有基础上进一步分离稀有放线菌，研究清楚双孢放线菌的分类特征、分类地位，研究高温放线菌的生理生态，筛选新抗生素产生菌，为放线菌资源开发提供了理论依据。

对“利用遗传工程技术选育水稻高产新品系和云烟抗病新品系”的论证。专家组认为通过有用基因的转移技术来获得有效而稳定表达的转基因植株为目标，预期获得1～2个转基因水稻高产新品系及1～2个可在生产上广泛推广的云烟抗病毒新品系，对我省农业生产发展具有较大的潜在意义。

对“非线性复杂系统研究”论证。专家组对课题的难度，科学价值与实际应用价值都作了充分肯定。

对“重原子体系的量子理论及微波化学的研究”论证。专家组认为研究内容结合当前科研领域的两个热点——催化及功能材料制备发挥化学、物理、信电多学科联合攻关的优势，经过几年的努力，将在国内领先。

专家组普遍认为，这4个项目有较好的前期研究工作基础，课题组成员具备较好的素质和较强的科研能力，研究计划切实可行，经费预算合理，其成果不仅对云大实施211工程科研指标具有十分重要的作用，而且对改造学科方向、建立国内先进的专门实验室具有重大意义。同时专家组也指出，为使课题深入持续下去学术梯队的建设特别是青年科研骨干的培养迫在眉睫，并建议学校成立以校领导为首的重大科技项目领导小组。

（本文原载《云南大学报》1993年11月18日）

"BR-120"高效植物生长调节剂通过新产品鉴定

1994 年 1 月 29 日，由省科委主持、并邀请了科技、农业、化工、医学、技术监督等行业专家 15 人，对我校开发的 BR-120 高效植物生长调节剂原药及水剂进行了新产品鉴定，专家在听取汇报、审阅提交的全部资料后，经过充分讨论，认真评议，一致同意通过鉴定，专家们认为：

一、BR-120 是云南大学在应用基础研究上开发出的新产品，1991 年 7 月通过省科委组织成果鉴定并被列为国家火炬计划项目，投入工业性试生产，已形成年产 15 千克原药的能力，两年来，共生产 BR-120 产品 50 千克。示范 200 万亩，达到了一定的规模。

二、产品通过不同海拔、地区的 30 多组田间小区试验和上百万亩的应用示范。

科研人员在花圃做 BR-120 试验

结果表明：BR-120 具有促进植物细胞生长和分裂的功能，可广泛应用于多种粮食作物和经济作物；增产效果显著：小麦 10% 至 20%；油菜 10% 至 30%；甘蔗 10% 至 30%；烟草 10% 至 18%；蔬菜 20% 至 40%；对某些作物初步显示出有增强抗病性，提高品质的作用，具有较好的经济效益和社会效益。

三、产品通过昆明医学院较完整的毒性实验测定，结果表明，BR-120 原药按我国农药毒性分级标准，属于低毒，无三致（致畸、致癌、致突变）作用。

四、产品生产技术成熟，工艺稳定，能够进行工业性批量生产，生产中“三废”达到国家排放标准，产品质量符合规定指标。

五、提供的技术资料完整，产品企业标准可行。

综上所述，专家一致认为：BR-120 产品质量可靠，效果显著，可以进行批量生产和大面积推广应用，同意通过新产品鉴定，并建议生产厂家尽快向有关部门办理登记和生产许可证手续。

（本文原载《云南大学报》1994 年 3 月 30 日，《中国科学报》和《云南日报》刊用，云南广播电台播放）

我校六项国家社科基金项目结题并通过鉴定

本报讯 我校于1991年申请并获准的6个国家社会科学基金研究项目，经过有关课题人员3年的努力，已于1994年12月以前完成研究任务，按有关规定，邀请同行专家对6个项目进行了评审鉴定。

这6个课题分别涉及历史学、文化学、文学、人口学、国际问题和边疆问题等学科领域。研究成果中有两部专著已出版，三部著作被列入出版计划。有关专家对这几个课题的完成给予了较高评价。历史系木芹教授完成的“至明清时期儒学对云南政治经济文化的重大影响”，翔实地论述了儒学在云南社会经济文化发展中的重大作用，是一部云南儒学的发展史。它对云南边疆的社会研究提供了具有学术价值和现实意义的蓝本，具有开创性。历史系吕昭义副教授完成的《英属印度与中国西南边疆：1774—1911》是一部具有较高学术水平、富有新意的开创性的学术论著，是这几年来我国中外关系史和边疆史研究中不可多得的一项重要成果，对于加强爱国主义，民族团结和巩固边疆、发展与周边国家的友好关系，均具有重大的现实意义。历史系徐康明副教授完成的《中国远征军战史》，是国内外迄今论述中国远征军在中缅战场对日作战全过程的最为全面、系统和详尽的力作。它既是上乘的军事历史著作，又是一部进行爱国主义教育的好教材。人口

《英属印度与中国西南边疆：1774—1911》

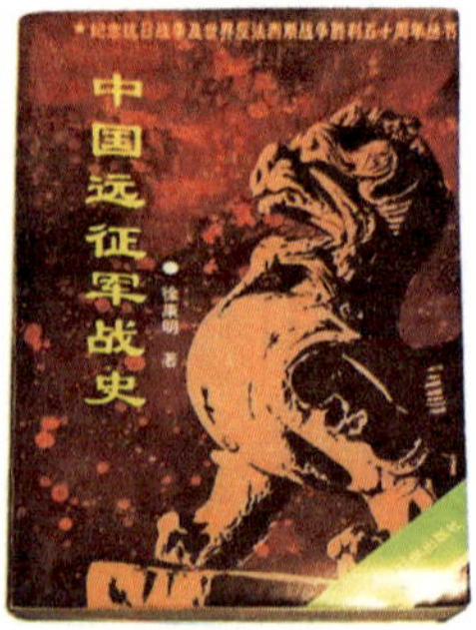

《中国远征军战史》

所李光灿副教授完成的《少数民族生育心态、生育机制与人口控制》，是在课题组多次深入民族地区开展调研、收集了大量材料的基础上，做了科学、系统的提炼概括，在民族生育观研究领域中起到了填补空白的作用。中文系杨振昆教授完成的《东南亚华文文学论》是一项学术水平高，富有创新性的成果。从整体上把东南亚华文文学的研究推到了一个新的高度。西亚所肖宪副教授完成的《当代国际伊斯兰原教旨主义》，其中的《国际伊斯兰思潮对我国的影响不容忽视》一文，介绍了国际伊斯兰思潮以及对我国的影响，并提出了四条针对性建议，光明日报做了报道。另外一篇《席卷中东的伊斯兰原教旨主义》，被中国社科院世界政治与经济研究所的刊物刊登，并被中共中央政策研究室和国务院研究室联办的刊物转载，引起了中央有关部门的重视。

（本文原载《云南大学报》1996 年 1 月 17 日，《云南日报》刊用，云南广播电台播放）

多功能航空交管系统填补国内空白

本报讯 我校自行研制的 MT-ATC 多功能航空交通管制计算机系统，受到专家高度评价。

昆明机场 20 世纪 80 年代从日本引进航空交通管制二次监视雷达系统，为航空交通管制人员提供飞行情报和空中交通管制服务。它使空中交通管制从原本的程序管制走向雷达监视的管制，对减少飞行流量控制，提高航班正常率、飞机利用率及保障飞行安全起了极其重要的作用。但由于该系统长期连续使用，不少部件老化、损坏。若向外商购买部件，不仅费用高，周期长，对飞行安全保证也极为不利。且该系统属 80 年代高科技产品，与 90 年代电子信息产品相比已较落后，亟待实施技术改造。为此，云南航空公司通信导航处、云大信息与电子科学系在云南航空公司航行气象处区域管制室的协作下，从 1994 年 4 月起采用现代电子技术及计算机信息处理等领域的最新成果，对原系统进行系统改造，新系统除满足原系统的全部功能外，还根据民航工作的特点和发展要求，新增并完善了原系统的操作功能，各项指标及功能均达到或超过原系统。该系统于 1995 年 8 月研制结束，进行试运行获成功，同年 10 月获全国第三届电子信息科学技术博览会优秀项目奖。在近日由民航西南管理局科委、云南省科委主持的鉴定会上，专家认为，该系统是我国自行研制成功的使用方便、灵活、功能最齐备的空中交通管制终端系统，在国内处于领先水平。

（本文原载《云南大学报》1997 年 3 月 13 日，《云南日报》刊用，云南广播电台播放，原题为《我省高科技又传佳音 多功能航空交管系统填补国内空白》）

第二节 成果应用

我校研制成功的汉字微型处理机参加第五届全运会工作

本报讯 我校研制成功，由云南电子设备厂生产的汉字微型处理机，经实践试用后，被选作第五届全运会运动员成绩记录的两种工作机器之一，在上海全运会上使用。

这种汉字微型处理机是由无线电系和物理系的部分教师研制成功的，1983年3月份鉴定后，交由云南电子设备厂生产，经过无线电系郑苏民副教授、张懋洵老师和电子设备厂朱维珉工程师合作研制了带汉字支援的计算机高级语言BASIC，使原来BASICII中处理英文字符串的所有命令、语句和函数，都能同样地处理中文字符号，可以应用到各种不同场合。1983年5月和8月，全国田径运动会预赛分区赛和全国少年业余体操分区赛，都使用了这种机器，效果很好，受到运动员和裁判员的欢迎，因为这种机器，既可以输入电子计算机储存，又可以输出打印，速度快，字迹清晰，经过有关部门的推荐选举，作为第五届全国运动会的两种工作机器之一。整个运动会期间，机器的性能稳定，使用效果良好。在体操比赛时，完全代替了过去十二个人的手工编录。具有快速准确的特点，受到国家体委有关领导的赞赏。

目前，这种微型汉字处理机，生产了三台，一台送北京参加全国电子工业产品展览会展览。另两台在上海第五届全运会工作。上海、湖南、安徽、昆明等地有关单位到电子设备厂参观后，签订了购买合同。云南电子设备厂年底将投入批量生产。

（本文原载《云南大学报》1983年10月6号，《云南日报》刊用）

化学系研制成功和转让一批科技成果

本报讯 化学系近两年以自己为主或与外单位合作，研制成功和转让了 12 项应用性科技成果，经济效益明显。其中有 4 项获得云南省 1984 年科学技术进步奖，1 项获小发明奖。

化学系之所以在科学研究上取得明显进步，对开发云南的经济做出了贡献，主要抓了四项工作。

第一，认真贯彻执行中央的有关文件精神，提高对进行科学研究，特别是应用科学研究的重要性的认识，统一思想。积极地处理好教学与科学研究，基础科学研究与应用科学研究的关系。他们认为，党的十一届三中全会以后，我国已转到经济建设道路上来，要搞好经济建设，离开科学不行。而且中央在一系列的方针、政策中强调，科学研究要为国民经济建设服务，这就为进行科学研究指出了方向。与此同时，他们还充分认识到，高等学校是培养高级建设人才的地方，要有一批高水平的教师队伍才能达到目的。提高教师水平有两条：一是进行科学研究；二是进修提高。所以系里比较注意在安排好教学的前提下，鼓励教师进行科学研究。他们把基础学科研究当作重要的一环来抓，因为它对教学质量的提高和应用科研有积极的推动作用。但应用科学研究周期短，见效快，能为社会做贡献。1984 年该系有 40 多项科研课题，应用性课题占 60% 以上。1985 年，全系有 27 项科研课题，除 8 项基础科学外，19 项都是应用性的项目，占全系科研项目的 70.3%。

第二，建立教师科学研究工作档案。为教师的定职、提级提供依据。

第三，设立了“开发实验室”。配备讲师 1 人，工程师 3 人，助工 1 人。主要承担对外服务，如科技咨询，开展协作研究，办短期的培训班等。各教研室也可以自行开展对外服务，做到社会要求解决的科研课题和技术问题都不拒绝。

第四，对教师开展科学研究，从经济上给予积极的支持。完成科研项目，经济分成按签订合同兑现。教师在校内外发表论文，除原稿酬外，系里还给予一定奖励，从而调动了全系教职工进行科学研究和撰写论文的积极性。仅 1984 年，全系教职工在全国性刊物如《化学学报》《分析化学》《高等学校化学学报》以及省内学术刊物上发表论文 30 多篇，是历年来发表论文最多的一年。今年除发表的论文外，最近两个月，系里又向外推荐了 20 多篇论文。

在研制成功的科研成果和新技术中，如树苔净油新工艺，马钱子生物选择性电极、JP—1A 型示波极谱仪新功能增进器、杂环化学研究——新型酰代吡唑酮类螯合萃取剂等 4 项获 1984 年云南省科学技术进步奖。隙透法准确测定气体分子量仪器的研制获科技小发明奖。高纯度正三十烷醇的研制中试及其在农业上的应用和高分子建筑涂料固化剂缩合磷酸铝生产工艺最佳条件研究与新的生产流程及操作规程两个项目都有创新性。这些科研成果及新技术，应用到工农业生产中，有明显的经济效益，受到广大用户的欢迎。

（本文原载《云南大学报》1985 年 11 月 8 日，《云南日报》刊用，云南广播电台播放，原题为《发挥学科优势　为开发云南经济做贡献　化学系研制成功和转让一批科技成果经济效益明显》）

我校四项科研成果参加第二届全国发明展览会

本报讯　中国发明协会为检阅首届发明展览以来发明创造成就，评选并奖励优秀发明项目和成就显著的发明工作者，促进发明成果投入生产，尽快发挥社会、经济效益，挑选水平先进、实用性强的项目参加八七年国际展出。经云南省科委审定推荐，报第二届全国发明展览筹备会批准，我校四项科研成果参加第二届全国发明展览会展出。

第一项，C 类，眼镜式收音机。无线电系金育民发明。眼镜式收音机，是一种外形与眼镜一样的中波（500kHZ-1600kHZ）收音机。它与手表式或其他任何一种使用耳塞机放音的微型收音机不同。眼镜式收音机不用耳塞机和外接任何元件、导线，只要戴上眼镜即可收听广播，而且音量大、音质好，并有电源开关和音量控制器随意调节。不论坐卧、跑步、骑车均可使用，是单人听广播和学习外语的方便工具。

第二项，M 类，冻疮涂膜剂工艺。化学系李瑞英、王元平、杨富佑等发明。该工艺根据中医理论，患冻疮的人多因气血衰弱、气血运行不畅、皮肤肌肉受严寒时间长等原因导致，采用中西结合的方法制备涂膜剂，所用药物有的有促进局部毛细血管扩张作用，有的散风寒、通血脉，既有表面消毒作用，又能改善冻区血液循环，促进损伤组织恢复等作用。皮肤涂膜后通透作用好，能迅速形成薄膜，隔绝外因对疮面的刺激与污染，还能阻止浆液外渗，保证药物疗效充分发挥，达到促进冻疮迅速愈合的目的。该膜剂配制简便，成本较低。使用方便，既不需敷料包扎，又无油基质污染衣物。经使用观察，有效率达 93%。

第三项，Q 类，新型酸性镀镍光亮剂 BSP。化学系张光玺、李自英发明。新型光亮剂的主要特点是克服了常用光亮剂的电流密度范围不够宽，添加量幅度小的缺点。该光亮剂可在很宽的电流密度范围和添加量范围内获得高整平、全光亮、韧性好、结合力强的镀镍层，使此光亮剂镀镍的沉积速度快，电流效率高，镀镍液性能稳定、维护简单、操作方便。本项目获云南省发明协会颁发的 1986 年首届云南省发明展览会优秀项目展出奖。

第四项，U类，双面鼓新型云子及成形工艺。科研处王启宇发明。双面鼓新型云子是一种新型的云南围棋子。造型自然，具有独特风格。它手感好、沉重，色泽柔和，拿子方便，不摇晃，强度较高，成形工艺简单而有独创性。

（本文原载《云南大学报》1986年10月20日）

我校研制成功的图文窗口数据库系统荣获全国优秀软件奖

“1993全国计算机应用成果展览交易会”于1993年11月15日至19日在北京举办。这是我国近几年来计算机应用研究和成果的一次大检阅，全国计算机研究单位、高等院校和生产厂家共有650件硬件和600件软件参展。18日下午，“优秀产品颁奖会”在莫斯科餐厅咖啡厅召开，会场气氛隆重热烈，由9位专家组成的评审小组，他们经过现场观摩，考查，在评选优秀产品民意调查表统计的基础上，选出了12个硬件和18个软件奖，我校就是18个软件奖中的3个优秀软件奖之一。颁奖大会中的一个精彩插曲是，大会主席几次宣布云南大学请领奖，却没有人上台。奖状、奖杯都是由大会转交的。当我问及发明者之一的周华讲师时，他不无遗憾地说，我们根本想不到在强手如林的全国高水平的计算机应用成果展览中会得奖。他告诉我，办展览我们到得最晚，展厅布置十分简单，又在一个不起眼的地方。但那几天看我们软件演示，表演和咨询的人很多，有的用户看完演示后当即提出购买，带去的30多套几乎卖光。北京有两个计算机大公司主动提出当代理，这样我们在北京就设立了两家代理。目前，已收到国内很多愿意充当代理的函件及电报。通过这次展览获得了大量的信息，获得了不少宝贵的意见。电子工业部、国家教委、建设部、地矿部、国家信息中心、中国软件测试中心、巴伦研究所及一些公司在看过我校研制成功的软件后，都认为该产品好，有很广阔的推广前景。中国软件测试中心认为，该产品属同类产品中的佼佼者之一。电子工业部计算机司希望云大的产品能走出国门，1994年能参加一些国际博览会，建设部规划司拟于1993年底在昆明举办该产品的培训班。这次展览会上，世界最大的软件公司——美国微软公司经过现场考核，授权云大设立美国微软ATC培训中心，授权的证书，旗子和图章全部到位，并希望云大于1994年开始进行微软教员培训，同时免费培训云大的教师，该培训中心在云南是唯一的一家。

（本文原载《云南大学报》1993年12月6日，《云南日报》刊用，云南广播电台播放，原题为《我校研制成功的图文窗口数据库系统荣获全国优秀软件奖　美国微软公司授权在我国设立ATC培训中心》）

第三节　人才辈出

还是当年那股劲

汪德禄同志参加革命已三十多年，在硝烟弥漫的战斗岁月，他转战南北，为党和人民立下了功劳。在社会主义革命和社会主义建设年代里，他始终保持着过去的那种革命精神。虽年过半百，还是当年那股劲，人老心更红。

1978 年 8 月，由于工作需要，老汪从千里冰封的北国转业到南疆，调到我校生产科任副科长。生产科室是保障我校后勤生活的重要部门之一，二十多职工，担负着农场管理、养猪、烤酒、饲料加工等任务，人员少，工作量大，存在问题较多。老汪一到生产科便处处以身作则，为大家做表率。学校食堂和饮食门市部的泔水，是喂猪的好饲料，但有的员工却不愿意去挑，原因是觉得到大庭广众去挑泔水，面子上不好看。再加泔水既脏，又有股怪味。老汪就带头去干，用肩挑，用车拉，刮风下雨也不间断，有时病了还要坚持，这使其他职工很受感动，也都愉快地承担起这项工作。

1979 年春天，备耕栽种阶段，需要大量肥料。老汪带着大家到一个猪粪坑去积肥。只见坑里猪粪和水混在一起，黏糊糊的，臭气熏人。大家面面相觑，不知该怎么办。老汪二话没说，脱掉鞋袜，卷起裤腿，跳进粪坑。行动就是无声的命令，领导敢过河，群众能过江，大家马上争先恐后地学着老汪的样子，干了起来，结果预计半个月干的活，一个星期就完成了，积了一万多斤肥料。

老汪还认真掌握职工队伍的情况，做细致的思想工作，调动一切积极因素，为做好后勤工作服务。例如有的职工间闹不团结，有的职工不安心后勤工作，老汪就针对不同情况对症下药，在工作上、生活上主动关心他们，帮助他们解决具体困难，和他们促膝谈心，讲革命传统，讲后勤工作对于学校工作重心的转移，实现四个现代化的重要意义。在他的带动下，生产科的工作有了较大的起色。原来养猪场有个职工会阉猪，因和场里的同志有矛盾，调离猪场时发誓说：“以后就是用拖拉机拉，也休想把我拉回来阉猪。”老汪了解这个情况后，反复做这位职工的思想工作，语重心长地和他说：“现在猪场里阉猪要花钱到校外去请人，你应该为国家着想，为集体着想，发挥自己的一技之长。我们一切工作都是为了一个共同的革命目标，同志之间的分歧，是可以在这个大目标的基础上统一的。”那位职工想通了，高高兴兴地跟着老汪去猪场帮助阉猪了。

老汪参加革命多年，埋头苦干，却从不伸手向组织要照顾，总是先人后己，严以律己。1978 年年终评比，员工一致给老汪评了一等奖，但在向领导汇报时，老汪却改成了三等奖。他说：“这是群众对我的鼓励，可是我刚到学校不久，没做什么工作，即使拿三等奖，心中也是很不安的。以后要加倍努力，为党和人民多做一些工作。”老汪调到生产科不到一年的时间，已掌握了科里的一部分生产技能，被职工们称为“老把式”，和职工们建立了深厚的感情。不久前，当学校领导决定把他调到人防办公室时，生产科的每一个同志都依依不舍，大家表示要向老汪学习，以革命的精神对待工作，在平凡的岗位上发挥自己的光和热，为早日实现四个现代化多做贡献。

（本文原载《云南大学报》1979 年 7 月 31 日，《云南日报》刊用）

顾建中教授被评为劳动模范

本报讯　物理系普通物理教研室主任、教授顾建中，被评选为劳动模范。他最近出席了云南省1979年先进企业、先进集体、劳动模范和大庆1式企业、优质产品表彰命名大会，接受省革委证书和奖章。

顾建中教授

顾建中教授今年66岁了。40年来他一直从事普通物理等基础课的教学工作，先后编写了高等学校交流讲义《普通物理学》（力学部分和分子物理学部分）；高等学校教学参考书《普通物理学简明教程》力学部分和《力学教程》等书。这些教材被较多的高等院校选用，受到好评。顾建中教授年老多病，但坚持在教学第一线。他对教学工作兢兢业业，认真负责，精益求精，虽有多年教学经验，但课前仍认真备课，深受学生欢迎。

（本文原载《云南大学报》1979年12月29日，《云南日报》刊用，云南广播电台播放）

科学不负有心人
——记物理系副教授陈尔纲

走进云南大学电子物理实验室，你就会看到四台式样不同、像机床那样落地而立的电子显微镜，第一、二、三台都是透射式电子显微镜。老大诞生于 1962 年，木头架子，有点“土气”，能放大 25000 倍，辨别本领 100å。老二诞生于 1965 年，外壳是半木头半金属的，像个模型，能放大 50000 倍，分辨本领 70å。他参加了在重庆举办的全国仪器仪表展览，当众作了表演，图像清楚，获得了奖状。老三诞生于 1976 年，镜体是淡黄色的，比较美观，能放大 100000 倍，分辨本领 15å，达到当时国内同类产品的先进水平，在某些部分还有所发展，荣获全国科学大会颁发的奖状。老四是 70 年代的宠儿——扫描式电子显微镜，1979 年底刚出世，虽然没有国外产品那样漂亮，但银灰色的合金架子配上黑色的电钮，也还精致美观。它可以对各种样品进行直接的微观观察与分析，广泛使用于冶金、机械、医疗、生物等部门，能放大 14 万倍至 40 万倍，分辨本领优于 100å，达到国内先进水平。

这四台电子显微镜就是四级台阶，它印下了云南大学物理系副教授陈尔纲向科学高峰攀登的足迹；它又是四个见证人，记录着陈尔纲 20 多年向电子光学进军的战斗历程。

陈尔纲现年 51 岁，1952 年在云大物理系毕业后，留校做教师。在教学中，他感到书上的理论不易理解。要理论联系实际，提高教学质量，他便边上课边搞实验，决心找一个重要项目，使教学与科研紧密结合起来。在一个展览会上，他参观了一台东德进口的透射式电子显微镜，受到了启发，他认为：致力于电子显微镜的研制，正是使电子光学理论联系实际的重要途径之一。在 1958 年以前，国内很少有人搞这方面的研制，而国外却大力在搞，每年要发表上千篇论文。外国人能搞，我们为什么不能搞？他决定自己设计试制，把教学同科研、理论同实践结合起来，教好电子光学课程。经过艰苦奋斗，从 1958 年到 1976 年，他先后试制成功了 3 台透射式电子显微镜。

当初，在试制第一、二台透射式电镜的过程中，没有样机和应有的设备，缺乏资料，他便因陋就简，采用各种代用品。他从云南内燃机厂要来一小段纯铁，用过去航空系留下的烂飞机的起落架来改制镜体，又用其他材料代替高压绝缘电缆。因为条件太差，在一次试验中，竟被高压电击翻在地上，指纹都快烧脱落了，但他爬起来再继续干。

在试制第三台透射式电镜的时候，刮起了批“回潮”的黑风，大揪“复辟派”。在“四人帮”极“左”思潮影响下，有人煽动出了一批大字报，说什么“电子显微镜对教学科研有什么好处？只能看看苍蝇翅膀，培养修正主义苗子”。在这股黑风恶浪下，陈尔纲也曾提心吊胆。但他随即又想：“只要我干的事对社会主义有好处，我就什么都不怕！只要不把我赶出实验室，我就照样干下去！”

20 世纪 90 年代陈尔纲教授在做物理试验

粉碎“四人帮”迎来了科学的春天，校、系领导和同志们向他伸出了温暖的手。在他们支持下，成立了扫描电镜研制组，陈尔纲担任技术总负责人。四川省机械局根据科研和生产部门的急需，拨来了经费，并派出技术人员协助工作。陈尔纲的信心和勇气倍增了。

研制扫描电镜三年来，陈尔纲对扫描电镜的原理，结构和性能进行了认真的分析研究。他从头学日语，在短短几个月内便查阅了日、英等国的资料三四百篇。经常一天连续工作十八至二十小时。晚上十一点多钟回家后还要冲洗胶卷，观察调试效果，往往要深夜两、三点钟才能睡觉。星期日、节假日也很少休息。他有三四年时间从没看过一次电影，逛过一次公园。有时，他一人在实验室工作到深夜，被值班的同志误锁在实验大楼里，回不了家，他就干脆干个通宵。

陈尔纲一心扑在教学科研上，工作紧张的时候，家务完全不管，个人健康也完全不顾，曾引起了家庭的一些矛盾。他爱人分娩，孩子得水肿病，他都顾不得照料。1979 年孩子考大学，他也顾不得辅导。他因操劳过度，得了胃溃疡和神经衰弱症，又因长期在荧光屏前工作，受到 X 射线的伤害，患了低血压症，回到家常常躺在床上直哼，他爱人多次催他去检查治疗，他总说没有时间，毫不在意。他爱人气得骂他，他坦然地回答：“人是要有点献身精神，我就准备少活几年。”

扫描电镜从 1977 年初开始设计，1978 年 8 月份加工完毕，到 1979 年底调试工作基本完成，前后花了近三年时间。最近经过有关部门和人员的鉴定，这台科研样机图像清晰，电子枪的阴极有特色，具有国内先进水平。在鉴定会期间，重庆特钢厂的同志拿了一段钢材来用这台扫描电镜观察，结果看到了原先用进口和国产的扫描电镜都没有观察到的图像，感到非常满意。

在试制课程中，陈尔纲注意把实践上升为理论，自编了电子光学和电子显微镜课程的教材。大家反映：这份教材有特点，联系实际，解决问题。通过试制，培养了一批中青年教师，还为云南及四川、湖南一些厂培养了一批电镜方面的专门技术人才。

陈尔纲从事教学科研二十多年，已经取得了一定成就。有人劝他该休整休整，喘喘气了。但他说：“要想达到电子光学的顶点，就要不畏劳苦，永不停步地攀登。”

人们问他今后的打算怎样？他说：“我们打算扎扎实实地总结经验，把电子显微镜的研究推向国际先进水平，突破国际先进水平，希望有关方面大力支持。”这就是一个献身四化的高等学校教师所树立的雄心壮志，也是发自内心的呼声。

（本文原载《云南大学报》1980 年 2 月 8 日，《云南日报》刊用，云南广播电台播放）

陈尔纲用他研制成功的电子显微镜进行观测

王开莲被评为全国三八红旗手

本报讯　我校中文系讲师王开莲，在最近召开的全国五次妇代会上，被授予“全国三八红旗手”称号。1982 年 9 月 23 日上午，省委副书记赵廷光等负责同志代表全国妇联向省级机关受表彰的 21 名“三八红旗手”和先进集体，五好家庭的代表和个人颁发了锦旗证书、证章和光荣牌。王开莲老师参加了授奖大会。

王开莲老师 20 世纪 50 年代末中文系毕业留校任教，后来又考取著名语文学家王力教授的研究生，研究生学习结束回校，一直担任古代汉语的教学工作。多年来，她根据学生的情况，不断改进教学工作，增加教学内容，教学效果比较好。尤其在教学中做到教书又育人，深受学生的欢迎。

1964 年 8 月 20 日云大中文系六四级语言组师生临别留影。
一排左起：王开莲（老师，班主任） 吴敬仁（教授 主讲课老师）
何谓安　董桂华
二排左起：张曙东　李抗全　张庆元　林育才　胡幸生　徐嘉文

王老师在授奖后会说自己工作没做好，党和人民给这么高的荣誉，确实受之有愧。但我绝不辜负党和国家的关怀和培养，在今后要更加努力的工作，为四化建设培养又红又专的有用人才。

（本文原载《云南大学报》1983 年 10 月 6 日）

教学内容的更新是抓好学生能力培养的前提
——记地球物理系副系主任谢应齐

谢应齐是一位中年教师，现在除负责繁重的行政工作外，还先后承担着“概率统计”“曲线坐标下的矢量分析”“扰动方法及其在气象中应用”及“流体力学”等四门课程。在教学中，他十分重视学生能力的培养，并且取得了一定经验。

谢应齐认为，教学内容的更新是抓好学生能力培养的前提。在这方面，他主要抓了以下三点。

第一，针对知识更新周期的加速，注意加强基础学习，保证基本知识、基础理论和基本技能的教学。由于科学技术的迅猛发展，知识代谢周期不断缩短，新

20 世纪 90 年代地球物理系副系主任谢应齐与教师在做气象观察

学科、新理论、新技术不断涌现，为了使学生能较好适应这一科学发展的形势，不应该片面去追求知识存储量，增加学时，加厚教材分量，相反必须在加强“三基”的教学上下工夫，让学生牢固地掌握宽厚的基础理论和基础知识，以便今后靠这些基础和自学能力及独立工作能力去创造性地工作。每门课教学之前就要重视内容的选择和取舍，在时间分配上也力求体现加强“三基”的要求，在讲授、作业布置、命题等方面都围绕这一要求。这样做就使自己教学比较主动，能突出重点，讲清难点，使教学收到较好效果。

第二，针对学科不断渗透的趋势，必须增加新课程和新内容，以适应新形势的需要。几年来，根据本系两个专业学科向定量化、科学化发展的需要，结合专业开出了或增设了传统计划中从未有的新课程或新内容，扩大了学生知识面和适应能力。例如 1981 年编印了“理论气象、地球物理中的教学方法”，向学生介绍了变分、泛函及最优化等方面的基本知识和理论，使学生了解和掌握了在专业科研中广泛出现的一些教学方法。1982 年又编印了“广义逆及其在地球物理反演中的应用”，为地物反演问题研究提供了一种系统的教学方法。1982 年又针对目前“高等数学”中所讲矢量分析内容远不能满足专业需要的情况，编译了“曲线坐标下矢量分析”讲义进行讲授，使这部分“三基”内容得以加强。1979 年还结合自己科研编写了“扰动方法及其在理论气象中的应用”作为选修课为气象七七、七八、七九级讲授，并印发全国有关单位交流。通过这门课程教学，毕业生能了解非线性大气动力学方面目前研究的最新世界动向和所采用的最新研究方法，大大开阔了眼界。

第三，针对毕业生在实际工作中的反馈信息，及时更新内容，以提高学生实际工作能力和适应能力。根据七七级毕业生的书面调查材料，提出了修改教学计划。从七八级起增加了“计算方法和算法语言”“地物专业概率统计”课程，并编写了相应的结合专业需要的教材进行教学，使七八级后的毕业生在电算能力、数理统计能力方面有了一定训练。随后又增开了“实验的教学方法”使学生在误差分析和数据处理方面受到一定训练。1984 年，又对前三届地物毕业生全面进行了一次书面调查，回收了很多有用信息，为不断更新内容提供了可靠依据。例如，正准备开出一种计算机语言，增加上机时数，增加勘探方面的知识和加强野外实习等。

谢应齐老师在教学中，还注意改进教学方法，有机地传授科学的认识过程，教学效果比较好。系里各次民意测验都得到任课班级学生的肯定。1985 年 4 月，被省教育厅授予“云南省优秀教师”光荣称号。

（本文原载《云南大学报》1985 年 9 月 10 日，《云南日报》刊用，云南广播电台播放，原题为《提高学生适应能力　不断更新教学内容——记地球物理系副系主任谢应齐》）

许树春急病人之所急

1985年11月初的一天中午，数学系的王重光老师，因患直肠癌引起严重便秘，发烧和头昏，卫生科的许树春和朱永辉两位同志值班。遇到这种症状，医院一般都采用灌肠或服用泻药的方法治疗。但王老师长期患重病，经受不住。许树春同志急病人之所急，想病人之所想，不怕脏，不怕传染，戴上手套，用手一点一点地从肛门里往外掏大便，用了一个多小时时间，终于把硬结的大便掏尽，使肠道畅通，解决了王老师的痛苦。王老师看到许树春累得汗流满面，禁不住流下了感激的泪水。

王重光老师从1982年起患直肠癌，受到卫生科领导和医生、护士的精心护理，各方面都给予了一定照顾。她表示要向卫生科的同志学习，尽管身体不好，但要努力工作，用实际行动报答党和人民的关怀。

（本文原载《云南大学报》1985年11月）

记物理系教授杨桂宫二三事

校党委常委、副校长杨桂宫教授退居二线，回物理系以后，在大庭广众之中露面不多了，但他两次把出国的机会让给中年教师，把两千元酬金捐赠物理系的感人事迹，却在校园里传颂着。

1983 年，第十八届国际宇宙线学术会议在印度召开。因为杨桂宫教授曾在 20 世纪五六十年代做过宇宙线研究，大会邀请他参加。杨桂宫教授从 1956 年开

20 世纪 80 年代杨桂宫先生在讲课

杨桂宫先生和他的团队

始担任物理系系主任，1965 年担任我校副校长直至 1983 年退居二线，是省内知名的专家、教授，20 多年来忙于科研，教学和行政工作，一直没有出过国，72 岁的人了，能到国外与同行交流科研成果，切磋学术问题，这无疑是个好机会。然而，杨桂宫同志没有从自己个人的利益出发，而是为物理系学科的发展和中青年教师的培养着想。他认为，自己年纪大了，让中青年教师参加国际学术会议，更有利于学科的发展和人才的培养。于是，主动放弃了出国机会，推荐了物理系一名中年教师到印度参加学术会议。1985 年，第十九届国际宇宙线学术会议在美国波士顿举行，杨桂宫同志又接到了邀请书。对此，有的同志想，这次他应当仁不让了。哪知，又出乎人们的预料，杨桂宫毫不犹豫地提出让中年骨干教师去的意见。校系领导几次动员他，他仍坚持不去。最后，还是由他推荐的一名中年教师出席了会议。

杨桂宫同志这种不为名、不为利，一心为培养中年教师和推动学科发展，两次把出国机会让给别人的高尚风格，为社会主义精神文明建设做出了贡献。

1984 年，昆明海口轴承厂一项引进项目的技术改造工程，聘请杨桂宫同志担任技术顾问，在他的指导下，该项目的改造工作进展很快，并且收到了好的经济效益，为此，还举办了全国一些大学和科研、生产单位有关人员参加的培训班，受到好评，该项目被评为云南省 1985 年科技成果一等奖，云南省科委还向国家报了发明奖。为酬谢杨桂宫同志，厂里给他两千元酬金，但杨桂宫同志觉得作为一个老知识分子、共产党员，为社会提供技术服务，是分内事，是应尽的责任，坚决不收这笔钱。经多方面做说服工作，杨桂宫同志同意收下钱，交给物理系用以奖励在学习和教学科研工作中做出优异成绩的师生职工。

杨桂宫同志，是 1956 年入党的老党员，一直从事教学，科研的行政领导工作，为学校做了很多有益的工作，1983 年机构改革，他从行政领导岗位主动退居二线，又走上了教学的第一线。他现在担任着给中青年教师和研究生上“固体电子器件课”，对学生要求非常严格。他讲课、作业全部用外文，还指导教师作科学研究。杨桂宫同志目前的社会工作也比较多，他担任省政协常委，省科协副主席，云南省物理学会理事长，中国物理学会物理教学委员会副主任委员等职，在系里，他都是以一个普通党员、教师的身份出现。

每次组织生活，他都提前到达，会上积极发言，外出开会他都请假。他的这些行动，受到师生们的赞扬，并表示要向杨桂宫同志学习。

（本文原载《云南大学报》1986 年 7 月 1 日，《云南日报》刊用，云南广播电台播放，原题为《一个党员的胸怀　记物理系教授杨桂宫的二三事》）

打好基础 开放搞活
——访物理系熊烨教授

最近，记者就教学改革问题，访问了物理系的熊烨教授。

熊烨教授开门见山地说，我是搞物理的，属于基础学科。研究的是物理学中的一些基本理论，探讨本学科中的一些基本规律。研究的成果很难直接产生经济效益，不可能在生产中很快见成效。但基础理论对技术进步、社会发展起着积极的作用，甚至影响重大。社会科学和其他学科我不讲，仅就物理学情况就足以说明基础学科的重要作用。18 世纪的热力学，瓦特发明蒸汽机，带来了世界上第一次工业革命； 19 世纪，法拉第、麦克斯韦等人的电磁感应及电磁理论，开创电力时代之光，出现第二次工业革命；20 世纪原子物理的发展，使原子核研究从第二次世界大战的原子武器转入和平利用原子能，促使世界的工业迅速发展。近一两年，世界上又出现了高温超导热。超导材料的研制成功，可以预料，它必然带来新的工业革命。以上这些说明，工业发展，新技术、新工艺的出现，是受理论指导的。而基础理论要变成新技术，它也受到其他学科或工业技术等的影响。物理的发展，要依靠数学的发展。牛顿的微积分起着重要作用。20 世纪 60 年代研究发现的激光，其理论爱因斯坦在 20 世纪 30 年代就提出来了，当时由于受科学技术的限制，没有找到受激辐射现象，到 20 世纪 60 年代由于光学和原子物理发展，才研制出激光。这也充分地说明，理论研究和应用研究有一定区别，从理论到实践有一个过程，有的时间短些，有的则长。过去我国物理学界重视理论研究，而对应用研究重视不够。现在强调开放搞活，有的人可能出现重实际、轻理论，实际上这两种思想倾向都不对。应该是强调理论与实际相结合，先打好基础，抓紧搞开发研究，这里就涉及教学改革中的一些课程、专业改造和设置等一些问题，我们已经吃过亏，一定要认真吸取经验教训。

熊烨教授很激动地说，搞基础研究的人能不能搞开发应用研究呢？那当然是可以的，是能为经济建设服务的，过去主要是不够重视这个问题，甚至认为搞应用研究题目太小，写不出论文，与此联系就是职称、工资等等问题。现在这些问题正在解决，搞应用研究有前途。而且搞基础学科的人搞应用研究有其雄厚的理论优势，特别对一些“短、平、快”项目的研究，搞基础学科的人能做出成绩来，物理系这几年来就搞出了一批具有国内先进水平的应用项目，为经济建设做出了贡献。

（本文原载《云南大学报》1988 年 7 月 5 日，《云南日报》刊用）

郑苏民教授二三事

（一）

1988 年 8 月中旬，骄阳似火，从郑州开往昆明的火车上，针插般地挤满了人，在拥挤的车厢里，站着一个汗水淋漓、书生气十足的男子，不时地扶一下被汗水浸湿下的眼镜。晚上，这人找到列车长，出示了工作证，被安排在餐车里坐了一夜，第二天一早，他又回到那难以插足的硬座车厢，直站到终点昆明站。他，就是信电系系主任郑苏民教授。

郑苏民教授是在参加北京第二届国际发明展览会后，到郑州与有关单位处理他研制成功并获国际发明展览铜牌奖的“泥沙测量仪”的有关事宜的，不料事情还未办完，就接到学校的加急电报。云南省科技进步奖评审马上就要开始，他是评审委员会委员之一，郑苏民教授立即起程赶回，到家后还来不及休息，第二天就去参加了评审会议。

当问及他这事的时候，郑苏民教授坦然一笑说：“工作重要，我就赶回来了，那段时间甲亢和心脏早搏时有复发，幸运得很，总算平安回到昆明。”

年轻人在火车上站两天两夜，都会感到吃不消，何况郑苏民教授已是 55 岁的人呢！

（二）

1987 年，“羊场煤矿浮选参数微机测控”获得云南省科技进步三等奖，在研制人员名单上却看不到郑苏民教授的名字，有的人感到奇怪。

事情得从头讲起，“羊场煤矿浮选参数微机测控”的科研课题，是郑苏民教授接收来的。他从羊场煤矿、省煤矿所和信电系组织了科研班子，制订了计划，还参加具体问题的讨论研究，从 1984 年至 1986 年的两年间，多次深入羊场煤矿做调查研究，可以说，郑苏民教授为该课题做出重要贡献。但就在“羊场煤矿浮选参数微机测控”研究成功，组织该科研鉴定会前，郑苏民教授宣布不做该科研的主持人，不提他的名字。他想得很深，他说：“这个科研项目是三个单位的人

郑苏民和他的团队

员共同完成的，他们年轻人做的工作比我多。我是教授，年纪也大了。对我来说，荣誉这件事情不必那么计较，多少无所谓，今后的工作还得靠年轻人来干。”说完这话，郑苏民教授捋捋眼镜，畅朗地笑了。

（三）

郑苏民教授颈部有一个包块，医生多次劝他住院治疗，但他一直带病坚持工作，1989 年 11 月经医院诊断必须做手术摘除。在此之前，郑苏民教授与楚雄州的雄德铁合金厂达成研究“75 硅铁合金矿热炉微机控制系统”的协议。郑教授是个说干就干的人，既然达成协议，就得付诸实施，而且要全力以赴。所以在整个住院期间和到安宁疗养期间，郑苏民教授一直坚持看书查找资料，拟订该项科研计划。病房里灯光较暗，他就到值班室里看书，而且每天看书时间比较长，医生护士为保证他的治疗和休养，多次劝他注意休息，还责问他是来治病还是来看书，郑苏民教授总是一笑置之。

（本文原载《云南大学报》1990 年 3 月 8 日，《云南日报》刊用，云南广播电台播放）

坚持社会主义方向　不断提高教学质量

——记全国优秀教师罗秉英教授

罗秉英教授是历史系中国古代史教研室主任，三十多年来，他坚持社会主义办学方向、坚持社会主义教学方向，教书育人、工作在教学第一线，年年超额完成教学任务；同时，积极搞好教研室工作，在进行“主干课程”建设、培养青年教师、团结全室教师、为提高教学质量等方面做了大量颇见成效的工作，被评为全国优秀教师、全国教育系统劳动模范。

三十多年来，罗秉英教授一直从事本科基础课“中国古代史”的教学，自1980年以来，又担任了研究生、助教进修班以及专科班课程，都完成了教学任务，并取得一定成绩，先后得到校、系和省级的奖励，在1989—1990和1990—1991两个学年，共讲授“中国古代史”“中国古代政治制度史”“中国古代史专题”“《资治通鉴》研读”“魏晋南北朝史学研究”等五门课程。

罗秉英教授在讲授本科及专科课程中，都布置两次以上的作业，其中一次必须自选题目撰写历史文章，这是他一贯的传统。在写文章过程中，要求学生既要阅读同类参考书，也要阅读有关的原始资料，并附上所阅读的书目，以供考核，作业完成后，进行课堂评议，优秀文章推荐给系学生刊物《嘤鸣》发表，以此加强学生的“三基”训练和实际写作能力，并大大提高学习和写作热情。两年中，《嘤鸣》共出版三期，刊载文章33篇，其中由罗秉英教授辅导、批改而发表的就有16篇，占50%，有的已在省级以上报刊，如《云南日报》《云南民族学院学报》刊用。这些文章的辅导、批改，并不计算工作量，但罗教授却倾注了大量心血，一丝不苟地去做。自1982年以来，罗秉英教授共招收两届研究生。他指导的研究生韩杰在读书期间发表了六七篇论文，获得首届“方国瑜奖学金”。1991年毕业的李桂英同学以优秀成绩考取了博士研究生。

建设“试题库”。这是考试制度改革的重要措施，也是提高教学质量的重要手段，亦为“主干课程”建设的重要内容，从1990年3月至1991年4月，在罗秉英教授的领导下，经过全体教研室同志及部分兄弟教研室同志的合作，完成了试题库建设，计有名词解释 445 个，问题解答 103 条，合 25 万字左右，最后由罗秉英教授逐字逐条地统修审定。建设主干课程“中国古代史”，经过一年努力，他们基本完成了 “协定书”上的目标和要求，并做了总结和经系评估合格，编写了《中国古代史基础》，作为基础性参考书，共 50 万字左右，已由罗秉英教授主编，交付出版社出版。

自 1983 年罗秉英教授任教研室主任以来，即开始了听课和评议活动，每学期都在进行，从未间断。截至 1991 年共进行了 12 次。每次都亲自带领全室同志参加，有时系党、政领导也参加，方式是听主讲教师讲课后，即由学生评议，然后由学生填写“评估表”，并与教师见面；然后由听课教师评议，使每位教师既是主讲者，又是评议者，确实起到了互相学习、共同提高的作用。

中国古代史教研室共有教师六位，其中有三位是 1984 年以后毕业的青年教师，他们承担三门基础课（“中国古代史”“历史文选”和“写作”）课，罗秉英教授还有计划地安排他们的课程任务，办法是定课程任务，一门基础课，一门选修课，并定时开出，凡授课程，先写好“提纲”和“讲稿”，并亲自审查，支持青年教师参加全国性有关学术讨论会，组织青年教师参加学术性著作的编写。现在三位青年教师都已能开出两门课程。教学效果良好，成为教研室教学和科研的骨干。

两个学年中，罗秉英教授承担了中州古籍出版社“中国古代政章制度大辞典”部分内部的编撰，被聘为该部分的编辑，除自己参加编写外，还组织教研室同志参加，共完成 20 余万字，又主编、统修了 50 万字左右的《中国古代史基础》一书。

在整个教学工作和各个教学环节以及科研活动中，罗秉英教授始终坚持社会主义教学思想，教书与育人相结合，如在《历史学专业（中国古代史）（上）教学大纲》中明确提出：坚持以马列主义、毛泽东思想为指导，坚持阶级分析方法，坚持爱国主义教育，在教学中反映劳动人民创造历史的丰功伟绩，反映阶级社会阶级斗争是历史前进的主要动力，反映我国多民族国家的统一和发展，反映古代物质文明和精神文明的伟大成就，弘扬我国古代文明，警惕和排除“自由化”在文科教学中的影响。1990 年 10 月 17 日，教研室专门进行了一次“启发式与教书育人”讨论会，保证了中国古代史教研室全体教师课堂教学思想的严肃性和课程内容的思想性、严格要求学生正确运用马克思主义观点分析历史问题，提高了教学质量。

在罗秉英教授的领导下，经过中国古代史教研室全体教师的努力，该教研室 1991 年被历史系推选为“教书育人先进教研室”。

（本文原载《云南大学报》1991 年 10 月 10 日，《云南日报》刊用，云南广播电台播放）

云南急需对外经贸人才，我们怎么办？

——访省政协副主席朱应庚教授

近日，我们走访了新当选的省政协副主席、经济学院教授朱应庚。朱先生在参加了省政协会议和省人代会后，不顾年事已高和会期长所带来的疲劳，接受了我们的采访。

朱老就会议中云南省委、省政府提出的“抓住机遇、扩大开放”和“打开南门，走向亚太”的宏伟战略目标给我们谈了很多有关云南建设的大事。特别是提到了当前的热点——云南的对外开放。在这一问题上，朱老从远古的“南方丝绸之路”一直谈到如今我们与东南亚国家的睦邻友好关系及云南特殊而有利的地理位置，并且主要对云南在对外经贸人才培养的方向、层次、办学措施等问题上提

朱应庚教授到美国访问

出了很多独到的见解和具体的意见。

当谈到“走向亚太”急需专业的对外经贸人才时，朱老更是兴致颇高，他为我们列举了很多事例，并提出了如何循序渐进地改变这一现状的许多措施。

朱老说我们应改变“英语加外贸知识”的培训，而转变为在重视德育的前提下，增加东方语、外交、国际贸易、经济技术合作、国际市场营销与经营管理等方面的理论与实践，以期尽快培养出我省面向东南亚的经贸人才，而现在云大的对外经贸系在边境 27 个市、县招生人数仅限于 30 人，这远远不能满足云南今后的建设需要，为尽快改变这一现状，朱老给我们谈了三点具体措施。

第一，必须尽快培训在职人员，当务之急，是将这些在职的边贸干部、管理干部集中进行轮训，可委托云大对外经济贸易系办理。培训班在坚持理论联系实际的教学指导下，开设“边贸的理论与实践”“云南周边国家概况”“国际贸易基础理论”“国际市场营销学”等方面的基础知识，同时请海关、商检、工商、税务、外汇管理、外事等有经验的同志做专题报告。

第二，建立一所“东南亚经贸专科学校”。在德宏、保山、西双版纳、临沧、红河、文山和其他地州定向招生。学校学生在校两年，除学习国际贸易和经济合作技术交流的基础理论课外，必须掌握一门东南亚语。这不仅为边境和少数民族地区培养了人才，更为云南今后的对外贸易发展奠定了坚实的基础。

第三，外语人才的培养，不仅要提高大语种教学质量，更应增加小语种的教学，如建立缅语、傣语、老语、越语等新专业，目的是为面向东南亚开放培养外语人才。

对朱老的访问结束了，朱老对云南经济建设的热情及对一些微小细节的热忱规划，久久萦绕于心，衷心祝福朱老的宏图早日大展，云南的经济早日腾飞。

（本文原载《云南大学报》1992 年 4 月 18 日，《云南政协报》，《云南日报》刊用，云南广播电台播放）

通古今之变　成一家之言

——李埏教授从教五十年

1992 年 2 月，我国著名历史学家、教育家我校历史系的李埏教授从事教学和科研工作整整五十周年。

李埏先生半个世纪以来，主要从事中国封建经济史的研究，对经济史中的若干重要问题做过深入的探讨，提出不少新颖独到的创见，是一位“通古今之变，成一家之言”的经济史专家。他是中国封建土地国有制研究的首倡者之一。他将土地国有制、大土地占有制和大土地所有制三者相互区别开来，已成中国封建土地所有制研究中的定论。在封建社会分期的问题上，他又是主张西周封建论的重要代表之一。他的关于中国古代农村公社的论证，把马克思的学说和中国历史实际结合起来。关于中国庄园制的研究，在观点和方法上，独树一帜，他认为，在封建社会里，商品经济始终是一个进步的因素，发展商品经济对于社会主义的经济发展也是必不可少的。成为中国商品经济史研究的奠基人之一。在商品经济的研究中，他又特别致力于中国古代货币经济的研究，尤其是在纸币的研究中，做出了超越前人、启迪来者的贡献。他在经济史研究方面的见解主要表现于他的《中国封建经济史论集》中。该书在国内外产生了重大影响，荣获中国教育研究会西南优秀图书奖。他撰著的《唐宋经济史》《宋代史稿》《唐宋社会的等级分析》等教材，在中国经济史园地中独具特色。1982 年他创建了国内第一个封建经济史研究室。1986 年他领导的中国经济史学科被列为云南省第一批重点学科之一。他是唐宋经济史的博士导师。他在史学界有较高的学术地位，先后担任中国经济史学会顾问，省文史资料委员会副主任、云大学术委员会副主任，还兼任陕西师范大学唐史研究所研究员、贵州民族学院教授、云南省社会科学院历史研究所名誉所长等职。

李埏先生，字子沂，号幼舟，云南省路南县（现石林）人。1914 年 11 月 24 日生于一个知识分子之家。1928 年迁居昆明，4 岁启蒙读书，读中小学期间成绩

李埏教授指导博士生

优异。1935 年 7 月以优异成绩通过云南省教育厅的选拔考试，被保送北京师范大学历史系学习。1937 年“卢沟桥事变”后，南归旋即转学西南联大历史系。读书期间写了《北宋楮币起源考》《宋代四川交子兑界考》和《宋代交子发展史》等论文，为师友所赞誉，经吴晗、张荫麟介绍，加入“中国史学研究会”，成为该会仅有的两个学生会员之一。1940 年 7 月西南联大毕业，旋即考入北京大学文科研究所，继续攻读宋史。1942 年任浙江大学史地教研所编辑兼史地系讲师。1943 年应云南大学之聘，来校讲授“中国通史”“宋史”等课程。

李埏先生一生孜孜追求两件事。一是从二十二岁起立下的大志：毕生从事中国历史的教学和研究工作。半个世纪以来矢志不渝。“文革”期间有人对历史系是否还要存在提出怀疑，尽管当时他还是被审查对象，但问及他的意见时，他引用了马克思、列宁等革命导师对历史和学习历史的论述，旗帜鲜明地阐释自己的意见。他曾以“二冷”为笔名，意思是要能坐冷板凳，不谋飞黄腾达；二是要甘心吃“冷猪头肉”，活着不计名利，但自信身后会得到承认的。他毕生安于清寒的生活，他的财产就是充满书斋里的四壁图书。他的另一个追求是坚持追求真理，坚信马克思主义。他在北师大读书期间，作为一个热血青年，曾勇敢地参加了震惊中外的“一二・九”运动。20 世纪 40 年代末，他投入爱国民主运动，参加了中国共产党领导的“新民主主义者联盟”，积极为云南地下党刊物《新云南》撰写稿件。1985 年，李埏先生已七十岁高龄，他光荣地加入了中国共产党。一个满头银发的中国共产党人站在党旗下，使全校师生为之振奋。1990 年李埏先生还被评为我校优秀共产党员。

李先生自觉地坚持了马克思主义为指导进行科学研究，将辩证唯物主义与历史唯物主义运用于中国封建经济史的教学和研究中，并对马克思主义的有关理论问题做了进一步的阐发。

半个世纪以来李埏先生一直以教书育人为己任，学子遍及省内外。他上课注意启发学生思想，时常介绍前人未发的新知。他讲课条理清楚，深入浅出，见解独到，他奖掖后学，嘉惠青年，甘为人梯，不遗余力。李先生除在云大讲学外，还应聘到复旦大学、厦门大学、贵州民族学院等高等学校讲学。1990 年应邀到英国访问了伦敦大学、剑桥大学、牛津大学等世界著名学府，为弘扬中国文化，加强中外文化交流做出贡献。他曾被评为云南省教书育人优秀教育工作者。

（本文原载《云南大学报》1992 年 6 月 12 日，《云南画报》《云南日报》刊用，云南广播电台播放）

“楚骚”研究领风骚
——中文系殷光熹教授小记

近几年来，我校中文系殷光熹教授在楚辞研究方面取得了令人瞩目的成绩。他先后出版了个人专著《楚骚：华夏文明之光》《诗骚并辉》，发表了楚辞研究论文多篇，与他人合著的《楚辞注释》被台湾文津出版社作为“大学用书”出版。在他的楚辞研究论著中，有的曾获云南省社会科学成果奖、西南地区优秀著作奖、全国屈学研究成果一等奖，并在学术界产生广泛的影响。《当代楚辞研究论纲》《现代楚辞批评史》《楚辞探奇》《艺海拾珠》《新华文摘》《人民日报》《光明日报》《文摘报》《文学遗产》《中国文学年鉴》《中国古代近代文学研究》和一些高校学报、省市报刊广播电台等作了评介、摘登、引用和转载。《现代楚辞批评史》将殷氏的成果作为一种具有代表性的论点写入书中。《当代楚辞研究论纲》一书，从全国选择了十几位在楚辞研究方面成绩突出的中青年学者，分别辟专章作了较全面、系统的评介，殷光熹也是其中之一。

一些专家、教授对《楚骚：华夏文明之光》一书作了高度评价。有的说：“是书自出版至今的仅四五个月时间内，便引起国内学术的高度赞赏，且由香港等地迅速传播域外，其影响之深广，可想而见。”有的说“此书能在务实的基础上创新”，“多有创见”，“给人耳目一新之感”。有的说殷氏的《大招》研究，“代表了一股历史反思的思潮”，并作为“研究者的视野大为扩展，所探讨的问题日益广泛”的代表性论文，誉为“做出新贡献”。有的说“殷氏不仅在传统课题上深入探索，而且开拓了不少新领域，其中关于《大招》的研究，屈赋与辛词及宋词的系列研究，成了当今楚辞学者中独一无二的特色，很有参考价值”。有的对殷氏在拓展楚辞研究领域方面成绩给予充分肯定：“楚辞内学在深化，如殷光熹的《大招研究》，而楚辞外学正在逐步形成，如殷光熹的《两汉时期的楚辞评论》《魏晋南北朝时期的楚辞评论》。”殷氏关于屈骚对后世文学的影响的系列论文，如“对宋词数量之冠的辛词作全面追溯、比较，殷光熹还是第一次”，“显示出

20 世纪 70 年代中期，宣传部校报编辑部集体业务学习。第一排徐嘉文，第二排左起戴绍鸿、马荣柱、殷光熹，第三排左起沈震寰、谢应齐、史宗龙、盖起贤。

‘影响’，研究的坚实功力”。有的认为“这是一部富有学术性，富有新意的力作”，“并在很多方面具有创见性的专著”，“是研究楚辞传统及楚辞学的一部佳作，不仅在我省古典文学研究与教学中独领风骚，而且就在全国楚辞学者及楚学领域中，也是难能可贵的一个收获”。有的认为“此书透视角度与研究方法颇为新颖，即在传统的训诂、以史证诗，从反映论的高度逐层推进之外，还运用纵横比较，特别是逆向研究法，即从宋词溯往楚骚，阐述渊源，探索影响。这是此书创见之一。其独特的思考方法也甚为可贵”。殷氏的楚辞论著，也曾多次被一些楚辞研究专著和论文所引用。

由于殷光熹教授在楚辞学研究中取得突出成绩，经中国屈原学会评委会的评审，于 1994 年 6 月在中国屈学会第六届年会上授予殷光熹教授全国屈学研究成果一等奖，并颁发了“荣誉证书”。

（本文原载《云南大学报》1994 年 11 月 7 日，《云南日报》刊用，云南广播电台播放）

中国在国际数学、半群中的地位和作用
——访国际著名数学家诺依曼博士

英国皇家科学院院士诺依曼做学术报告

1995 年 8 月 18 日至 23 日，第三次国际半群与相关科目会议在云南大学召开。来自美国、澳大利亚、法国、德国、俄罗斯、以色列、印度、日本、中国和中国香港、中国台湾等 20 多个国家和地区的 110 多位数学家(其中有 60 多位海外学者)出席了会议。国际著名的代数学家、英国皇家科学院院士、澳大利亚及美国科学院院士诺依曼博士，爱丁堡皇家科学院院士、半群论坛编委哈维教授，国际理论计算机学报主编、法国巴黎计算机科学研究中心的李华教授，以色列依巴朗大学校长柯勒教授，德国密德堡大学校长达松教授等 100 多位专家学者在会上作了学术报告，就半群理论及其相关科目进行了广泛深入的研讨和交流，展示了国际国内这一学科领域里的崭新成果。这是一次高水平的国际学术会议，被列为国际半群界 1995 年的重大活动。

会议由云南大学基础数学研究所所长、博士生导师郭聿琦教授和该所名誉所长、香港中文大学岑嘉评博士共同主持，会议开得非常成功，受到与会的国内外专家一致好评。

会议期间，记者采访了参加此次会议的 88 岁高龄的、最有权威的诺依曼博士。

记者：现在有人提出 21 世纪将是数学的世纪，您对此有何看法?

答：数学是一个整体，有诸多方面。数学的发展随着时代发展而发展，它与

时代有着密切的关系。为下个世纪，很多人花了大量时间和精力研究，它确实是个热门话题，数学有人说它是椭圆形的曲线。在椭圆的曲线上，很难说它在哪点上重要或不重要。数学在过去的几年里有很大的发展，它有两个重要的标志：一是从线性向非线性发展；二是从微分方程、微积分向离散数学发展。21 世纪也将如此。

记者：半群在这中间将扮演什么角色？

答：半群我相信是越来越重要的学科。它是现代代数的重要分支，其系统研究已有半个多世纪的历史，它在计算机科学，信息科学与编码，数理语言学，其他数学学科以及高新技术的许多领域内都有众多的背景和广泛的应用，半群在 21 世纪很有发展前途。

记者：国际半群研究的现状与发展趋势怎样？

答：半群理论的研究时间不算太长，但它的发展速度相当快。美国、英国、澳大利亚、俄罗斯、法国、德国、中国、日本、印度等国的研究人员很多。在应用方面可以说是刚刚开始，处于青壮年时期。预计它的发展是会蓬勃的。各个学科都与它有关系。半群在很长一段时间，直到 21 世纪，它会越来越重要。

记者：您对我国的半群研究有何看法？

答：很早以前我只认识中国的一个数学家，也是我的老朋友华罗庚，当时中国的数学界力量很单薄。但最近一个时期，中国涌现了很多数学家，而且是很优秀的数学家。中国的数学力量很强大，资源也很雄厚，在国际上很多数学领域里都有中国的数学家，对世界的贡献也很大。随着中国与国际的交往、交流的增多，对世界的贡献也将越来越大。中国学者关于半群的系统研究尽管起步较晚，但近十年来在国际上非常活跃。中国不但有一支可观的研究队伍，包括自己培养的 13 位博士，而且不断推出高水平的研究成果，充分显示出中国在国际半群理论研究中的重要地位和作用，此次会议在云大召开就是一个例证。

记者：您对此次会议有何评价？

答：这是一次很成功的，高水平的国际会议。参加会议的国家多了，人也多了，学术气氛很浓厚。尤其令人高兴的是这次会议使我见到了一大批年轻陌生人的面孔，给会议增添了勃勃生机，他们的学术水平、他们的见解令我十分激动，也使我更加看清了半群研究的未来和希望。在此，请您转告中国年轻一代的数学家，要加强英语和演讲能力的训练，建议在大学里设立演讲比赛和英语比赛，以便提高大学生、青年教师的演讲水平和英语水平。

记者：您已 88 岁高龄，身体还这么好，有何诀窍？

答 : 长寿没有任何秘密和诀窍。我的事业很幸运。前妻是个数学家，现在的妻子是我的秘书。三个儿子都是大数学家，生活很幸福、很快乐。我一生都生活在快乐之中，快乐就能使人长寿。平时上班，我有两个办公室，上下班都步行。休闲时拉拉大提琴，有空就远足或露营，进行身心的调整。我父亲是一个工程师，我 12 岁时从父亲那里拿了两本微积分的书，看了很喜欢，从此爱上了数学。我一生都在数学里打滚，学数学，教数学，研究数学，数学给我带来了幸福，我一生出版了 6 部专著，获得 7 个荣誉学位。德国柏林大学、英国剑桥大学、曼彻斯特大学博士学位，澳大利亚数学会荣誉院士，组合数学应用院士，数学教育学术院士，美国科学院院士和英国皇家科学院院士。我现在的工作很多。我从来没有想自己是退休的人，也不是退休的人，还在做数学研究，发表论文，为别人的论文作评论。我多年来就喜欢吃中国菜，喝中国的绿茶。

（本文原载《云南大学报》1995 年 10 月 12 日，《中国科学报》《云南日报》刊用，云南广播电台播放）

我很喜欢云大

——访日本留学生林谦一郎

“我很喜欢云大，真的！”

带着依依惜别之情，在我校攻读并获得中国民族史博士学位的林谦一郎在即将离开云大，回日本工作时讲了这句话。

林谦一郎在日本京都大学文学院先后取得学士、硕士学位，完成博士课程，并通过日本文部省考试，公派到云南大学留学。1992 年在林超民导师指导下攻读中国民族史博士学位。三年间，林谦一郎除精心研读民族史的古籍资料外，多次到四川、西藏和省内的大理、楚雄、西双版纳和保山等少数民族地区实地考察，掌握了大量的第一手资料。1995 年 6 月，他通过了博士论文答辩，他的博士论文题目为“白族的形成及其对周边民族的影响”。白族和白族的形成问题，在云南地方民族历史的研究上占有特殊的位置，是中国西南民族研究的重点与热点之一。林谦一郎依据新的考古学资料结合大量历史文献，重新探讨白族的来源与形成过程，他的独辟蹊径被专家们称为是近年来白族史研究中难得的突破。

三年读书生活，耳染目睹，与导师和同学朝夕相处，林谦一郎对云大产生了深厚的感情。他认为云大的环境很好，绿化也很好，在日本的大学里，也很少有这种优越的环境条件。春天的樱花、海棠；夏天的绿荫草坪；秋天金黄的银杏、丹桂满园飘香；即使冬天也绿树成荫。京都大学也有一条银杏道，所以他一看见云大的银杏道，就觉得十分亲切。他说：“历史系搞学术研究的人很多，学术气氛浓厚，学术水平也很高，中国民族史既是博士点，还是全国科研和教学人才培养的基地。在这样优越的环境里学习和研究，无疑对我的成长是很重要的。”

日本对中国的少数民族的研究比较多，但都局限在人类学和民族学方面，搞中国民族史的人极少，大学里都没有这个专业。其原因是多方面的，最主要的是研究历史，不懂古代汉语不行，搞其他研究可以带翻译，古代汉语翻译十分困难，也难懂，因此，林谦一郎成了既是中国培养的第一位“中国民族史”的日本博士，

20 世纪 90 年代初林超民教授指导美籍博士生浦哲文和日籍博士生林谦一郎

也是日本第一位具有这么高学历的中国民族史的研究人才，可以说林谦一郎将成为日本从事中国民族史研究的开创者之一。尤其令林谦一郎高兴的是，日本文部省对大学文科的学科正在进行改革调整，将开展对东南亚地域研究，其中包括少数民族史的研究，这给林谦一郎的研究和教学带来了光明的前景。

在颁发博士学位证书时，林谦一郎说，能得到云大的博士学位感到很光荣、很荣幸，衷心感谢导师林超民教授和其他教师的培养教育。回国后所从事的也是教育工作，还要继续研究云南少数民族历史文化，希望将来在中日的学术、文化交流方面做出力所能及的事情，同时希望能继续得到云大和导师的支持。

（本文原载《云南大学报》1996 年 4 月 9 日，《中国画报》《云南日报》刊用，云南广播电台播放）

徐其亨教授获《中国无机分析化学》发表论文“五连冠”

据《中国无机分析化学文摘》1997年索引检索，我校化学系徐其亨教授1997年居该领域发表论文首位。自1993年以来，徐其亨教授每年在国内外发表无机分析化学方面文章20篇左右，最多达25篇，已连续五年居该领域发表文章之冠。成教院的李祖碧教授也居前十名的位置。两位教授不仅在无机化学领域为我校争得一席之地，也为学校争取了荣誉。

（本文原载《云南大学报》1998年10月20日，云南广播电台播放）

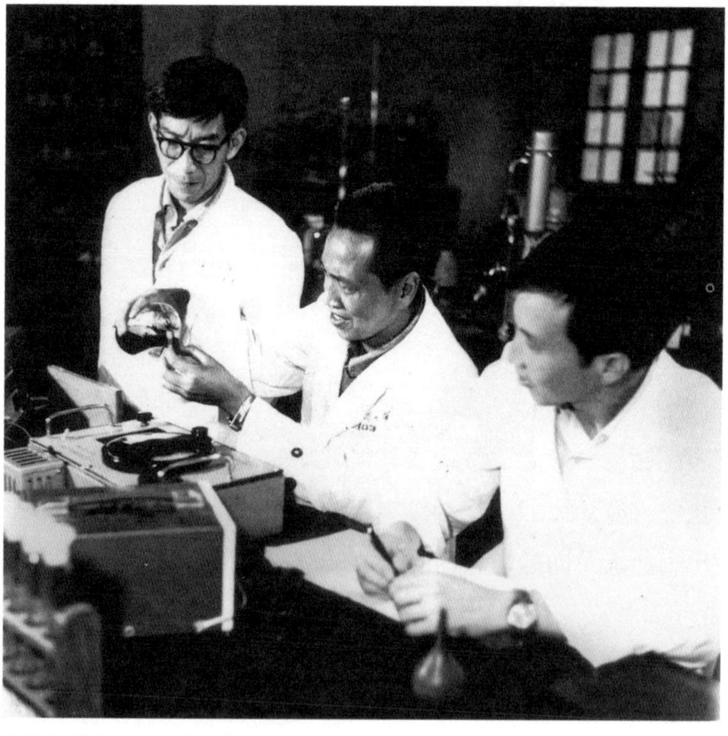

徐其亨教授（中）在工作

我是中国人
——记著名经济学家张五常先生

张五常先生 1935 年出生于香港。抗日战争时期曾随父母到广西避难，耳闻目睹中国农村之艰苦，从小就希望国家富强、人民幸福。他认为国家要富强，人民要幸福，关键是要读书、懂科学。看到现在的大学生，生活在优越的环境里，发奋读书，他说，这就有希望。

年轻时的张五常是一个读书的榜样。他 1957 年到加拿大留学，1959 年进入美国加州大学学习，1961 年获学士学位，1962 年获硕士学位，1963 年获博士学位，其进度势如破竹。两年后他获教授头衔。短短的七年时间里，张五常有时过

张五常先生做报告

着听不知音、食不知味的生活，但他的学业、事业如日中天，硕果累累。张五常先生最具代表性的著作，是他1966年获芝加哥大学政治经济学奖的博士论文《佃农理论——引证于中国的农业及台湾的土地改革》，就是这篇论文奠定了他在经济学界的地位，并成为合约经济学的奠基之作。张先生把产权及交易费用观念应用在台湾的土地改革上，不仅推翻了传统佃农理论，而且否认个人产权的存在，或政府过多地干涉资源的配置，其结果都会导致资源配置的无效率。

这些都是新制度经济学的核心内容。张五常对现代新制度经济学的贡献是巨大的，这也使他成为现代新制度经济学的代表人物之一。张五常先生被评为1997—1998年度美国西部经济学会主席，这是美国历史上第一次把此殊荣授予美国本土之外的经济学家。

自20世纪80年代中期以来，张五常每年回大陆讲学，多次陪诺贝尔经济学奖获得者弗里德曼来中国，与国家领导人畅谈中国改革问题。他发表100多篇文章，解释和预测中国未来的走向，为中国的建设和发展出谋划策。

2001年4月9日他到我校做学术报告，重点是谈农村的改革、城市企业改革、金融改革及反腐败等问题并提出了建议。报告中张五常先生言语之间总是流露出他的爱国之情。他说："我从小受到中国传统教育，受到唐诗宋词的熏陶。尽管世界各地好地方不少，但那不是我的祖国，所以我无论到什么地方，情感的砝码总是倾向祖国，我是香港人，我是中国人，血浓于水啊！"张五常先生的报告不时被掌声打断，因为他高瞻远瞩，既有宏观理论，又有中国国情；加之他集经济学家、散文家、摄影家、书法家和收藏家于一身，见多识广、博学多才，语言幽默犀利，使人受益匪浅。

（本文原载《云南大学报》2001年4月30日，《云南日报》《云南政协报》刊用）

植物王国云南的一名筑梦人
——记朱维明教授的几件事

云南大学生命科学院教授，前云南大学生态学与地植物学研究所蕨类植物研究室主任朱维明，是国家级有突出贡献专家，国务院政府特殊津贴获得者，我国蕨类植物学科权威专家之一。

朱维明教授瘦高个子，高鼻梁，头发花白稀疏，喜穿颜色稍深的中山装和夹克，虽已步入九十岁高龄，眼睛不大，但仍有较敏锐的眼神，精力较好，步履也还较稳健。

朱教授 1987 年在云南河口县低海拔山区观察研究仅分布于云南东南部、广西北部及越南北部热带的大型蕨类植物云南莲座蕨。

上世纪八、九十年代，因对工作需要及对朱教授的崇敬，多次提出对他进行采访，好不容易逮到一次机会。上午九时我准时到他办公室，才说了不到五句话，他反悔不让采访了，表现反感。他不乐意宣传个人。我也急了，大声跟他说：我不是为采访你而采访，是为宣传云南大学的蕨类植物标本室，宣传中国的蕨类植物研究工作在云南的发展及其与云南大学的关系。听到这样的解释，他才坐了下来，就像断电的线路突然来电了，采访重新开始。访谈还不到十分钟，一位老师来报告，一份蕨类植物标本的顶部掉了找不到。朱教授一听，触电似地从椅子上蹦起来。那位老师又补充说，同一号的标本还有四、五份呢。听后朱教授大声说，大形叶的标本同一个叶是分段制作的，各段标本的形态大多是有差异的，尤其是基部的与顶部的差异很大，要保存完整的标本才有利于研究、鉴定工作；大形叶的标本、采集、制作标本就很费力，更要重视保存完整的标本；标本采集与保存的完整与否，与今后研究工作的质量有密切关系，当今许多研究著作质量不高，错乱较多，就有这方面的问题；科学研究工作必须建立在严格、认真的基础上，要培养良好的习惯，不能马虎；找！这份标本失落的部分要尽力找到。采访第二次中断，我也跟着一起找，找了一个多小时仍未找到，朱教授让我先去办自已别的事，他们继续找。第二天一早，朱教授打电话告诉我，昨天查找的那份标本的失落部分找到了，采访可以继续。我到后，他很高兴地把那份复原完整的标本给我看。其他老师告诉我，昨天朱教授和室里年轻教师、研究生几个人一同查找，从上午找到下午都未找到，当晚他独自一人继续查找，终于找到了。他树立了对工作极为认真的榜样。

朱维明教授 1954 年毕业于云南大学生物系，留校任教，至今已 60 多年，主要从事植物分类学和资源植物学的教学和研究工作，着重蕨类植物分类的研究。几十年来，除文革动乱时期，几乎放弃全部节假日的休息，每年都有两、三个月时间，结合教学工作、国家级和省级科研课题，带领青年教师、研究生及本科生到省内外作考察和标本采集工作。考察、采集活动大多是在植物种类丰富而工作艰苦的山区，云南最偏远的独龙江峡谷就四次深入，滇藏间的梅里雪山则去了七次之多，考察工作有时还会有艰险的遭遇。

1983 年，朱教授带队到迪庆州考察，在香格里拉市虎跳峡附近遇车祸，考察组校车严重受损，驾驶员受伤较重，他也头部受伤流血不少。幸遇省地质队车队，救至桥头（今虎跳峡镇）医院治疗。待与校内联系派人派车去处理有关事务时，组内其他同事劝他与驾驶员一道回昆明治疗，终止考察工作，但他拒绝了。与校内派去人员协作处理有关事务和送走受伤驾驶员后，他仍带伤忍痛留下，为了节约有限的考察经费，争取时间完成计划，他率领留下的另两位同志，继续考察工作，改乘公交客车颠簸到维西县，又改乘农用车深入植物丰富的栗地坪林区，最后到达考察计划的终点巴迪，完成原定任务。

1985 年，朱教授申请的一省科委基金项目获准，率队去云南西北角的贡山县考察，并深入尚未通公路、人烟稀少的独龙江河谷。独龙江河谷是云南雨水最多的地区，一年只有 40 天左右的无雨天；又山高坡陡，多山涧湍流，旅途艰险，物资运送困难，冬春大雪封山，与内地的运输及人员来往断绝，生活十分艰苦；但那里植物（尤其蕨类植物）非常丰富，在马库村附近一天就采到一百多种的标本。为了压制好得之不易的标本，又不影响项目组其他成员在如此艰苦环境中的休息，素多野外工作锻炼，身体素质较好的朱教授选择与所雇马帮夜间还需起身

朱教授与生命科学学院虞泓教授 1990 年在迪庆州德钦县和怒江州贡山县植物调查研究期间，雇佣驮马翻越碧罗雪山途中，在一放牧点的牛窝子小木屋共进午餐。

1993 年朱教授主持云南省科委基金项目“梅里雪山及附近地区植物资源的调查及评价”，完成 6 次野外调查工作后，离开德钦前以云南第一高峰海拔 6740 米的梅里雪山主峰卡格博峰及其南侧一段山体为背景留念。

照料骡马的年轻小伙子同住当地小学一屋，夜间独自一人继续压制标本至凌晨，仅睡两小时又率队继续考察、采集，马帮小伙子深为感动。

朱教授孜孜不倦追求的目标是建立一个国内水平一流的蕨类植物标本室，使其成为国内提高蕨类植物研究水平和培养相关人才的重要基地之一，适应我国社会主义科学事业的发展，在蕨类植物研究领域，尽一份添砖加瓦之力。为此，这一目标的确立，朱教授是基于以下一些认识及思考。

（一）鉴于注意到许多国内外蕨类植物分类文献中出现的错乱，除与某些研究者的学风有关，更多的则是的研究方法不当和依据不完善的馆藏标本导致的。因此，改正研究方法和改善研究条件（首先是提高标本的质量）是需要解决的首要问题。

（二）云南省自然环境复杂多样，有热带至终年积雪带的各种气候带，这不仅是国内绝无仅有的，也是世界罕见的。植物种类特别丰富，无论蕨类植物或种子植物都超过全国的一半，并有许多珍稀或特有种类，素有誉满中外的“植物王国”美称。世界蕨类植物分类学权威之一的秦仁昌教授曾说过，把云南蕨类植物种类研究清楚，对中国蕨类植物的研究是不可或缺的，也会震动世界研究蕨类植物的学术界。

（三）建设一个高质量的研究基地，改善学风，培养一批能严肃认真进行研究工作，能写出较多经得起检验的著作的年轻学者，比个人把主要精力用于多写几篇论文，对国家科学事业的贡献更大，铺路工作很重要。

首先改进了研究方法，由“静态研究”改为“动态研究”并贯彻到标本采集和研究生培养工作中。由于方向明确，意志坚定，又确立了以自力更生为主、艰苦奋斗、勤俭创业的建室原则，筹建有特色的蕨类植物标本室的工作进展显著。

将研究工作从“静态研究”改进为“动态研究”是朱教授对蕨类植物分类研究的一项贡献，对清理、纠正以往研究著作中的错乱发挥着显著影响。在动态研究基础上采集保存大量完整、系列的标本，是朱教授领导建立的“云南大学蕨类植物标本室”（标本室缩写代号为 PYU）的特色。这一特色受到较广泛的重视。访问过该标本室的国内外同行学者多对该室和朱教授的工作有较高的评价。曾独自从英国驾车奔达喜马拉雅山进行考察研究，大英博物馆蕨类学家弗雷泽·詹金斯 1980 年到 PYU 该室访问研究，并两次与朱教授一同到昆明郊区山地作实地考察研究，其后他在中科院昆明植物研究所做学术报告时以及回国后给朱教授的来信中，都对朱教授倍加赞赏。詹金斯曾在来信中说“我确实感动。你已在单枪匹马地教导几乎所有中国年轻一代的蕨类工作者，在他们当中，我看到了显著的潜力，看到了首先调查研究，进而讨论秦教授所提出的那些种的一些开端”。往后多年，他在评论印度蕨类研究的著作中还有对朱教授的赞赏言辞。日本当今的蕨类学权威，先后任教于京都大学和东京大学的岩规邦男教授，造访 PYU 回国后，多次写信给朱教授希望加强交流，并敦促他的学生光田重幸博士两次到 PYU 作研究工作。Bir 教授是印度的蕨类研究权威之一，访问 PYU 时感叹地说，如此尽力采集保存完善标本的情况，在其他地方尚未见过。不止一位国内外访问学者表

1999 年朱教授结合 PYU 的后续建设，应邀参加云南省政府与美国 TNC 合作的“滇西北生物多样性保护行动计划”子项目—生物多样性模块—植被多样性调查研究，第一次野外工作在怒江州，最远抵达独龙江河谷中缅国界。

2000 年朱教授继续参加中美合作的滇西北项目第二次野外工作，地点为迪庆州的德钦县，照片云南大学参加此次野外工作的 3 人在梅里雪山雨崩村后冰川海拔 4000 米处旁侧小憩。这是朱教授第七次到梅里雪山考察。

示，有些种类的区分和归并问题，在 PYU 才搞得清楚。

朱教授及其所领导的 PYU 在国内的影响有一突出事例。原先由秦仁昌教授主持编写的《中国植物志》第三卷第二分册，是蕨类植物各卷册中涉及种类最多，分类工作难度最大的一个卷册。由于送审稿中存在上述“静态研究”导致的问题突出，编委会审查未通过，决议组织力量重新编写。编委会与秦仁昌教授商讨研究，并决定选聘朱教授担任《中国植物志》编委会第十届编委和重新编写《中国植物志》第三卷第二分册的编辑。朱教授成为当时继秦教授之后《中国植物志》编委会中蕨类植物学科的唯一编委。之后，经朱教授推荐，其硕士研究生，毕业后留校在生态学与地植物学研究所蕨类植物研究室任职的和兆荣成为《中国植物志》第三卷第二分册参编者和朱教授的助手、合作者。《中国植物志》第三卷第二分册于 1999 年出版。《中国植物志》第三卷第二分册重新编写过程中，朱教授将按动态研究原则采集的大量系列标本带到秦教授处共同研究，解决一些种类的清理订正问题，秦老接受朱教授的订正意见。其后，编委会秘书告诉朱教授，她去秦老家通报、商谈相关事务时，秦老曾对她说："要像朱维明他们那样努力、严谨地进行研究工作，有充分的依据对我原先的鉴定进行订正，我赞同，并赞扬；尊重科学，对他们的正确订正我接受；至于那些不下功夫做工作，想当然的胡乱订正和否定，我不接受"。

朱教授被聘任中国植物学会主办的《植物分类学报》编委，担任此职自1982年至2008年。1986年，朱教授又被聘为中国科学院昆明植物研究所主办的《云南植物研究》期刊编委。1993年，朱教授被云南省科委应用基础研究基金委员会聘任《云南植物志》编委，并任该套志书第二十卷编辑。

朱教授任卷册编辑的《云南植物志》第二十卷共记载蕨类植物762种31变种8变型，该卷册由云南大学的四人负责编研，和兆荣副教授是参编者之一，并担任朱教授的统稿助手。《云南植物志》编研是云南省科技厅重大项目之一，该项目于2011年荣获云南省自然科学特等奖。

朱教授主导建立的PYU的显著成就也体现在标本积累方面。除了采集保存大量完整、系列的标本，其标本数量的快速增长在国内罕见。云南大学生态地植物研究室1964年成立。工作起步不久发生"文革动乱"，"文革"之后，生态地植物研究室保存的植物标本中蕨类标本仅两千多份。1984年，原生态地植物研究室改建制成为云南大学生态学与地植物研究所，并在所内建立蕨类植物研究室，朱维明副教授为室主任。此后，原标本室的蕨类植物和种子植物分开，建立了单独的蕨类植物标本室，即PYU。此时，经装订并鉴定入柜保存的蕨类标本已达58000多份。其后，PYU的标本不断增加，至今已达70000多份，蕨类标本藏量在国内仅次于中国科学院植物研究所国家标本馆，居全国第二位；标本质量则是首屈一指的，广受赞扬。现知中国蕨类植物约2600种，云南约有1400种，PYU已采集保存云南现知种类的97%左右。

由于通过国内外交流，PYU已有一定的知名度，于1999年被国际植物分类学会主持在美国纽约出版的《世界标本馆名录》第八版（Index Herbariorum

Ed.8,Part I:The Herbaria of the World）收录。

1984年，由于有突出表现，并已取得显著成绩，朱教授被评为“国突”专家（有突出贡献的中青年科学、技术管理专家）。

1986年，朱教授又被评为云南省劳动模范。同年，他所领导的PYU被评为省先进集体。朱教授重视奉献精神，淡泊名利，不乐意参与宣扬个人的活动。校内的劳模颁奖及照相活动他就不愿参加。奖状被挂到研究所办公室楼道的金属相框里，两天后，就被他换上了一幅云南境内最高山梅里雪山的照片。

朱教授2007年退休，他又受聘参加国家重大课题《中华大典》的编研，并担任《中华大典·生物典·植物分典》编委，主持蕨类植物部分的编研工作。历经六年，完成了古文献上所见78种蕨类植物中60种的考证、鉴别，并按规格完成了编写任务。《中华大典·生物典·植物分典》已于2017年正式出版。

退休后，朱教授仍不间断地参与标本馆的维护和PYU的后续建设工作。每

照片6 2013年在西藏中部跨过念青唐古拉山脉至纳木错途中海拔5190米的那拉根垭口与和兆荣合影。

年利用机会参加野外考察工作，继续为 PYU 充实高质量标本的努力至今也未中断。2013 年 7–8 月还参加了西藏东南部林芝、山南地区与水电建设有关的环评考察工作，向西到达拉萨市北端的当雄县。其间，乘汽车六次翻越海拔 5000 多米的山脊，并在山脊停留，亲自采集标本，进行相关的生境状况笔记和摄影活动。这般年纪还能进西藏参加科学考察活动，所经边防站的军人也颇惊讶。2014 年他又参加了和兆荣副教授国家基金项目在省内文山州和红河州的植物考察研究活动。

朱教授注意到国内学术界当今一定程度上有忽视或轻视基础研究的倾向，这对人才培养和科学事业的发展会有不良影响，需要关注这一问题。朱教授是我校经历抗日战争以来各年代仍健在的一代人，对社会主义新中国的复兴和不断强大欢欣不已。他对自己现在处于新中国科学事业大发展的时代也颇感幸运，对还有条件继续为本校做点力所能及的奉献也很愉快。他坚定地表示，将利用可贵的时间和条件，继续奋斗，为我校的教育工作和新中国的科学事业做点滴有益的奉献，体现他长期以来构筑的以深厚的感情热爱新中国，热爱美好故乡云南，热爱科学事业之梦。

（本文照片由朱维明老师提供）

张其濬先生的终生遗憾

张其濬教授是物理系的元老，云南大学的元老。曾留学法国，后到北师大、武大等 6 所大学任教，1945 年就被熊庆来校长聘到云大，曾担任物理系系主任、理学院院长、副教务长等职。

张其濬教授晚年只做一件事，汉字信息处理。用了很多时间研制“汉字自动铸字排字机”。由于能量控制和理论上的问题而最终被搁置。随后改为研究“汉字编码信息处理”，将汉字编码输入计算机。当时，美、日等国也在研究。汉学是中国几千年的精粹，必须由中国人把编码研究出来！张其濬教授咬牙发誓。为此，他查阅了《辞海》《辞源》《现代汉语词典》《新华字典》和《四角号码字典》等有关汉语语言的书籍。第一本《新华字典》翻烂了，第二本也快报销。在其助手林恩慈教授的全力辅助下，完成了“汉字编码信息处理系统”，此前，1979 年他们研制成功的“汉字信息处理输入系统的途径”获云南省革命委员会、云南省委颁发的三等奖。1982 年，张其濬和林恩慈共同研究的“汉字字形三元三体代码法”获云南省科技成果二等奖。

“汉字编码信息处理系统”完成后，由于经费和计算机技术力量不足的原因，项目无法深入下去。张其濬教授无可奈何，只好求助于蔡元培先生的孙子。蔡先生把求助信交给邓小平，促成了在青岛召开的“中国首届汉字编码信息处理研讨会”。据参加会议的林恩慈教授回忆，会议变成了“赶集”而“赶集”的商品(货物)只有唯一一个“汉字编码”。

参加会议的单位上百个，人员更是鱼龙混杂。中科院、北京、山东、广东、四川、东北及上海的一些高校，有搞计算机的、有搞文字的、有搞印刷的、工人、农民，还有不少商人和“间谍”，七七八八几百人。热闹倒是热闹，但拿到会上交流的(含口头)也仅两三家，有的还不靠谱。形成文字、打印成册的，仅有云南大学一家。云南大学张其濬教授把几十年辛辛苦苦研究的成果和盘托出。这套方案以字形编码，只需 64 个电键，可以处理 8000 多个字，只要按 3 个电键即可输入一个字。

张其濬先生（左）与林恩慈教授在研究汉字编码信息技术

时间经济、直观、简单，掌握使用快，见字就可以识码，属于全国最先进的方案。不到两天工夫，“李某某汉字编码”“杨某某汉字编码”像雨后春笋一样地在会上冒出来，而张先生的汉字编码在计算机处理上显得落伍，没有声响。这种变化，是张先生和林恩慈始料不及的，只能哑巴吃黄连，有苦说不出。唯一可安慰的是《光明日报》在报道这次会议时，采访了张先生，对张先生在汉字编码方法、汉字编码信息处理的前期工作做出了贡献，说了一些公道话。全国领先的汉字编码新思路，全国第一个汉字编码新方法，捧着金饭碗，讨不到金子。自己设计出来的“金点子”，转眼变成别人的方法。这不仅仅是张其濬先生的终身遗憾，更值得后人深深的反思！

（本文原载《老云大》，《云南大学报》刊用）

他在法国取得两个博士学位

陶元器教授1962年云南大学化学系有机合成专业毕业后留校任教。1978年通过国内出国进修生考试。1981年初公派进入巴黎女子高等师范学校理论化学实验室进修量子有机化学。经过近两年的刻苦努力，于1981年11月底取得了第三阶段博士学位，完成了到法国进修3年的学习任务。由于他所研究的课题还需进一步深化，更主要的是他刻苦钻研的精神校方十分赏识，主动提出赞助他继续在法国进行研究。经我有关部门的批准，陶元器留在法国深造。

1983年5月，他获得法国国家博士学位。从第三阶段博士到国家博士，即使法国人一般也要经过四五年甚至更长时间才能完成。但是，陶元器只用了一年半的时间，在这么短的时间里，取得如此优异的成绩，让学校、导师及评委感到惊讶！通过论文答辩后，论文答辩评审委员会主席、国际量子生物学会主席、法国科学院院士普尔曼教授，巴黎女子高等师范

陶元器在巴黎作法国国家博士学位论文答辩时的场景

1981年11月10日，陶元器通过第三阶段博士论文答辩后，答辩委员会主席、国际量子生物学会主席、法国科学院院士普尔曼教授（右二）、陶元器导师伯尔第也主任研究员（右一）、巴黎女子高等师范学校校长塞尔夫人（左一）等人向陶元器表示祝贺

1981年11月10日，陶元器通过第三阶段博士论文答辩后，答辩委员会主席（右二）、陶元器导师伯尔第也主任研究员（左二）等人向陶元器表示祝贺

陶元器（右三）与部分留学生和华侨合影留念

学校校长塞尔夫人向陶元器表示祝贺。

从 1980 年到 1983 年 5 月，三年半的时间，陶元器教授在法国取得了两个博士学位。他说："时间是一个常数，个人的精力也是有限的。在法国三年多的时间里，我把主要时间和精力都用在学习上了。党和国家送我们出国是很不容易的，我们在国外一定要争取时间，多学习些东西。"假期和娱乐几乎与他无缘。别人度假去了，他在工作和学习；晚上，别人下班了，他又钻进了实验室，每天工作、学习、实验 10 多个小时。不花这么多时间，怎么过得了那么多关卡呢？首先是语言关，过去学的是俄语，现在学法语，所学专业也变了，从有机合成专业变成了量子化学专业，一切得从头开始学习。隔行如隔山啊。高等数学、量子力学、电子计算机等等都得硬着头皮去啃；还有，当时他年纪已四十出头了，记忆力也是问题。有意思的是，面对这一切，陶元器充满自信，也很潇洒和乐观，"一切从头来"！果然，他不负众望，闯出了一片天，也书写了一段辉煌。为祖国、为学校争了光。

（本文原载《云南大学报》，《中国画报》刊用，云南广播电台播放，本文照片由陶元器老师提供）

先生之风 山高水长
——缅怀朱彦丞教授

云南大学生物系为何那么出名，有影响力？因为有云南得天独厚的“植物王国”“动物王国”的自然条件，因为有大师！还有一个缘由是生物系中的“法瑞学派”“美英学派”“苏联学派”三派并立，相互敬重，共生共荣。原云南大学党委书记高治国曾赞道：“这才叫百家争鸣啊！”这更展现出“会泽百家，至公天下”的云大精神。

“法瑞学派”的传人在云南大学，这一观点是在一次国际学术会议上一位学者提出来的。直至20世纪60年代，罗马尼亚科学代表团访问云南，一下飞机就问，有没有朱彦丞这个人，他是“法瑞学派”的代表人物之一，说在国际学术里仍有很大影响。省有关部门找到寸树声副校长，问朱彦丞先生是否在云大。寸副校长说，朱彦丞教授就在云南大学，当生物系系主任。当得知“法瑞学派”传人就在云南大学时，该代表团特地访问了云南大学并拜访了朱彦丞教授。“法瑞学派”传承人在云南大学由此传开。生物系朱彦丞先生在20世纪三四十年代，以优异成绩赴法国留学深造，就读于里昂大学，取得自然科学硕士学位。他同时在勒诺希尔大学农学院兼修，扩大知识面，经过六年努力，于1941年获得法国国家自然科学博士学位。他在法国蒙彼里埃国际地中海和阿尔卑斯高山地植物研究站进行科学研究工作期间，师从国际著名的法国—瑞士地植物学派创始人——布朗·布朗喀教授。当时，由于战争造成的困难，大部分留学生走了，只留下这位被布朗·布朗喀称为“勇敢的孤独者”的中国人。在那战乱的年代，生活极其艰难，饥饿折磨得人几乎晕倒。朱彦丞先生带着每日发放的200克面包，背着采集标本的行囊，夏天，顶着烈日，孤独地行走在干燥不平的小路上；冬天，冒着漫天大雪，艰难地攀登阿尔卑斯山考察沿河植被。在寒冷的小屋里，没有暖气、没有木柴，他用冻僵的双手不停地搓揉取暖撰写论文。不经一番寒彻骨，怎得梅花扑鼻香？他撰写的博士论文《法国地中海低海拔地区沿河森林的生态和植物群落的研究》大放异彩，被列为法瑞学派最具代表性的著作之一，在欧洲和国际地植物研究中产生巨大影响。朱先生还发表了《法国地中海地区沿河植被的研究》《法国地中海蒙伯里埃西北部的法国植被类型》《对评价法国—瑞士地植物学术观点的有关问题》等论文。布朗·布朗喀教授很欣赏才华出众，忠诚于科学，刻苦、勤奋的中国弟子。战争结束后，法国经济复苏、生活好转，朱先生听从祖国的召唤，谢绝了导师的一再挽留，毅然返回祖国。1946 年深秋，在海上漂泊了一个多月后，回到北京，被著名植物学家、林学家刘慎谔安排在中法大学生物系任教授。得知刘慎谔教授在云南设立的北平静生生物研究院云南工作站人员因抗战胜利后北归而无人管理时，感到十分可惜，毅然决定请求到那里工作并担任站长。云南大学校长熊庆来聘其为生物系教授。在担任系主任后，根据中央和教育部指示，充分发挥云南环境和资源的优势，发展边疆的生物科学教育，把师资队伍建设列为重点，使云南大学生物系成为以植物生态学为特点，以植物和动物分类学为基础，门类齐全、学科合理的一支专业队伍，还设立了“生态地植物研究室”。1956

朱彦丞在研究课题

曲仲湘和朱彦丞在讨论工作

年开始，朱彦丞教授领导生物系进行云南植被和植物区分调查，玉龙雪山考察，对滇西横断山地区植被类型和分布作了详尽的研究，并于 1957 年出版了《丽江玉龙雪山植被调查专号》。朱教授还参加中科院考察队组织的橡胶宜林地调查，为发展我国橡胶事业做出了贡献。

1958 年，苏联莫斯科大学生物地理学家沃罗诺夫等到云大生物系讲学。高等教育部在云南大学设立了植物生态高级专业培训班。法瑞学派代表人物朱彦丞、苏联学派代表人物沃罗诺夫以及英美学派代表人物曲仲湘等一起切磋、探讨问题，展示了生物系的开放、包容和高瞻远瞩的学风。朱彦丞还带领生物系教师成功引种阿尔巴尼亚油橄榄并进行系统研究，相关成果获 1979 年云南省科学大会奖。

作为生态地植物研究法瑞学派的杰出代表，作为国际著名的法瑞地植物学派主要成员，朱彦丞先生一直在中国传承法瑞学派的方法、理论并做了开创性工作。他考察了云南的大部分地区，用法瑞学派方法和理论对云南滇青冈的研究就是样板，对东川大海子的亚高山草地的研究也是十分成功的典型；对禄劝县区域植被的研究为整个云南植被的区域研究打下了基础，在滇东北、滇西北地区森林和峡谷中留下深深的印迹。

他对室内研究和野外工作结合极为重视，受中科院昆明分院委托筹建中国科学院昆明生态研究所，着手筹建云南大学生态地植物研究所，两个研究所在他逝世后相继成立。作为中国少有的地衣分类专家，朱彦丞教授在野外考察植被的同时，还做了中国地衣学的研究，至今云大生物系还保存着他搜集的一套中国地衣标本。

1977 年后，朱彦丞教授担任《中国植被》的编委，并撰写书中主要章节。担任《云南植被》主编，发表了《昆明西山青冈栎群丛的初步研究》《滇东北大海子地区亚高山草场的群落研究及其资源评价》和《云南西北部中甸县哈巴雪山地区森林植被的初步研究》等多篇论文。朱先生先后担任云南省科协副主席，云南省科普协会主席和云南植物协会理事长，为国家做出了重大贡献。他培养的教师和学生如姜汉侨、金振洲、朱维明等，成了新一代的学术带头人。先生的学术思想、方法已影响全国，在中国形成老中青的学术团队，遍布大江南北，在教学、科研中成为一股无形的潮流，取得丰硕成果。每当谈起朱先生，人们都对他热爱祖国、治学严谨、一丝不苟、谦虚谨慎的作风深表敬意，赞叹“先生之风，山高水长”。

（说明：本文部分资料来源于《云南大学志》第十卷《人物志・人物卷・朱彦丞》（周鸿、朱化玲撰文）及由朱彦丞先生的学生提供，本文作于 2018 年 3 月 21 日，原载《云南大学报》，《老云大》《银杏集》刊用，云南广播电台播放）

数学系培养出四位大学校长

1985 年 5 月 19 日，美籍华人、国际著名数学家陈省身教授应邀到我校讲学。陈省身对现代微分几何做出过重大贡献。他著的《示性类》被命名为“陈（省身）类”，被国际数学界誉为数学大师。陈省身于 1936 年在德国获博士学位，先后在清华大学、西南联大任教。后赴美国，在普林斯顿、芝加哥大学任教，1964 年任美国数学学会副会长，曾获得美、英、法、意等国科学院院士称号，是与欧拉、高斯、黎曼和嘉当等人齐名的世界著名数学家。当年陈先生在西南联大时，曾在云大任教。1985 年的到访，更增加了他对云大的了解。在一次学术报告之余，他很高兴，即兴为云南大学题词：“二十年后数学大国的大省”，表达了他对云南和云大的厚望。如此高看，让在座的卫念祖教授、杨光俊教授、王学仁教授和师生惊讶，感到诚惶诚恐。在回答记者提问时，他不加思索地说：“着眼未来，永不停步！”

算得精准！知云大者，陈省身也！当时，数学系出身的杨光俊教授时任校长，紧接着王学仁教授接替杨光俊担任校长。中国人俗话说：再一，再二，不可再三。哪知，后来从数学系出身的朱维华教授接替王学仁又当上云大校长。一而再，再而三，一连三届的云大校长都出自数学系。与杨光俊、王学仁、朱维华同一时期的还有昆明大学校长陶琨教授，他也出自云南大学数学系。在十至二十年间，云南大学数学系就连续不断地涌现出四位大学校长，真的让人惊叹。

我曾经两次请教过卫念祖先生云南大学数学系为何一下成了“校长的摇篮”。多年担任数学系系主任的卫先生哈哈一笑说：“未曾思考过。”

陈省身先生曾两次到云大。第二次到云大时，我也曾请教“二十年后数学大国的大省”如何理解？陈先生可能因人多事多，未及详述。

云南大学数学系曾经为何如此辉煌，至今仍是一个谜。

（本文原载《云南日报》，《云南大学报》刊用，云南广播电台播放）

第三章　学术交流

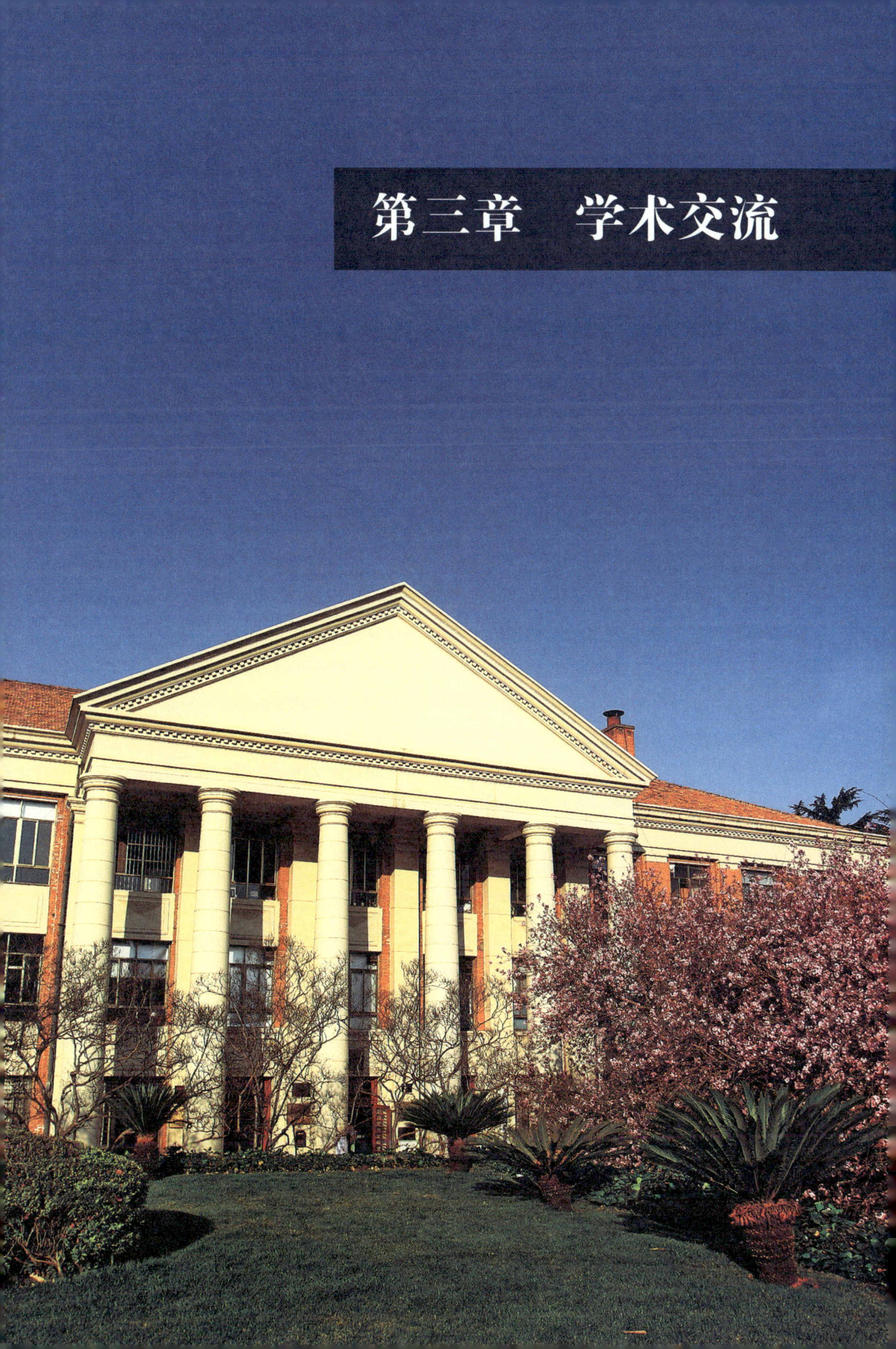

第一节　学术活动

中国古代文艺理论学术讨论及教材编写会议在昆明召开

本报讯　由教育部组织郭绍虞主编的《中国历代文论选》编写组和云南大学中文系联合筹备召开的中国古代文艺理论学术讨论及教材编写会议，于 1979 年 3 月 23 日至 4 月 4 日在昆明举行。会议着重讨论了如何把这门学科的教学科研搞上去，并对有关学术问题作了较深入的探讨。会议还讨论了《中国历代文论选》教材及其篇目，就中国古代文艺理论在大学课题中的地位和如何培养这门学科的教师和科研人员等问题交换了意见。

来自 50 多所高等院校和新闻出版部门的 74 位代表参加了会议。周扬同志给大会拍来了贺电。中共云南省委副书记，省革委副主任高治国，中共云南省教育局党组副书记、副局长李福钧，中共云南大学党委书记兼校长刘披云，云南大学副校长赵季出席了开幕式。高治国代表云南省委、省革委向会议表示热烈祝贺并做了重要讲话。他要求会议充分发扬民主，坚决贯彻“双百”方针，并希望大家进一步解放思想，敢于闯禁区，勇于坚持真理，把会开好。刘披云代表云南大学在会上讲了话。开幕式上听了郭绍虞的开幕词（录音讲话）。郭绍虞就研究中国古代文艺理论的重要性、研究对象和方法等问题谈了自己的看法。

会议期间，大家就古与今的关系，古代文艺遗产是不是“同盟军”，研究理论的理论是否重要，古代文艺创作和文艺理论中的现实主义、浪漫主义、民族化的文艺理论，文统与道统等问题作了充分讨论。

会议讨论并通过了《中国古代文艺理论研究会章程》，选举产生了理事会。

（本文原载《云南大学报》1979 年 4 月 10 日）

西伊大校长来信提出接受我校教师进修和派教师来我校任教的建议

本报讯　最近，赵季校长收到美国西伊利诺斯大学校长莱斯利・弗・麦尔拍斯博士的来信，表示愿意派教师来我校任教，并愿意从 1982 年 9 月初新学年起，接受我校教师或研究生为该校助教席位。

来信说："你希望与西伊利诺斯大学交换教师与学生，我们感到很高兴。"表示愿派该校教师来我校讲授英语语法、修辞学和文学等科目。

来信说："我们愿意接受两名旨在获得文科或理科硕士的研究生提供助教席位，起码是你们的物理、化学、数学的两名教师。可能的话，根据我们的专业需要，英国文学的也可予以考虑，我们也愿意为你们的英（美）历史、政治或心理学的教师和研究生提供酬金。"

来信对双方互派人员的生活待遇等问题，提出了具体意见，要求我们正式去信肯定。

校领导正在与有关系、处商定派出人员，准备去信。

（本文原载《云南大学报》1981 年 12 月 12 日）

美国洛克菲勒基金会副总裁史岱夫和顾问肖镜如先生到我校访问

本报讯　最近，来我国访问的美国洛克菲勒基金会副总裁兼秘书长史岱夫和该会的顾问肖镜如先生参观访问了我校。

洛克菲勒基金会是国际性援助机构，传统上注重于学术研究与发展，近两年来该组织在农业科学、人口学和健康学等领域与我国有关部门达成了一些新的合作项目。此次来访，除视察项目外，将进一步了解我国在管理科学方面的发展情况以及探讨在这个领域内进行合作的可能性。史岱夫博士在访问云大时，赵季校长和他进行了交谈，介绍了云南大学的历史和现状等情况，史岱夫博士还和我校为重庆市化工局举办的企业管理进修班的 4 位学生进行了有关方面的座谈。肖镜如先生是美国康纳狄克州州立学院经济系系主任，教授、经济专家，在经济学和企业管理学方面有较深的造诣，有较丰富的办学经验。目前，他还担任洛克菲勒基金顾问。这次他主要是回国讲学，我校邀请肖先生做了关于经济和企业管理学教育方面的报告，肖教授介绍了美国在经济学和企业管理学教学中的情况及问题。他详细地报告了这两门学科所应开的基本课程，基本管理技术、管理原理、环境视野，专业课程和企业管理课程设想、管理教育的趋势等课程，他旁征博引，把中西方管理教育进行了对比，强调要培养出高质量的经济管理人才，关键是采用先进教育方法，也就是要不断改进目前我国的一些教育方法，在经济管理理论上有所突破，才能培养出适合四个现代化建设的高级人才，才能促进我国国民经济的迅速发展。他的报告受到了昆明几所高等院校、省外贸局等 10 多个有关单位 100 多位听众的热烈欢迎。

（本文原载《云南大学报》，《云南日报》刊用，云南广播电台播放）

美国一些大学校长来信希望与我校建立联系

本报讯　赵季校长访美回校后，陆续收到美国瓦西伯恩大学校长小约翰·格林，西卡罗来纳大学校长鲁宾逊，密苏里—圣路易斯大学教务副校长阿瑟·迈肯尼的来信，表示愿意与我校建立联系，开展学术交流活动。

瓦西伯恩大学校长格林来信说："我们在瓦西伯恩大学正在开展一项非常实在的国际教育计划，我很想了解贵校选派学生到我校留学的可能性较为详细的情况，让我们保持联系，为交流学生的计划而共同努力。"

西卡罗来纳大学校长鲁宾逊两次来信，表示希望与我校商讨交换两校的人员交流计划。他说，他们正计划派出一个访问团，前来我校进行访问。

密苏里—圣路易斯大学教务副校长迈肯尼来信说："我希望有机会就我们共同关心的问题进一步进行讨论。密苏里—圣路易斯大学和伊里诺斯大学一样，积极致力于国际性的各种研究项目，其中包括中华人民共和国各大学所致力的一些项目在内。"

学校准备研究来信的几个学校情况和我们自己的情况后，向他们提出具体建议。

（本文原载《云南大学报》1981 年 12 月 12 日）

纪念抗日战争胜利五十周年拉开帷幕 第二次世界大战中缅战场国际学术讨论会综述

二次大战中缅战场国际学术讨论会于1994年6月10日至21日在保山举行，拉开了中国纪念抗日战争胜利50周年的帷幕，为明年隆重纪念世界反法西斯战争胜利50周年做了学术准备。

纵观这次学术会议，有几个特点：一是规模大，美国、日本和我国台湾、香港及大陆专家学者180余人汇聚一堂，而且仅由一个大学和一个地区联办如此大的国际学术会也是屈指可数的事；二是提交大会的论文水平比较高，它们从宏观到微观，从理论到实践、多角度探讨，不少是首次亮相，极珍贵的资料；三是本着实事求是、百家争鸣、求同存异的原则，大量的史实证明中缅战场和滇西抗战对中国抗日战争和世界反法西斯斗争做出了积极的、重要的贡献，这次学术会议集中讨论了以下几个问题。

一、关于中缅战场及滇西抗战的地位和作用

与会代表和提交的论文，大都涉及中缅战场及滇西抗日战争的历史地位和作用，都肯定滇西战事在历史上占有特殊的地位。第二次世界大战中缅战场，是世界反法西斯战场的重要组成部分，而滇西抗战又是中缅战场和中国抗日战争的有机组成部分。1942年5月，日本侵略军占领缅甸以后，继而侵占我云南怒江以西大片领土，我爱国军民奋起抗击日寇侵略，于1945年12月收复畹町，将日军赶出滇西。在两年零八个月的时间里，滇西军民共歼日军二万一千多人，为保卫云南，保卫大西南，保卫全中国做出了贡献。兰州师大马其昌教授，南京赵之巽等人的文章指出：滇西抗战的胜利沉重打击了日本军国主义，粉碎了日军不可战胜的神话，提高了全国人民夺取抗战胜利的信心，为全国人民反抗日寇树立了良好榜样。打通了中缅印国际交通线，极大地支援了全国抗日战争。滇西抗日战争的胜利直接促进了缅北反攻的胜利，为盟军在缅甸全境的胜利奠定了基础，有力

国际半群与相关学科会议在云大召开

第三次国际半群与相关科目会议于 8 月 18 日至 23 日在云南大学召开。来自美国、澳大利亚、法国、德国、以色列、印度、日本、中国和中国香港等 18 个国家和地区的 110 多位数学家、教授出席了会议，其中有国际著名的代数学家、英国皇家学院院士、澳大利亚及美国科学院院士诺依曼先生，爱丁堡皇家学院院士兼半群论坛编委哈维教授，国际理论计算机学报主编、法国巴黎计算机科学研究中心的李华教授，以色列依巴朗大学校长柯勒教授，德国密德堡大学校长达松教授等。会议期间，与会专家就半群理论及其相关科目进行了广泛深入的研讨和交流，展示了国际国内这些学科的最新研究成果，会议上共报告论文 100 多篇。半群理论是现代代数学的重要分支，其系统研究已有半个多世纪的历史。它在计

国际半群与相关学科会议在云南大学召开

算机科学、信息科学与编码、其他数学学科以及高新技术的许多领域内都有诸多的背景和广泛的应用。通过这次会议，表明了半群理论研究进入了一个新的阶段。它越来越受到世界各国众多学者的重视。半群理论在我国的系统研究始于 20 世纪 70 年代末，至今已有一个博士点和 10 余个硕士点在培养高层次的人才。云南大学基础数学所所长、博士生导师郭聿琦教授在半群理论研究和人才培养方面都做出了令人瞩目的成绩。此次会议在云大召开，对云大和国内的半群理论研究都将起到极大的推动作用，在不久的将来云大有望成为我国乃至东南亚半群理论及相关科目研究的中心。这次会议得到联合国教科文组织、国家自然科学基金会、云南省政府及王宽诚基金会等组织的大力支持。会议由云南大学与香港中文大学、台湾成功大学联合主办，被列为国际半群界 1995 年的重大活动。

（本文原载《云南大学报》1995 年 9 月 15 日，《云南日报》刊用，云南广播电台播放）

“中日民俗文化国际学术研讨会”在我校举行

本报讯 我校1997年的第一个国际学术会——“中日民俗文化国际学术研讨会”于元月五日在科学馆举行。这次为期10天的学术会，有中日两国近70位民俗文化研究者参会，向会议提交了60余篇论文，围绕中日民俗、宗教、神话的比较研究，民俗文化资源的开发，中国文化对日本文化、文学的影响，传统社会文化与现代适应，以及面向21世纪的比较民俗学等论题进行了研讨。

民俗学或民族文化学，是在具有不同文化的民族或国家之间增进相互了解、沟通的桥梁。它将随着世界各国人民之间越来越密切的交往而越加显示出它的重要性。随着高科技时代、信息时代的到来，传统社会文化与现代适应已成了民俗文化研究的重要课题。20世纪80年代以来，中日民俗学者不仅对各自国家的民俗文化进行了全面、系统的发掘研究，而且对中日两国民俗文化的相互交流和影响，进行了广泛深入研究并取得了一批成果，促进了中日文化、学术交流，对推动中日友好事业的发展产生了积极影响。

这次研讨会，是由校图书馆、《思想战线》编辑部主办，日本比较民俗学会、云南侨乡教科文产业集团、大山文化有限公司协办的。云大校务委员会主任高发元在会上做了题为“面对21世纪的中国民俗学”的发言。校长朱维华、副校长林超民等出席了会议。

（本文原载《云南大学报》1997年1月17日，《云南日报》刊用，云南广播电台播放）

澜沧江—湄公河次区域经济发展与人力资源开发研讨会在我校召开

本报讯 1997 年 4 月 17 日至 19 日，澜沧江—湄公河次区域经济发展与人力资源开发研讨会在我校举行。

此次研讨会，由联合国教科文组织亚太理事会、东南亚地区教育部长联席会议高等教育协会、泰国政府经济技术合作部、云南大学和云南侨乡教科文产业集团联合举办。来自中国、缅甸、老挝、泰国、柬埔寨、越南等国家以及国际组织的代表及来自印度、马来西亚等国的观察员共 50 余人参加研讨会。研讨会共收到涉及澜沧江—湄公河流域地区的经济发展、合作开发等问题的论文 20 多篇。

副省长赵淑敏出席开幕式并讲话。她代表省政府向大会表示祝贺，对国内外的来宾表示欢迎。她说，近年来，中国、缅甸、老挝、泰国、越南、柬埔寨等 6 国对包括澜沧江—湄公河在内的大湄公河流域地区的合作开发问题做了多方面的讨论和磋商。这一地区的开发，已引起国际社会的关注，中国云南省政府已采取了一系列措施并取得很大成绩。希望通过同周边国家及其他国家和地区的合作，把这一地区建成经济繁荣、交通便利、环境优美、人民富庶的新地区。

（本文原载《云南大学报》1997 年 5 月 12 日，《云南日报》刊用，云南广播电台播放，原题为《国际学术交流 澜沧江—湄公河次区域经济发展与人力资源开发研讨会在我校召开》）

我校赴美招聘高层次人才满载而归

为促进云南省科技、经济发展，省政府决定组织招聘团赴美招聘高层次人才。1998 年 10 月 26 日招聘团一行 17 人在省人事厅副厅长梁子保团长及省侨办副主任杨光民、我校副校长林超民副团长的带领下赴美进行招聘活动。招聘团以我校成绩最为突出。

主要表现在以下几个方面：

第一，斯坦福大学物理学博士杨显俊先生、加拿大多伦多大学媒体社会学博士杨伯叙先生、加拿大多伦多大学微机会计专业王南女士、分析化学硕士杨桦先生、植物分子生物学及生物化学博士后张利平、 MBA 硕士唐树先生、哈佛医学院细胞生物学硕士王云美、地理学博士金晓都等 7 人明确表示愿意到我校任教。

第二，纽约环境工程博士孟晓光先生、华盛顿数字通信与信号处理学博士王陆东先生、美国环境工程师学院院士工程博士宋慕洁女士、旅美工程师协会会长博士王抗曝先生、伊利诺大学人类学博士施传刚先生等 5 人愿意担任我校客座教授。

第三，谈成意向性合作项目 6 项。

1. 与美国名牌大学合作，联合培养 MBA 硕士，联合成立 MBA 商业行政管理研究所。

2. 成立海外私立大学，使用海外教材及中英文两语授课，利用我校师资及国外客座教授讲课。建设目标为国际大学水平。

3. 联合建立有国际水平的环境管理研究所。

4. 美国弗基尼亚大学管理的龙云教育基金会同意每年资助 3 万元左右的美金给我校培养少数民族人才。

5. 世界银行基金会同意在我校建立云南少数民族妇女与儿童问题研究基金。

6. 联合办学意愿项目一项。

第四，愿意与我校保持联系，并提供技术咨询，短期回国讲学等 36 人。

第五，在香港谈成项目 5 项。

1. 伍达观基金会同意为校图书馆订阅《科学美国》杂志两份。

2. 伍达观基金会同意在图书馆为各系分别订阅国外杂志一份，并对明年的基金安排做好了部署。

3. 伍宗琳女士愿意资助我校部分经费作为培养博士的经费。

4. 伍魏汝芳女士愿意资助部分经费给我校用于教学和科研。

5. 香港中文大学愿意资助我校召开海峡两岸三地的少数民族关系学术会一次。

第六，参加中国驻美使馆召开的座谈会，了解“春晖计划”及长期回国人员科研启动费计划。

第七，带回造福于人类的生物分子工程技术、艾滋病疫苗及其他生物计划等两份科研建议书。

（本文原载《云南大学报》1998 年 12 月 30 日，《云南日报》刊用，云南广播电台播放）

第二节　人物风采

著名化学家唐敖庆、卢嘉锡来校做报告

1980 年 9 月 23、24 两日，我校化学系邀请了我国著名量子化学家、吉林大学校长唐敖庆教授，著名化学家、科学院物质结构研究所所长卢嘉锡教授，到校做学术报告，校内外教师和科研人员 300 人参加。

唐敖庆教授介绍了他最近已取得阶段性科研成果的“ α Fe 吸附分子氮的活性中心模型”，即合成氨里的催化机理方面的研究成果。人工合成氨需要极严格的条件，要在高温、高压下才能合成，而一般生物合成氨，则是在常温、常压下即可合成，非常简易方便，唐教授就是研究如何把人工合成氨简易为一般生物合成氨的方法的。这项科研成功，将对我国的化学工业做出巨大贡献。

卢嘉锡教授报告的题目是《几次出国参加固氮学术会议的观感》。他谈了最近几年三次出国，先后到美国、日本、瑞士、芬兰、加拿大等国开会或访问。他感到外国一是对消除环境污染非常重视，二是工业资源利用非常好，三是搞科研找资料、文献很方便，四是守法好，不论什么人，都得遵守国家法律。最后他鼓励参加听报告的同志要有所作为，必须勤于解问题，脑勤、手勤、脚勤，勤奋努力才能加速实现四化。

（本文原载《云南大学报》1980 年 9 月 1 日，《云南日报》刊用，云南广播电台播放）

西德雅纳特教授来我校作学术交流

本报讯 根据中德文化交流协定，西德科隆大学印度东方学研究所主任雅纳特、汉字研究所主任嵇穆教授，于 1980 年 9 月 18 日至 10 月 6 日与我校历史系方国瑜教授和助手和志武同志，进行纳西族语言文学的学术交流。

雅纳特教授是研究梵文和印度南部语言的著名学者，从 1960 年开始研究纳西族语言文字的一些学术问题，这次学术交流介绍双方研究情况，交换了以后如何合作的意见。雅纳特认为研究纳西族语言、象形文字以及东巴经等对世界文化有很重要的意义。他提出，中国方面出版有关纳西族书籍，应有纳西文或用国际音标注音的专门书籍，这样才能使人们真正了解一个民族，也才能使西方学者更好地进行研究工作。方教授和和志武同志赠送给雅纳特教授一些研究纳西族语言文学的书刊、论文及 16 册丽江县文化馆石印的东巴经翻译本。

双方交流的过程中，西南亚研究所莆莱同志担任英语翻译；我校中文系七七级学生杨福泉（纳西族）讲口语会话，历史系七九级学生陈锡禹担任英语翻译。

（本文原载《云南大学报》1980 年 10 月 22 日，《云南日报》刊用，云南广播电台播放）

曲仲湘教授报告参加世界植物学会的情况

本报讯 生物系教授、系主任曲仲湘先生作为中国代表团成员，于九月上旬到澳大利亚的悉尼城参加了世界第十三届植物学会。曲先生的论文《云南植被概况》在会上做了交流。九月二十五日，曲仲湘教授回校后给昆明师院和我校生物系的师生做了报告。他详细介绍了本届学会的情况和当前世界的植物学科研情况。他还报告了他对澳大利亚的一些观感，报告受到四百多听众的欢迎。

（本文原载《云南大学报》1981 年 10 月 9 日）

曲仲湘教授在为研究生周鸿和杨树华讲课

“如果我还年轻，我一定要到中国去”

中国社会科学院外国文学研究所研究员兼学术委员戈宝权最近来学校做了题为“俄国文学与中国”的学术报告，受到热烈欢迎。

在报告中，他列举了大量事实，详细介绍了俄国文学对中国的影响，以及中国思想文化对俄国作家的影响。他说，俄国许多著名作家是热爱中国、关心中国的，是深受中国思想文化影响的。托尔斯泰的一个朋友问他：“全世界的思想家，谁对你影响最大？”托尔斯泰不假思索地回答：“中国的老子，其次是孟子。”托尔斯泰还非常喜欢墨子的“兼爱”思想。他还翻译和研究了老子的《道德经》和孔孟的书。到了晚年，托尔斯泰还念念不忘中国。他说：“朋友，如果我还年轻，我一定要到中国去。”普希金一生也热爱中国，向往中国。在普希金的博物馆里还存放着他收藏的《三字经》等中国书籍。普希金曾写道：“朋友，无论你把我带到哪儿去，我都跟着你，还是到中国的万里长城！”俄国有不少作家赞美我国的太平天国革命运动，写诗号召俄国人民向太平军学习，向太平军那样起来斗争，推翻沙皇的反动统治。高尔基对我国的辛亥革命也给予高度赞扬。

戈宝权在讲到俄国文学中对中国作家的影响时说，郭沫若、鲁迅、瞿秋白等都对俄国文学进行过研、翻译工作，俄国文学对我国现代文学的思想性、艺术性都有促进作用。

戈宝权今年70高龄，曾翻译普希金、托尔斯泰和高尔基等作家的作品30多种。

（本文原载《云南大学报》1982年5月4日，《云南日报》刊用，云南广播电台播放，原题为《“如果我还年轻，我一定要到中国去”戈宝权来校作〈俄国文学与中国〉的学术报告》）

著名数学家陈省身教授到校讲学

本报讯 1986 年 5 月 19 日下午，综合教学楼 201 教室里挤得满满的，数学系和电子计算机系的 200 余名师生到会听美籍华人、著名数学家陈省身做学术报告。

20 世纪三四十年代西南联大在昆期间，陈先生曾在我校兼课、到美国后一直从事数学研究工作，并对现代微分几何做出了重大贡献，被国际上誉为数学大师。他著的《示性类》，被命名为“陈(省身)类”，收入世界数学百科辞典，陈先生现为美国科学院院士，英国皇家科学院外国院士，南开大学数学研究所所长。

陈省身教授身体健朗，记忆力强，在来昆明的飞机上默写大观楼长联仅错了三字，做学术报告也生动活泼，他介绍了世界现代微分几何的研究情况，给人以

陈省身做报告

云南大学陈省身名誉教授聘请仪式

陈省身为云大题词：二十年后数学大国的大省

很大教育，他在作完报告后，还题词：“二十年后数学大国的大省”，对云南的发展寄予很大希望，当我们问及他成才之道时，他不加思索地回答：“着眼未来，永远不停步。”

（本文原载《云南大学报》1986 年 6 月 7 日，《云南日报》刊用，云南广播电台播放）

著名华人历史学家何炳棣教授到校讲学

本报讯 美国艺文及科学院院士、著名华人历史学家何炳棣教授，应邀于1986年9月12日至23日到我校讲学。

何教授早年在清华大学任教，抗日战争时期随西南联大来昆明就教。抗战胜利后，赴美国哥伦比亚大学专攻英国史，获博士学位。先后任加拿大不列颠哥伦比亚大学历史和亚洲研究教授，美国芝加哥大学中国历史与制度教授，美国哈佛大学名誉人文科学博士，美国亚洲学会会长等职。

1979年，何炳棣教授以在中国史、西洋史研究中取得的杰出成就和精深学术造诣，当选为美国艺文及科学院院士，是迄今在美国获得人文科学院士称号的两名华裔学者之一，为中国人争得了荣誉。何教授的成名著作之一是关于明清两朝科举取士制度的研究。

40多年来，何炳棣教授一直对祖国，对昆明及云南大学怀着很深的眷恋之情。这次他在我校先后做了题为《中国人口发展史》《史学研究方法》及《中国是否有过奴隶社会阶段》等三次学术报告。他的报告博古通今、独树一帜，深受师生的欢迎和赞扬。

（本文原载《云南大学报》1986年9月30日，《云南日报》刊用，云南广播电台播放，原题为《美国艺术及科学院院士 著名华人历史学家 何炳棣教授到校讲学》）

美国加州伯克利大学田长霖教授被聘为我校荣誉教授

本报讯　1997 年 9 月 3 日下午，美国著名的加州伯克利大学前校长田长霖教授在科学馆做“世界高科技发展的现状和趋势”的学术报告，受到师生们的热烈欢迎。报告会前，校党委书记高发元向田长霖颁发了荣誉证书，聘请他为我校荣誉教授。

田长霖教授祖籍湖北黄陂，在美国获硕士、博士学位，是美国国家工程院院士、文理学院院士、中国科学院院士、中国台湾“中央”研究院院士。1990 年任加州伯克利大学校长。田长霖教授经常回国访问，多次受到江泽民主席和李鹏总理的接见。

田长霖教授讲了四个问题：一、是否必须发展高科技；二、发展高科技的策

聘任美国加州伯克利大学田长霖校长为云南大学荣誉教授，高发元书记颁发聘书

略；三、高科技推行的方法；四、对云南发展高科技的研讨。他在报告中强调，高科技对未来的社会、经济、文化起着主导作用。如果没有高科技，你的命运就永远被别人主宰。因此，高科技对一个国家、一个民族的社会、经济、文化、生活关系极大，必须引起高度的重视。在谈到发展高科技的策略时，田教授提出一要知己知彼，才能百战百胜；二要充分利用自己的优势；三要有充足的人才资源。推行高科技的方法关键是观念要新，政策要灵活和有重点，不能搞平均主义，还要建立科学园，并且与科学园相配套，建立国家级、世界级的高教园地。田长霖教授对云南发展高科技充满信心。他说云南优越的气候条件是无价之宝，是一笔大本钱；云南省多民族的文化，这是中国乃至世界独一无二的，是了不起的财富；云南有丰富的生物资源，对发展高科技非常有利；云南的交通、通信也已有一定基础。云南是中国面向东南亚的重要窗口，21 世纪东南亚将是世界发展最快的地区之一，这对云南发展高科技有促进作用。只要进一步改善交通和通信条件，加强环境保护，逐步建立起国家级甚至世界级的科研队伍，云南发展高科技是大有希望的。

（本文原载《云南大学报》1997 年 9 月 8 日，《云南日报》刊用、云南广播电台播放）

历史系刘鸿武教授赴北大讲学获高度评价

刘鸿武教授在讲课

本学期，作为云南省与北京大学“省校合作”内容的一部分，我校历史系刘鸿武教授应邀前往北京大学作访问讲学。讲学期间，刘鸿武教授为北京大学历史系、国际政治系、亚非研究所的博士研究生和部分教师开设了两个多月的“非洲文化史研究”专题课，并被聘为北大历史系世界史专业博士研究生指导小组成员，参与了该专业点博士生的培养工作。

1998 年 10 月 28 日，在“北京大学非洲研究中心”成立大会上，刘鸿武教授作为特邀代表作了大会发言，他以独到的见解阐述了非洲研究在我国人文社会科学研究中的特殊意义，并对我校近年来在非洲学和其他人文社会科学领域的学科发展情况作了介绍。

刘鸿武教授的此次讲学，不仅受到北大师生们的高度评价，而且在宣传云南大学，扩大我校的学术影响方面也起到了积极的作用。

（本文原载《云南大学报》1998 年 12 月 15 日，云南广播电台播放）

杨振宁先生一行到我校参观访问

2000 年 4 月 11 日上午，著名美籍华裔科学家、诺贝尔物理奖获得者杨振宁教授到我校参观访问。陪同杨先生来访的有其弟杨振平、杨振汉和亲友以及省教委主任杨崇龙、副主任和福生等有关领导。

杨振宁先生一行在听取了党委书记高发元和校长朱维华对学校情况的简单介绍后，兴致勃勃地参观了我校与清华大学合办的远程网络教室、庆来堂、图书馆电子阅览室和珍（善）本藏书室、至公堂、贡院考棚楼、熊庆来故居、会泽院等地。

杨先生今年（2000 年）已 78 岁，但精神矍铄，思维敏捷。他对我校的历史，特别是熊庆来长校时期的情况十分熟悉，参观过程中不时提问，与学校领导交流，

20 世纪 80 年代杨振宁来我校做学术报告

并对我校近年来的建设、发展情况给予了充分的肯定和赞赏。在远程网络教室，杨先生还与清华大学常务副校长杨家庆及有关领导进行了远程网络面谈，简述了他与两校之间的特殊渊源，并希望两校进一步加强交流与合作，促进共同发展。

陪同杨先生一行参观的学校领导还有副校长林超民、吴松。

（本文原载《云南大学报》2000 年 4 月 5 日，《云南日报》刊用，云南广播电台播放）

华罗庚在云大首次作“优选法”报告

1995年是华罗庚教授倡导的“优选法”在我省及全国普及30周年。“优选法”的适用范围很广，在我省首先推出后遍及全国，影响很大，对我国工农业生产及国民经济建设起了促进作用。华罗庚教授倡导的“优选法”为什么会在我省首先得到推广，这里有一段故事。

1965年冬，中国科学院副院长、数学所所长、世界著名数学家华罗庚受国务院副总理薄一波委托，到西南各省铁路建设工程所在地推广“统筹法”，华罗庚教授在贵州进行推广工作后，就到昆明东风体育馆做“统筹法”报告，当时的省委、省政府主要领导阎红彦、周兴等同志与工矿企业、机关事业单位，大专院校师生数千人参加了报告会。

华罗庚教授用人们生活小事来阐述“统筹法”的基本原理，他的生动语言、形象比喻受到与会者的热烈欢迎。

云大数学系部分教师参加了参议筹备工作，他们按照华罗庚教授要求事先制作了大量的图表，华罗庚在台上讲时，云大数学系教师就用竹竿指着挂在场馆内篮球架上的图表，便于听众理解。

华罗庚教授对报告会组织者的工作十分满意，说了一番夸奖话后，对参加报告会的云大数学系主任卫念祖教授说：“我还有一个优选法，在生产中很有用。”卫念祖教授当即邀请他到云大与师生做“优选法”报告。抗战期间，华罗庚教授在西南联大任教授时，担任过云大的兼职教授。他也希望到阔别二十年的云大来看看，于是很愉快地接受了邀请。

第二天下午，华罗庚教授由过去在西南联大的同事、云大副校长李广田教授等陪同来到云大四合院教学楼的阶梯教室。当头戴灰布帽，身着中山装，手持拐杖，神采奕奕，满面笑容的华罗庚教授走进教室时，早已等候在教室里的百名师生向他热烈鼓掌。站在讲台上的华罗庚教授向师生们讲的第一句话是：“这是我在国内做的第一次推广优选法报告。”语音刚落，会场上立即爆发出经久不息的掌声。

华罗庚在云大副校长李广田等陪同下来到云大四合院教学楼的阶梯教室

三十年过去了，当年聆听过华罗庚这场报告的师生还清楚地记得他那充满希望的话音，到会的师生感到非常荣幸。华罗庚详细介绍了优选法的基本原理、适用范围。他指出在我国工农业生产管理中广泛推广应用优选法、统筹法，能起到缩短工期，节省时间，提高效率，加速社会主义经济建设的作用。他希望云大在推广“优选法”“统筹法”即“两法”中做出贡献。

华罗庚教授的希望极大鼓舞了云大师生，同时师生们更感到自己肩上责任重大。为了推广“两法”，云大数学系师生组成了几个“两法”推广小组，深入工矿企业，学校还决定数学六六届毕业生第二年初寒假结束后，全都到各推广小组，参加推广工作。

师生们以高昂的热情投身于这次活动，他们在工矿企业办短训班、黑板报，向工人、技术人员宣传“两法”。他们根据对企业生产的调查研究，向企业领导提出合理化建议。许多工人、技术人员十分赞成师生的合理化建议，认为实施这样的建议，企业一年的工作任务半年就能完成。王学仁等数学系教师为提高橡胶厂胶鞋质量，进行优选法试验。他们按照优选法原理对胶鞋原料成分的配方进行反复试验，筛选出其中最佳配方。按照这种配方生产出来的胶鞋，不仅节约成本而且增加花色品种，鞋的耐磨性能好。昆明灯泡厂按照王学仁等数学系教师的优选法试验结果，使灯泡化丝效率成倍增加。

1966年5月，正当师生们推广“两法”向纵深发展时，一场全国性灾难降临了，师生们来不及做推广总结就被紧急召集回校参加“文化大革命”运动，从而中断了“两法”推广，未能达到预期目的，但也有一批师生在这次活动中脱颖而出，成为我国应用数学方面的著名专家教授，如云大校长王学仁教授从事的“数学地质”，屈超纯教授从事的电法勘探数学理论等都从这次活动起步的，他们的科技成果获得国家、省部级多次奖励。

云大推广“两法”活动已过去30年，30年后再提这次活动不仅仅是怀念，更希望数学在联系生产实际中再创辉煌，完成老一辈未竟事业。

（本文原载《云南支部生活》，《云南大学报》，《云南日报》刊用，云南广播电台播放）

我校改革开放后引进的第一批外教

20 世纪 80 年代初，改革开放后，我校引进的第一批国外教师（外教）是外语系的美籍教师布什夫人和她的儿子。母子俩在外语系工作好多年，教学效果比较好，尤其是英语口语教学，对学生的帮助提高比较大。

布什母子到云大还得从徐嘉文通过新华社发往美国的一组六幅照片说起。改革开放，学校要走出去，需要加大宣传力度。《云南大学今昔》这组照片简略介绍了云大六十年来的变迁。六幅照片分别为：会泽楼、图书馆(怀周楼)、朱彦丞、曲仲湘、方国瑜和赵雁来。布什母子看到照片和文字介绍，对中国西南边疆贫困落后的地方居然还有这样的大学深感惊讶。出于好奇和闯闯看的心理，他们来到

布什夫人和儿子课间与学生交流，《外教在云大》组图之一

《云南大学今昔》组图

了云南大学。四个多月后，我到外语系采访，因为是课间休息，有许多学生围着母子俩问这问那。我问她对于在云大教学、生活中有何感受？她回答说，学生太热情、太可爱、太好学上进了，累是必然的，但很值得。她的儿子与学生年龄相仿、兴趣爱好相似、相处融洽。后来一组题为《外教在云大》的照片在美洲、亚洲、欧洲的十多个国家的报刊上刊登出来，逐渐地，法国、英国、俄国、日本、加拿大、泰国等国的外籍老师和留学生相继来到云大。

布什母子每逢假期就外出旅游，拍了许多照片，画了很多画，写了不少文章向外宣传云大。高兴的

《云南大学今昔》组图之一

时候，他俩在他们母子住的房子里、客厅的墙上也作画。她对云南大学很有感情，曾回云大探访。当时原校办主任胡兴仕、外办的杨定安接待了她。

（本文原载《云南大学报》，《云南日报》刊用，云南广播电台播放）

章孝慈与云大

1994 年 3 月 29 日，雨后放晴、天空一片蓝。万里无云、空气清新，让人心旷神怡。

上午 8 时，云南大学的党政领导，法学、历史、中文系的教授，特邀的云南省社科院和云南民族学院(现云南民族大学)的社科、史学、民族学、民族法学方面的专家，云南大学法律系的部分青年教师及学生近两百人会聚图书馆会议室。云南大学和台湾东吴大学建立正式校际关系；云南大学法律系与东吴大学法律学研究所合作研究“民族习惯法”的合作交流签字仪式将在这里举行。

8 点 30 分，东吴大学代表团一行 12 人，准时步入会场，全场响起热烈的掌声。

章孝慈先生身着黑色西服，中等个子，身体结实，稍有脱发的前额饱满，在

20 世纪 90 年代章孝慈校长率东吴大学代表团访问云大

代表团中显得格外突出，举止间透出学者的儒雅和出身名门的大家风度，显露着坚毅、果敢、充满自信的气质，尤其是他那双炯炯有神的眼睛，在隐忍中透着一种力量和精神。

会上，云南大学校长王学仁与章孝慈校长在协议书上正式签字。协议的签订，揭开了云南大专院校与台湾大专院校之间交流与合作的序幕，这是一个创举，是海峡两岸搭建起的一座彩虹桥！

富有传奇色彩的身世

听说章孝慈先生要到云南大学，心情激动不已，心想，这次绝对不可错过采访的机会。为此，事先得做足功课，对章先生的过往历史要有所了解。所以，我仔细拜读了《作家文萃》登载的长篇连载“蒋经国与章亚若之恋”。老天不负有心人，云大与东吴大学合作协议签字仪式结束，我向章孝慈校长提出采访请求，章校长愉快地接受采访，并主动告诉我，他住昆明饭店 418 房间，晚上七点半以后有时间。当晚七点二十分，我就到了昆明饭店，七点二十五分我到四楼的走道上，七点二十九分，我轻轻地敲响 418 房间的门。章校长开门后让我坐在他对面的沙发上，抬起手腕看了一下手表说：“很准时，很好！”我说：“我提前了一分钟，不好意思。”章校长又强调一句：“寒暄几句不就是三十分了嘛。养成准时的好习惯，是对别人的尊重的表现；是承诺、守信的表现，君子言而有信，言必行，行必果。”我说，章校长这次到云南，除了与云大签协议外，还有什么安排。章校长说，还有另外一件大事，就是回广西桂林，为母亲扫墓。这时，他若有所思地停顿了片刻。好像在清理思维，似乎在平静情绪，然后坦然地说：“我母亲章亚若与蒋经国的关系及我与蒋家的关系，是一个热门话题，很多人都想知道，你可能想问，却不好意思或不敢提及。”我被他的坦诚、主动所折服，承认章校长捉摸透了我的心思。

章孝慈之母章亚若女士，1940 年到 1941 年间与蒋经国先生在江西产生感情。不久，章亚若怀孕，被送到桂林，生下双胞胎章孝严和章孝慈。没过多长时间，章亚若突然去世。这时，章孝慈年仅半岁。

谈及“认祖归宗”问题，章先生不大在意，也不无遗憾。他说：“因为历史和环境的关系，只能随母亲姓章，一直没有认祖归宗。不过姓章姓蒋都没关系，一切顺其自然。我的态度是一个人关键要靠自己有本事，因为家庭和地位是随时都会改变的。”

他说，从小就由外婆带领，受外婆和舅舅的影响很大。外婆管教他很严，而自己又好动爱玩，捉鱼摸虾偷地瓜，童年时代一般孩子喜欢玩的闹的都做过。为此，不时受到外婆打骂，但他语言中仍然留恋愉快的童年生活。

按常理，与蒋家有这层关系，日子应该过得很舒服，会得到各种各样的照顾。其实不然，他们的生活很苦，过着人们意想不到的日子。读小学和初中，都是靠借钱买米，甚至赊米喝粥度日，这种状况一直没有得到转变。在美国留学期间更为艰苦。为了学费，维持生活，他到餐厅当低级服务员，洗盘子。到建筑工地抬钢筋、背水泥，干繁重的体力活。生活虽苦，但他认为苦是对人的意志的考验和磨炼。苦的过程并不可怕，如果屈服，放弃追求，走上邪路那才可怕。再说，是为自己的目标在奋斗，就觉得并不苦了。因有这段生活在底层，与下层人一起干活的经历，感受极为深刻，爱心油然而生。他感到人都是平等的，都有自己的人格和尊严，只不过处境不同而已。这种观念也体现在他对孩子的要求上，他的小孩上学有司机接送，他常教导孩子要尊重司机，并说如果因某种原因而改变处境的话，那孩子与司机的地位也许会倒过来。

章先生从小养成节俭的习惯。他从不抽烟，滴酒不沾，生活简单。除了喜欢吃辣椒外，没有其他的爱好。他很注意身体的锻炼和身心的修养。夏天，他坚持游泳，坚持每天早上五点起床慢跑，已经坚持二十多年。即使来到昆明，众多的学术、参观、访问活动，都没有改变他的习惯。仍然每天早起，从昆明饭店慢跑到圆通公园。

兼收并容的训教

章孝慈校长办学继承蔡元培先生办北京大学的兼容并包训教，倡导群峰峻秀的理念。在教学管理上各种流派、风格自由交流，不致偏狭一隅。

章先生作为一校之长，对自己很严格，甚至苛刻。但他对下属，从未用过严厉和粗暴言行，总是用温和、委婉的方式表达。在教学和管理上他却异常认真严格。他要求不论教师或学生，上课一律不准迟到，这在东吴大学无人不知。他认为这是中国文化中“敬”和“师”的一个侧面，因而把它突出和展示出来。为培养学生的中国传统文化，在东吴大学的文体社团中，有国剧(京剧)、国乐、昆曲、书法、篆刻、说唱艺术、少林武术、民族舞蹈等具有中国文化的社团，以此培养学生的中国文化传统理念。

对教师则要求通过教学使学生感受到老师的爱，体验到一种关怀和爱心。要求教师要具有相当的成就和学术水平，使学生建立自信心。要求教师要有理想和使命感，从而使学生学会理性、爱与宽容，清清楚楚地活着、读书、设计规划自己的未来。

他认为，念大学时必须对自己的人生作一个思考，对自己的将来做什么，兴趣爱好是什么，要有清醒的认识并做出短期和长期的规划。他自认为爱好法律，因此选择了法律，一直不改。他说读法律有三条路可去：一是做律师；二是当法官；三是从事学术研究。他的个性和兴趣使他放弃了前面两条路，走了第三条路，做了学术研究。事实证明他的选择是对的。

他认为要从事法律研究必须多读书、读好书、用好书。章先生在东吴大学中文系毕业后又考入法律系攻读法律，之后到美国的南美以美大学攻读政治学，并取得硕士学位。他说读中文和政治使他受益不小，法律不是单一的、孤立的，需要得到各种知识的支持。他在美国七年，最后在杜兰大学学习法律，取得法学硕士学位和博士学位。1978 年回到东吴大学法律系任教，先后担任法律系主任、法学院院长、东吴大学教务长、副校长、校长。

在东吴大学的校徽上，赫然刻印着“养天地正气，法古今完人”几个字，这就是东吴大学的办学宗旨，也是大学教育的目的和精神内涵。办什么样的大学，培养什么样的人，高瞻远瞩，令人叹为观止。作为高等院校、大学、文明和知识的代表，除教学以外，要引导社会、开导思想。引导社会的发展是义不容辞的责任和义务，因此他经常组织师生参加一些社会活动，培养学校和学生的社会使命感。

1993年8月，章校长率80多位学者参加北京海峡两岸法学研讨会。时隔一年，1994年3月与云大合作开展“民族习惯法”研究工作，使彼此受惠于对方的优势和特点，促进两校的教学和科研，打破了几十年的坚冰，架起海峡两岸高等院校合作交流的虹桥！

应云大之邀、章校长还为云大1000多名师生做了题为“大学教育的精神内涵”的学术报告。他作演讲喜欢站着讲，教学上课亦如此。他说，站在讲台上让人看见你，听到你的声音，看到你的动作、手势，其效果比坐着好，在长达一个多小时的演讲中，他不用讲稿，没有重复的语言，古今中外，旁征博引，讲话时快时慢，抑扬顿挫，让人有思考和回味的空间，随着内容的变化，有时话音很大、极其严肃、有时很幽默、很轻松。丰富的内容，生动活泼的演讲，博得一阵阵长时间的掌声。

做完报告，章孝慈校长应邀到图书馆贵宾室与校领导和李埏、张文勋等教授座谈，并题词留念。

章孝慈先生的字写得很好，刚劲有力，浓墨厚重，可惜毛笔不好，环境也不适应，写起来感到别扭，不好发挥，他很不满意。他戏言说：“我字写不好，就怪你们的笔不好。”

章孝慈先生的词是：

云南大学雅存

明德新民

止于至善

八个字成一联。这是《大学》里开头的一句话。作为大学教育的原则追求，很中肯、贴切。

时任云南大学党委书记吴家仁题词相赠。

吴家仁的题词是：

东吴大学雅正

欲穷千里目

更上一层楼

章孝慈校长题词

吴家仁的题词，实际上是对两所大学未来前程的一种美好的希望和祝愿。

清明节，章孝慈先生在桂林祭拜了母亲章亚若。

1995 年初，章孝慈先生应邀再次到大陆访问。这次他是到北京大学。可惜，他尚未做任何学术活动，到京后的第二天就生病，不省人事。虽经抢救仍然无果。

章孝慈先生给云南大学的题词，就成了在大陆的绝笔。

二十年来，云南大学与东吴大学互相来往频繁，教学、科研交流不断，道路越走越宽广，两校合作交流的项目已从原来的“民族习惯法”扩展到民族法等十多个项目，学校也增加了台北大学、政治大学和铭传大学，从 一所大学变成四所大学，这是历史潮流之必然，它像一粒种子，让人们充满了希望。

章校长与云南大学搭建的这座彩虹桥，依然人来人往、闪闪发光，真可谓：

先人已乘黄鹤去，身后遗留彩虹桥。

黄鹤一去不复返，彩虹桥变大通道。

（本文原载《云南大学报》，《云南日报》刊用，云南广播电台播放）

美籍微波量子物理学家任之恭到我校讲学

著名微波量子物理学家任之恭教授（1906—1995），山西沁源人。1926 年清华学校毕业后庚款留美。1931 年获哈佛大学物理学博士学位。1934 年至 1948 年回国，先后在清华大学、西南联合大学任教授、清华大学无线电研究所所长。其间，中国物理学会两届年会在我校至公堂召开，任之恭参会作了“大线电在国防建设中的应用”的学术报告，深得与会者的赞赏。

1946 年再次赴美。他提出微波与量子结合的理论，时为美国微波物理学界泰斗，担任霍普金斯大学应用物理研究中心顾问。1972 年时任华裔科学家访问团团长的任之恭教授来昆明，并在云大作了“微波量子物理学”的学术报告，使听众大开了眼界。1977 年他的专著《微波量子物理学》由中国科学出版社用中

任之恭教授做学术报告

任之恭教授在会泽院做报告，前排为木钧教授，后排右一为张其濬教授，左一为冯竞教授

文首次发行。

1982 年 11 月 18 和 19 日，任之恭先生在我校会泽院举行两场学术报告，精辟地阐述了他研究的“微波量子物理学”理论，并对学校的教学和科研提出了有前瞻性的建议，使与会人员深受教育和启发。

任之恭先生还担任过成都科技大学顾问。在清华大学设立“任之恭奖”，奖励有较强动手能力、在实践方面有创新的老师和学生。

（本文原载《云南大学报》，《云南日报》刊用，云南广播电台播放）

戴树珊教授与诺贝尔奖得主里斯科姆

诺贝尔奖得主里斯科姆做学术报告

1984 年六七月份，受时任化学系系主任戴树珊教授之邀，美国哈佛大学教授，1976 年诺贝尔化学奖得主里斯科姆 (W. Lipscom) 到云大访问。他是改革开放后受云南大学邀请，到校讲学的第一位诺贝尔化学奖得主。

里斯科姆运用鲍林的 X 射线衍射技术和鲍林共振理论，解决了硼烷的结构问题，并因此获得了诺贝尔化学奖。里斯科姆在参观了化学系的教

里斯科姆与化学系的老师交流

学、科研设备，与系里的师生互相交谈后，尤其对由著名化学家戴树珊教授带领的具有相当实力的教学、科研队伍颇感惊讶。里斯科姆为化学系的师生作了硼烷结构的报告，使化学系师生深受启发。他还送给了戴晓畅（戴树珊之子，留学美国，曾任云南大学药学院院长）一本生物化学方面的书，该书图文并茂、深入浅出，对戴晓畅的学习很有帮助。

戴树珊教授与里斯科姆的关系很好，戴先生到美国还专门拜访过他。在长期的书信交往中，他们互相敬重；在学术交流中，结下了深厚的友谊。21 世纪初，当鲍林 (Lipceow)、里斯科姆 (W. Lipscom) 和霍夫曼 (Hessmcm) 祖孙三代，三个诺贝尔奖获得者举行庆祝大会时，里斯科姆还特意邀请戴树珊先生前去参加。但由于种种原因，戴先生没能成行，至今深感遗憾。

（本文原载《云南大学报》，《云南日报》刊用，云南广播电台播放）

第四章　重大活动

第一节 “211 工程”

云大抓紧实施“211 工程”

云南大学自 1996 年 5 月通过主管部门预审后，现正抓紧实施“211 工程”。

笔者近日就“211 工程”的实施建设情况访问了校党委书记高发元。他说，“211 工程”是一个跨世纪的战略工程。围绕这一工程的建设目标，学校正在学术梯队建设、名优专业、重点学科建设、高层次人才培养、教学科研水平的提高和办学条件保障等方面下功夫。

据了解，学校正进行内部管理体制改革，利用自身优势并与兄弟院校联合：

云南大学“211 工程”可研报告专家论证及立项审核会议

逐步建立一批学院，形成校、院、系三级管理体制，充分发挥人才、设备的作用，利用有限资金，扩大办学规模。“九五”期间将新增一批博士点、硕士点，提高高层次人才的比例。目前学校教授、副教授约占教师人数的46%，最年轻的教授仅29岁，从1996年开始学校有9个学科教授职称评定权。“211工程”项目任务已陆续分解到基层、个人，分年度抓紧落实。现在，学校在北郊岗头村征地400亩扩大建设的工作正在进行。

谈到人才培养，高发元书记强调，实施“211工程”，衡量云大办学水平的标准，就看能否为我省培养大批合格的高层次人才，能否提供具有重大经济社会效益的科研成果。为此，学校对师资队伍提出分层次建设的办法，对学生则严格按“四有”标准和德、智、体、美、劳全面发展的方针要求，并通过建章立制来强化精神文明建设，以培养出德才兼备的合格人才。

（本文原载《云南大学报》1996年12月6日，《云南日报》刊用，云南广播电台播放）

云大采取重大举措建设“211 工程”国家级重点学科——民族学 跨世纪的云南民族调查工作即将开始

本报讯 20 世纪 50 年代初期，云南省有关部门曾对全省少数民族社会历史情况进行了调查研究，1956 年，在全国人民代表大会常务委员会民族事务委员会直接领导下，组成了云南少数民族社会历史调查组，同云南省有关部门配合，对云南边疆地区的少数民族开展了大规模的调查。1958 年，又继续进行了各族社会历史的调查工作。这几次民族调查，积累了一大批具有科学研究价值的民族社会、历史调查资料，摸清了中华人民共和国成立初期云南少数民族的状况，为民族识别和党在民族地区实行民族区域自治、进行社会主义民主改革、改造提供了系统的科学依据。当年参加民族调查的同志，后来很多都成为著名的民族学专家、民族史专家。

四十多年过去了，云南各少数民族发生了翻天覆地的变化。重新全方位地了解各少数民族的状况，对于维护民族团结，促进民族地区经济社会可持续发展，把云南建成民族文化大省，具有重要意义。因此，云南大学决定采取重大措施，结合建设“211 工程”国家级重点学科——民族学的需要，开展一次跨世纪云南民族调查工作。

为了搞好跨世纪云南民族调查工作，校党委成立了云南大学民族调查工作领导小组。校党委书记高发元亲自挂帅担任组长，朱维华校长和林超民、洪品杰副校长担任副组长。领导小组下设办公室处理日常工作，办公室设在科研处。

跨世纪云南民族调查的主要对象是从云南拥有 5000 人以上人口的 25 个少数民族中，各选择一个代表性的村寨进行调查。村寨的选择要注意民族特点，可以是自然村，也可以是行政村；可以是几十户人的小村，也可以是上百户人的大村（镇），选点由各调查小组提出，报领导小组办公室认定。调查内容包括民族政治、经济、文化、教育、人口、社会、科技、生态、宗教、习惯法等十个方面。实际调查过程中既要全面又要突出重点，要特别注意该民族及该村寨中具有典型意义的民族文化现象，或者是有认知价值但目前研究尚不充分的非典型现象。当然，必须注意避免以偏概全，在突出代表性特征的同时，要兼顾内容的相关性、整体性。

参加这次民族调查的 130 多人分成 25 个调查小组，原则上每组 5 人，其中教师 25 人（绝大部分具有副教授以上职称），博士生、硕士生 70 多人，人类学专业的本科毕业班学生 23 人。每组的组长都由教师或博士生担任，配给 3 名研究生、1 名本科生或民族干部班学员，发给调查包干经费 2 万元。此外，单独组建两个专业调查小组，负责建设云南少数民族遗传信息资源库和少数民族文化的抢救拍摄工作。这两个小组主要由生命科学与化学学院和人文学院新闻系的有关人员组成。

这次民族调查的最终成果是，出版《云南 25 个少数民族村寨调查资料丛书》（共 25 册）、《专题研究报告》（共 10 册）及《综合研究报告》（1 册），发表学术论文若干篇，拍摄影视方面资料和专题片若干部，完成 25 个民族群体的血样采取和初步分析研究。所有书稿的编辑由编委会负责。编委会由民族调查领导小组组成，组长任主编，副组长任副主编；各分册设主编一人，由调查小组组长担任，撰稿者注明执笔；《专题研究报告》及《综合研究报告》由领导小组指定有专长的研究人员负责。所有调查资料和研究成果均属云南大学所有。

1999 年 12 月 21 日，民族调查领导小组召开了由各调查小组组长参加的预

“211 工程”建设评审团评审

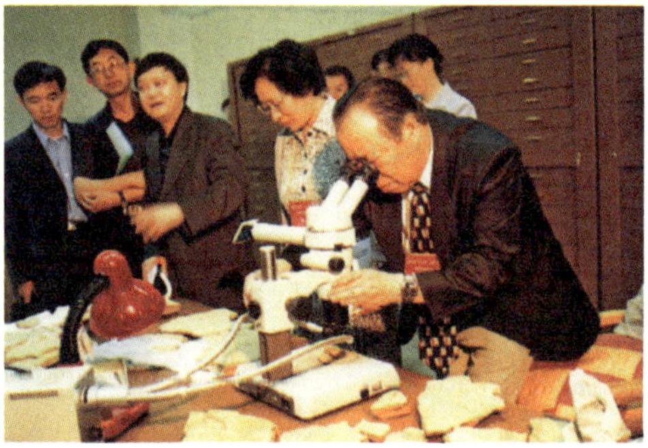

“211 工程”建设专家组验收

《云南 25 个少数民族村寨调查资料丛书》

田野调查

备会议，通报了前期准备工作的情况，决定对调查人员进行为期五天的专门培训。12 月 22 日至 26 日，领导小组聘请近 20 名民族学专家，对调查人员进行了包括民族政治、经济、文化、教育、人口、社会、科技、生态、宗教、习惯法、婚姻家庭调查和文化人类学、田野调查实践、调查方法等在内的业务培训，为开展跨世纪云南民族调查打下了坚实的基础。

2000 年 1 月 4 日，校党委举行隆重的跨世纪云南民族调查出发仪式。朱维华校长主持仪式，省人大常委会副主任王义明应邀出席，省委宣传部副部长赵金和校党委书记高发元分别讲话，勉励调查人员克服困难、努力工作，争取拿出有分量的调查资料和研究成果。省教委副主任张大昌、省民委副主任木桢、团省委副书记袁斌、副校长吴松、洪品杰和全体调查人员参加了仪式。1 月中旬，25 个调查小组将分赴 25 个少数民族村寨，开展个月左右的民族调查工作。后续工作预计 2000 年 8 月左右全部完成。

（本文原载《云南大学报》2000 年 1 月 10 日，《云南日报》刊用，云南广播电台播放）

云南大学“211 工程”建设回眸

1992 年，中共中央、国务院颁布了《中国教育改革和发展纲要》决定实施“211 工程”，即面向 21 世纪，重点建设 100 所左右的大学和 1000 个左右的学科。

1993 年 2 月，云南省人民政府第 57 次常务会议决定，用 5 年左右的时间，拨款 1 亿元，支持云南大学进入国家“211 工程”。自此，云南大学为争取进入“211 工程”的各项工作全面启动。

1996 年 5 月，云南省政府聘请以北京大学校长吴树青教授为组长的专家组对云南大学申请进入“211 工程”进行主管部门预审。专家组审议通过了《云南大学“211 工程”整体建设规划》，建议国家将云南大学列为“九五”期间第一批重点建设的“211 工程”大学之一。

“211 工程”“九五”期间建设项目验收会议

“211 工程”主管部门预审

吴松校长做“211 工程”验收主题报告

1997 年 6 月，在国家“211 工程”部际协调小组的主持下，云南省政府聘请以内蒙古大学校长旭日干院士为组长的专家组对云南大学申请进入“211 工程”进行了立项审核。专家组审议通过了《云南大学“211 工程”建设项目可行性研究报告》，并提出了若干修改意见。

1997 年 12 月，国家计委正式批准云南大学作为“211 工程”项目院校，在“九五”期间进行重点建设。

1998 年 7 月，云南省政府聘请以新疆大学校长伊布拉音·哈力克教授为组长的专家组对云南大学“211 工程”建设进行中期检查。

2000 年上半年，云南大学聘请校内外专家 172 人次对“211 工程”在建子项目进行了自查验收。自查结果显示，86% 的子项目已完成了“建设任务协议书”规定的任务指标。对于存在问题的子项目制订了限期整改措施，并调整了经费支持额度。

2001 年 6 月，云南大学召开全校中层干部扩大会，对迎接“211 工程”一期建设验收进行动员。吴松校长号召全校师生全力以赴，团结一致，努力做好验收的各项工作，以使云南大学顺利进入国家“211 工程”二期建设规划。

（本文原载《云南大学报》2001 年 6 月 15 日，《云南日报》刊用，云南广播电台播放）

第二节　领导重视

我校成立文理科学术委员会

本报讯 根据《全国重点高等学校暂行工作条例》规定，经校党委讨论决定，云南大学文科学术委员会和云南大学理科学术委员会最近成立，文、理科学术委员会由下列同志组成。

文科学术委员会

主任委员：赵　季

委　　员：张文勋　李兆同　张德光　方国瑜

江应樑　李　埏　张家麟　金琼英

陈年榜　胡正邦　秦　玷　朱应庚

赵崇龄　李从弼　鲍志一　卢启智

马　曜　杨兆钧

秘　　书：李兆同（兼）

理科学术委员会

主任委员：杨桂宫

委　　员：卫念祖　杨光俊　王学仁　莫孜中

陶　琨　唐懋荧　顾建中　王仲永

陈尔纲　熊　烨　李德修　郑苏民

木　钧　王树勋　赵雁来　徐绍龄

徐德祥　戴树珊　赵树年　曲仲湘

朱彦丞 肖承宪 郭文明 丁 明
王志珪

秘 书：王学仁（兼）

（本文原载《云南大学报》1979 年 4 月 10 日）

以学位条例规定的条件为标准　努力提高教学质量

本报讯 1981年3月25日，学校收到省教育厅转发的国务院学位委员会《关于审定学位授予单位的原则和办法》后，立即召集各系系主任和分管研究生工作的有关干部开会，学习领会文件精神，布置工作。要求各系对照文件规定的条件，对已招收研究生的学科和本科各专业的教学、科研、师资情况和研究生学习情况进行分析，找出差距。研究如何采取措施，补充欠缺条件，争取达到我校所有招收研究生的学科都能取得授予硕士学位的权利，全部本科专业都能取得授予学士学位的权利，攻读硕士研究生的学员能够取得硕士学位。

3月30日下午学校召开全校教师、研究生和本科七七级学生大会，传达实施学位制度的文件。4月2日和3日又分别召开了已招研究生的系、专业负责人和指导教师会议，“文革”后新建学科专业负责人会议，汇报了情况。

我校招收研究生的学科情况

我校从1978年恢复招收研究生，3年来已有17个学科招收了44名研究生。这些学科是：西南少数民族史及云南地方史、中国封建经济史、生态地植物、污染生态、植物遗传、细胞学、电子光学和电子显微镜、激波管、信息处理、偏微分方程、计算数学、量子化学、杂环化学、物理化学、地球物理、西南亚史、中国古代文艺理论。会议对照《学位条例》中授予学位单位的几个条件，对各个学科的指导教师和师资力量，教学、科研和图书资料及实验条件等方面进行了分析。我校现有研究生的指导教师，都是教授、副教授；招收研究生的学科大都有确定的研究方向和项目，一部分学科的科学研究工作长期坚持不懈，有较出色的成果。研究生进校后，根据教育部对培养研究生的要求，结合当前实际，制订了培养方案，为研究生开出必修课、选修课（包括部分补大学本科专业基础课）共一百五十六门。实验条件，一般能满足高级实验，有些还需借用校外的设备。各专业已具备或基本具备授予硕士学位的条件。但是，也还存在一些不足的地方，如：有的学科的指导教师长期以来科研断断续续，或在现在拟订的方向和课题上才开始起步，成果不突出，指导研究生的学位论文还有一定的困难。由于基础课有一部分是补大学本科专业基础课，研究生的高级专业基础课开得不够，教材建设差。高级实验及科研实验有相当一部分要借助外单位的实验设备进行。研究生的考核和管理制度还不健全。这些都要求我们努力赶上去，使培养研究生的条件完全符合国家的要求。

在校的 44 名二年制和三年制研究生入学后，学习都很努力，多数人课程考试取得优良成绩。1981 年应届毕业的 25 名研究生，都已安排了论文，有些论文现已写出初稿，具有一定水平。但是，由于研究生入学水平参差不齐，入学后用来补大学本科专业基础课和外语的时间一般占去一年左右，学研究生课程的时间相对减少，两年制研究生入学时原来规定不做毕业论文，1980 年下半年通知必须安排论文，教师与学生双方都感到基础不够，时间又短，要拿出有相当水平的论文困难较大。

20 世纪 80 年代的云大学生

找出差距 提高培养研究生的质量

教室里自习的云大学生

学校领导认为，要提高培养研究生的质量，必须把科学研究搞上去，招收研究生的学科和指导教师必须有确定的科研方向和项目；实行导师负责和集体培养相结合的培养制度，是当前培养研究生的较好方法；要把各学科指导教师，基础课任课教师明确和稳定下来，把必须开的必修课和选修课确定下来，制订各学科的教学计划，逐步拟订教学大纲，编写教材，以保证研究生教学质量；要抓紧建设实验中心和计算中心，满足研究生的高年级实验教学和科研实验；要逐步改善研究生的学习条件、生活条件；要建立健全研究生的管理制度和考核制度。经过分析研究，学校认为，我校还有一些未招研究生的学科，可以招收研究生，如：数学地质、有机微量分析、固体物理、磷化学和磷矿资源的综合利用等等。

会议还对照教育部制定的教学计划和国内先进大学的教学情况，分析了我校新建专业的现有基础条件，找出差距，明确努力方向，积极争取全校所有专业都有权授予学士学位。

（本文原载《云南大学报》1981年4月14日，原题为《努力提高教学质量，加强科学研究，争取招收研究生的学科为本科所有专业》）

全校将有六成教授副教授上讲台

本报讯 1981年6月15日下午赵季校长主持召开系主任会议，各系汇报讨论了1981—1982学年上学期的排课问题。

这学期期中以来，学校领导就抓了加强系的行政领导和有经验的教师上教学第一线的工作。党委常委于5月19日讨论通过了《关于实行云南大学教师工作量试行办法的补充规定》（以下简称《补充规定》），对教授、副教授、讲师的授课最低时数做了规定，并决定从下学期起，由学校颁发教学任务书。各系按照以上《补充规定》初步安排了下学期的课程。

会议肯定了各系排课比以往各个学期的情况有明显的进步，并就存在的问题进行了讨论，强调应认真坚持按照教学计划开出应开的课程；坚持一学期由一位教师主讲一门课程；坚持青年教师必须具备一定条件才能上台讲课；要尽量多开选修课，会议讨论通过了《云南大学学生选读选修课暂行办法》和《云南大学1981—1982学年上学期选修课程表》。

现在下学期排课工作基本结束，全校12个系，5个年级本科生共开出必修课175门、选修课123门，其中教授、副教授上课58人，占我校教授、副教授总人数的60%，讲师上课201人，占讲师总人数的58.6%。教授、副教授担任教学工作的人数比本学期有显著增加。基本做到一门课一学期由一位教师讲授，改变了几位教师合开一门课的情况。也坚持了青年教师必须具备一定条件才能登台讲课的要求。

现在，教务处已开始填写教学任务书及打印课程表。

（本文原载《云南大学报》1981年6月30日，《云南日报》刊用，云南广播电台播放，原题为《我校1981—1982学年上学期课程安排就绪 全校将有百分之六十教授、副教授走上讲台》）

教育部周林副部长到校视察

本报讯　教育部周林副部长 1982 年 3 月 5 日到校视察。赵季校长汇报了学校的教学、科研、政治思想工作和后勤工作等情况以及发展前景。周林副部长听后说，云大历史比较悠久，明年就是建校 60 周年了，全国有这么长的历史的学校不多。云大的基础较好，粉碎“四人帮”以后，学校认真贯彻党的三中全会精神，做了不少工作，取得了成绩。但教授年纪都大了，对学有专长的老教师，要给他们配备助手，或者让他们带研究生。云大有些学科专业基础好，有特色，应该重点扶持。但办好重点学科专业关键是要有学术带头人，形成梯队。实验中心建设，教育部要支持。云南地处祖国西南边疆，没有先进的技术和设备，教育质量是提不高的，云大的文科要发展优势和特长，历史系要搞好西南边疆民族历史研究。文史学科要重视古籍整理研究。

随后，周林副部长由郝健、赵季、杨桂宫、苏林、吴道源等同志陪同参观了图书馆和物理馆。

（本文原载《云南大学报》1982 年 3 月 18 日，原题为《教育部周林副部长到校视察　周副部长指出：办好重点学科专业，关键是要有学术带头人，形成梯队》）

经教育厅批准　我校学位评定委员会成立

本报讯　根据《中华人民共和国学位条例暂行实施办法》，学位评定委员会成员主要应从副教授以上的专家中遴选。主席由具有副教授以上职称的校长或主管教学、科研和研究生工作的副校长担任。经党委认真讨论提名，报省教育厅批准，我校学位评定委员会委员由下列同志组成：

主席：杨桂宫

委员：（按姓氏笔画为序）

方国瑜　曲仲湘　朱应庚　李　埏　陈尔纲　张文勋

杨光俊　杨桂宫　郑苏民　赵雁来　姜汉侨　徐绍龄

（本文原载《云南大学报》1983 年 5 月 31 日，原题为《经教育厅批准　我校学位评定委员会成立》）

云南大学学位评定委员会会议

我校从 1985 年下学年开始实行学分制

本报讯 1985 年 1 月 23 日，校领导召集系主任会议讨论了《云南大学关于试行学分制的规定》，学校决定从 9 月份开始在八四、八五级学生中试行学分制。对三年级以上学生，也将采取相应教学措施，扩大学生选修课程和跨专业听课的限度。

实行学分制，同学早有希望，学校也酝酿多年。这是改革旧的教学方法，培养开拓型，创造型的社会主义建设人才的有力措施。实行学分制有三大优点：1. 学生根据自己的能力，选读适当课程，有利于贯彻因材施教的原则。学有余力的优秀学生，可以多选课程，使他们提前毕业或考研究生，有利于早出人才，快出人才，出优秀人才。2. 学生可以按规定的教学计划，自己的学习基础，结合国家需要，科学发展和自己的兴趣爱好，选择选修课程，有利于文理科互相渗透，有利于新兴学科和边缘学科的发展。3. 多开选修课，有利于发挥教师的专长。教师可以把科研成果和学术创见，首先反映到选修课中，使教学、科研紧密结合，有利于教材更新，有利于教学质量的提高。

学分制的特点：学生根据系或专业制订教学计划，自己安排学分计划，少数学生可提前或推后毕业；学生在一定程度上有选择教师的自由；学生可以通过自学，参加免修通过考试，成绩合格者可以免修；学生可以跨系，跨专业选课，可以选择外系、外专业的必修课作为自己的选修课。

我校关于学分制有以下几条具体规定。

1. 课程的设置与分类。全校开设的课程分为必修课和选修课两大类。必修课是系或专业根据培养目标规定学生必须修读的课程或环节。选修课包括校、系、专业开设的选修课，外系外专业开设的必修课和选修课，但学生必须修满教学计划规定的选修课分数。

2. 学分的规定。各门课程学分的计算，一般以全学期每周上课时数为标准。课堂讲授和实验，实习和社会调查、体育课、习题课、讨论课，毕业论文与科研训练等环节都规定一定学分。还规定军事课、共产主义思想品德课、生产劳动等学生必须参加，但不记学分。

3. 关于学生毕业，学生必须取得教学计划规定的必修课程和环节的全部学分，必须取得选修课的学分，修完计划规定的不记学分的必修课和环节才准予毕业，我校规定各专业四年制本科生最低毕业学分为 135 至 145 学分。其中必修课占 70% ~ 75%，选修课占 15% ~ 30%，选修课中限制性选修课约占三分之二，任选课约占三分之一。

4. 辅修和双学士学位。学生除修读本系本专业规定的全部必修课和选修课学分，取得毕业最低学分外，还选读另一个专业主干课 20 学分以上者，发给辅修专业证明，如同时学完另一专业全部主干课，做完毕业论文者，发给双毕业证书，双学士学位证书。

5. 学分的取得和成绩的考核登记。学生每学期修读的课程，均需经过考核，合格者才取得学分。必修课补考后不合格，须重读或改选其他课程。学生考试、考查成绩仍按百分制评定分数。

6. 学习年限。每个学生在校学习期限最多不得超过五年。学生每学期修读课

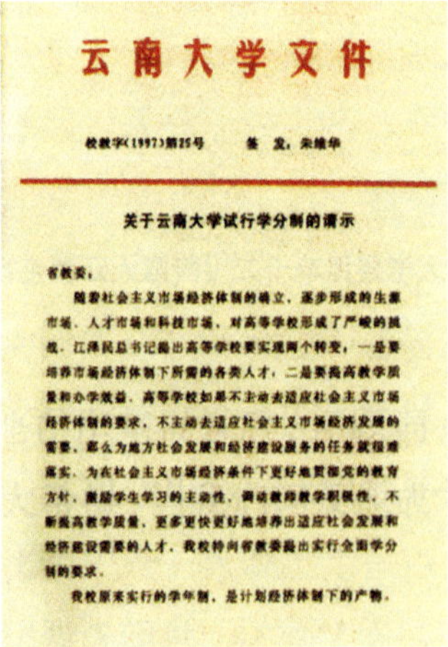

云南大学文件

校教字（1997）第25号 签发：朱维华

关于云南大学试行学分制的请示

省教委：

随着社会主义市场经济体制的确立，逐步形成的生源市场、人才市场和科技市场，对高等学校形成了严峻的挑战。江泽民总书记提出高等学校要实现两个转变，一是要培养市场经济体制下所需的各类人才，二是要提高教学质量和办学效益。高等学校如果不主动去适应社会主义市场经济体制的要求，不主动去适应社会主义市场经济发展的需要，那么为地方社会发展和经济建设服务的任务就很难落实。为在社会主义市场经济条件下更好地贯彻党的教育方针，激励学生学习的主动性，调动教师教学积极性，不断提高教学质量，更多更快更好地培养出适应社会发展和经济建设需要的人才，我校特向省教委提出实行全面学分制的要求。

我校原来实行的学年制，是计划经济体制下的产物，

关于云南大学试行学分制的请示

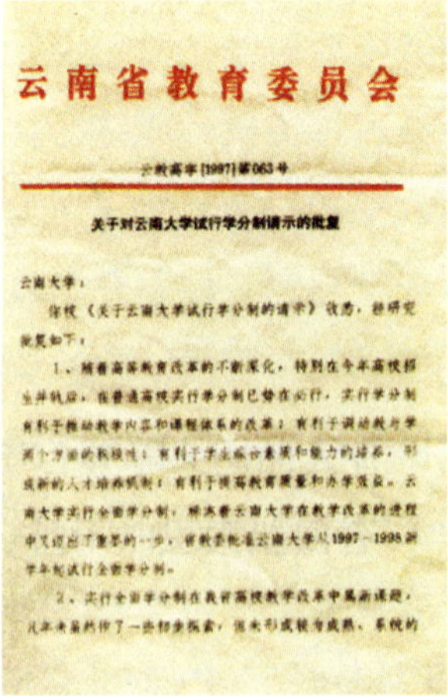

云南省教育委员会

云教高字[1997]第063号

关于对云南大学试行学分制请示的批复

云南大学：

你校《关于云南大学试行学分制的请示》收悉，经研究批复如下：

1、随着高等教育改革的不断深化，特别在今年高校招生并轨后，在普通高校实行学分制已势在必行，实行学分制有利于推动教学内容和课程体系的改革；有利于调动教与学两个方面的积极性；有利于学生综合素质和能力的培养，形成新的人才培养机制；有利于提高教育质量和办学效益。云南大学实行全面学分制，标志着云南大学在教学改革的进程中又迈出了重要的一步，省教委批准云南大学从1997－1998学年起试行全面学分制。

2、实行全面学分制在我省高校教学改革中属新课题，几年来虽然作了一些初步探索，但未形成较为成熟、系统的

关于云南大学试行学分制请示的批复

程和环节一般为 16 至 19 学分。

7. 文理交叉选课。为扩大学生知识面，改善学生的知识结构，以适应四化建设需要，文科学生必须选学一定数量的理科课程，理科学生必须选学一定数量的文科课程。

为不断改进教学工作，提高教学质量，教务处制定了若干改革办法，已经校行政会讨论通过，即将执行。这些办法是：《云南大学教学优秀奖评奖办法》《云南大学改革成果奖实施办法》《云南大学自编试用教材铅印办法》《发给教师超工作量酬金的改革办法》等，目前，各系各单位正在为实行有关规定和办法做积极准备。

（本文原载《云南大学报》1985 年 2 月 6 日，《云南日报》刊用，原题为《加快教学改革步伐　培养开拓型创造型人才　我校从下学年开始实行学分制》）

我校庆祝建校六十三周年暨云南大学校友会成立

本报讯　1986 年 4 月 20 日下午，我校举行大会庆祝建校六十三周年和成立校友会，新老校友欢聚一堂。校党委书记吴道源主持大会，校长杨光俊，副书记刘西芳，副校长姜汉侨、刘佩文、李兆同参加了大会。副校长姜汉侨代表学校向校友报告了云大建校六十三年来的概况和今后的发展规划。

会上通过了校友会名誉会长和理事人员名单，楚图南、高治国、杨春洲当选为名誉会长，35 名新老校友当选为理事。在第一次理事会议上，吴道源当选为云大校友会会长，姜汉侨、杨桂宫、李埏、欧山当选为校友会副会长，马荣柱当选为秘书长。

名誉会长高治国到会祝贺，会上，云南大学学位评审委员会主席杨桂宫向我校第一位被授予历史学博士学位的博士研究生林超民颁发了学位证书。

连日来，返回母校的老校友，参观了学校的教学科研设施和新建的教室、宿舍和天桥，并举办了书法、绘画、摄影展览和开展了多种形式的联欢活动。

云大附中校庆五十周年同时在校举行。

（本文原载《云南大学报》1986 年 4 月 25 日，《云南日报》刊用，云南广播电台播放）

我校二百六十六名教师取得教授副教授资格

本报讯　根据中央高级职称评定的规定，我校各系进行了研究推荐，学校进行审核评定，报云南省教授、副教授高级职称评审委员会评议批准，共有 266 名教师取得教授副教授资格，其中教授 58 人，副教授 208 人。

我校原来有高级职称的教师只占教师总数的 12%。现为 27%。高级职称教师年龄也有明显变化。原来教授的平均年龄为 72.5 岁，现降为平均 63.9 岁。最年轻的 49 岁。原来副教授有 97 人，60 岁以上占 62 .6%。现在 50 岁以下的有 61 人。其中 45 岁以下的有 3 人。

（本文原载《云南大学报》1986 年 5 月 4 日，《云南日报》刊用，云南广播电台播放，原题为《我校 266 名教师取得教授副教授资格　为教学科研工作创造良好条件》）

云大子弟中学更名为云南大学附属中学

云南大学附属中学

本报讯 中共云南大学委员会和校行政领导根据原“云大附中”校友的强烈要求，并报经有关部门批准，决定在开展昆明地区“七一五”运动四十周年纪念活动之际，将云大子弟中学改名为云南大学附属中学，以继承和发扬“云大附中”的光荣传统。“云大附中”是一所有光荣传统的学校，特别是在抗日战争时期和解放战争时期，在杨春洲校长的领导下，先后聘请楚图南、张光年、赵沨等及其他许多爱国民主人士来校任教，师生团结，勤奋教学，逐步形成了“积极的，奋发的，民主的，社会的，现实的”附中精神，造就出许多人才。

“云大附中”在1939年春，即建立了中共地下党支部，宣传马列主义，发动党的组织，继承五四运动的光荣传统，积极投入了抗日救亡运动和“一二·一”“七一五”等爱国民主运动。在斗争中，广大师生受到了教育，经受了考验，不少同志光荣地参加了中国共产党和党的外围组织“民青”。在解放战争时期，大批师生参加了中国人民解放军滇桂黔边区纵队和革命根据地的建设工作。

新中国成立后，他们在不同的工作岗位上为社会主义革命和社会主义建设贡献力量。云大附中在云南教育史上留下了光辉灿烂的篇章。

“云大附中”在1948年爆发的“七一五”运动后，被国民党反动政府强迫“解散”。

今年是“七一五”运动四十周年，也是“云大附中被解散”四十周年。在此纪念昆明地区“七一五”运动四十周年之际，恢复“云大附中”的校名，自有深刻的意义。

恢复后的“云大附中”，由杨春洲同志任名誉校长。杨春洲同志为办好恢复后的“云大附中”，决定捐献2万元，在“云大附中”设立奖学金。鼓励教师教书育人，学生勤奋学习，努力上进，为振兴中华，实现四化贡献力量。

（本文原载《云南大学报》1988年7月13日，《云南日报》刊用，云南广播电台播放，原题为《继承和发扬“云大附中”的光荣传统 云大子弟中学更名为云南大学附属中学》）

原副总理李岚清视察云南大学附属中学

我校举行纪念李广田座谈会

李广田诞辰 85 周年座谈会

本报讯 1992 年 12 月 17 日，是已故的我校老校长、著名的散文家、诗人、文艺理论家、教育家李广田 85 周年诞辰。校党委、校行政委托我校中国西南边疆民族经济文化研究中心、中文系和《思想战线》编辑部共同组织了座谈会。党委书记吴家仁，党委副书记陈福强，副校长李兆同、杨思忠，原党委书记吴道源，原副书记刘西芳，原副校长杨桂宫及广田先生的学生，省档案局局长李如忠，广播电视厅副厅长徐中高，云南电影制片厂厂长张黎青和我校文理科的一些知名教授，部分师生共四十多人参加了座谈会。

座谈会上，大家纷纷发言，深切缅怀已故的广田校长。大家说，李广田校长虽然已离开我们 25 年了，但现在纪念广田校长意义仍非常重大。我们要学习和继承广田校长一心扑在学校教学、科研和人才培养上，勤勤恳恳、任劳任怨为学校做贡献的精神和光明正大、刚直不阿、博大精深、深入群众，平易近人，关心爱护教职员工的优秀品质，为进一步振兴云大而努力奋斗。

（本文原载《云南大学报》1994 年 1 月 14 日，《云南日报》刊用，云南广播电台播放）

中宣部部长聂大江同志在我校谈民族研究的几个问题

1992 年 3 月 4 日上午，中宣部副部长聂大江同志，来到我校西南边疆民族经济文化研究中心，与中心研究人员及文科各系部分教师进行座谈，了解我校在民族经济文化研究方面的现状和存在的困难，就我国社会主义条件下边疆民族研究问题谈了重要意见。

聂大江同志首先说，这次来参加中国艺术节，做了民族研究的调查。为什么关注民族问题呢？不久前，在制订哲学社会科学规划时，提出了一个大问题，就是民族问题，尤其是民族研究的现实问题。民族问题是我国现代化建设中的重大问题，研究工作要为解决现实中的问题服务。

在听取中心主任张文勋教授汇报中心的研究方向、课题规划，以及《思想战线》编辑部、历史系中国民族史重点学科、科研处、中文系汇报科研工作后，聂大江同志高兴地说：我对《思想战线》有较深的感情，早在 20 世纪 70 年代末我在兰州大学工作期间，全国高校的学报，我第一要看《思想战线》，首先要看民族问题的研究。办得很有特色。他接着说要促进民族间的团结，必须加强各民族间深层次的了解，这就要在宣传工作的方式、重心上进行探索。过去对少数民族的宣传介绍，大多停留于浅层次的风情、民俗介绍，如丧葬习俗、婚恋习俗、节日习俗等，今后应该做深层次的研究，要深入各民族深层心理去挖掘各民族文化的深层内涵，以此为切入点，宣传各民族文化心理、民族精神中的优秀部分，加深相互了解，从根本上促进民族关系的改善。在这方面，有一件事我印象很深，汉族的几部古典文学名著《西游记》《水浒》《三国演义》，过去少数民族了解不多。译制片在新疆播出后反响很大，特别是青年人爱看。这样，维吾尔族人民对汉族和汉族文化就有了更深的认识，在相互了解的基础上，才有可能加强民族团结，改善民族关系。从这个意义上讲，我觉得宣传部门要同学术、研究部门合作，吸取知识，深化宣传报道的内涵。

聂副部长说，边疆民族问题要引起注意，边疆与民族、与宗教、与外交都有联系。从经济发展的角度来看，民族地区往往地处边疆，目前与东南沿海发达地区的差距似乎在加大，怎样看待边疆地区的经济战略地位呢？从美国开发西部，苏联开发西伯利亚的情况来看，都起到了二级火箭的作用，后劲很大。所以，我们一定要加强研究工作。我认为云南大学中国西南边疆民族经济文化研究中心的决策、主攻方向是正确的，今后，前程远大，大有作为。通过中心发挥云大多学科优势、结构优势，走综合研究的路，这个条件是许多科研单位不具备的。接着，聂副部长着重就在制订哲学社会科学规划中涉及的民族研究的指导方向、方法问题谈了四点看法。

第一，跨学科研究的问题。从现代人文科学发展趋势看，多学科的结合往往产生新学科、新优势，一些传统学科由此注入新的活力，开辟了广阔的天地。在多学科结合中，并不是不要个人的专业方向，专业方向是研究人员的生命线，但是每个教师也可以从综合化中、从全局中吸取营养，把个人研究方向同总体规划有机地结合起来，融会进大课题、大的研究方向中去。你们中心已打破了学科之间的“壁垒”，打破了自我封闭，真不容易，迈出了一大步。

第二，对外学术交流问题。过去有种说法“食古不化”，现在是不是也有“食洋不化”的情况。在对外交流中，要注意马克思主义理论指导的问题。改革开放以来，我们引进译介了大量国外学术著作，但有很多并不是最有权威性、代表性的著作。我们应选择高水平、有代表性的，能真正反映这个学科或这个国家最新成果的权威著作来翻译。这里，还有一个文化上的全方位交流问题。聂大江同志强调马克思主义在哲学社会科学领域中的地位问题。过去，民族学、社会学、文化学的研究在与国外进行学术交流中，译介一些方面的著作，应该说是起到了一定的作用的。但是，我们不能照搬西方国家的理论，而要以马克思主义作指导，要确立马克思主义在上述学科的指导地位，通过努力，补上空白，建立以马克思主义为指导的，有中国特色的民族学、社会学、文化学。

第三，民族研究中的资料工作。改革开放以来，我国民族史学科发展很快，出版了大量学术专著，不能不说是 20 世纪五六十年代大规模的民族调查、民族识别工作的调查为此打下了坚实的基础，尤其是资料基础。尽管当时由于调查者的局限，有些资料还显得浅一些。我认为高水平的、一流的资料比二三流的研究更有价值。建立资料优势，可能比出书更重要，学术史上有这样的现象，有的书历经几十年上百年以后，理论上可能价值不大了，但其中的大量资料仍有价值。云南大学中国西南边疆民族经济文化研究中心正在建设“中国西南边疆民族经济文化资料库”，这个设想很好。建成后，关于这方面的研究资料你们这里最全，这就是优势。资料具有地域性，不可替代性，除了你，其他地方的搞不了。当然，资料还具有共享性，有些自己研究不到的问题，有可能被外地学者利用资料后做出成果来，这样就丰富了我们的研究领域。民族研究资料除文字外，还要抓好音像资料的建设。你们中心有志于此，想做大事，出大成果的话，先要建立资料优势，要知道这是基础性的工作，第一的第一，应为此投入高水平的人力。

第四，“古与今”的关系问题。要发挥优势，把主要精力放在研究、解决现实问题上。当然，对历史的研究、对基础理论的研究也要重视，这是基础，但研究历史必须要为现实提供理论指导，研究课题要争取对地方有实际帮助，可以同地方挂钩，为办好大学、学生实习，教学创造条件。主战场要明确，这就将主要力量、主要精力放在研究当今的问题上，研究建设具有中国特色的社会主义实践中提出的重大理论问题及实际问题上。这样，就可以得到各方面的重视、支持。

最后，聂副部长鼓励云南大学中国西南边疆民族经济文化研究中心发挥高校多学科优势、老中青结合的学术梯队优势、群体优势，围绕大目标，设计大项目，努力攻关，推动和促进中国西南边疆民族研究工作的开展。

校党委书记吴家仁、副校长朱维华参加了座谈会。

（本文原载《云南大学报》1992 年 3 月 28 日）

海峡两岸首次经贸学术研讨会在昆举行

本报讯 首次在大陆召开的、探讨海峡两岸经济贸易合作的海峡两岸经济贸易学术研讨会于 1992 年 6 月 15 日至 17 日在省政协大楼举行。

研讨会由我校经济学院朱应庚教授和美国加利福尼亚州大学经济学教授、云大经济学院对外经贸系名誉教授谢定中于 1992 年联名倡议发起，很快引起海峡两岸有识之士的热烈响应，参加研讨会的有来自美国、新加坡、缅甸等国和台湾、香港、大陆的专家学者经济界人士 50 多名。

会议执行主席之一朱应庚教授在会上首先代表大陆的专家、学者对应邀而来的客人、朋友表示欢迎。他说，只要海峡两岸加强合作，就能在多元化的世界经济竞争中共同立于不败之地。

研讨会共收到论文 20 篇，云南省计划委员会高级经济师郑建民，台湾远见杂志社发行人兼社长高希钧，台湾世华银行副总裁周君，台湾佑益生技股份有限公司董事长柯长崎，台湾远见杂志社发行人兼总编王力行做了专题发言。

谢定中教授在海峡两岸经贸会议上讲话

会议期间，中共云南省委副书记尹俊，省政协主席刘树生，副省长牛绍尧还会见了参加研讨会的专家、学者和经济界人士。宾主进行了亲切交谈，交换了云南与台湾及其他地区经贸合作的意见。

谢定中教授在闭幕词中高兴地说，这次会议的成果，首推增进了台湾和云南参加会议人士之间的了解和感情，是较成功的。

17 日晚，谢定中、高希钧、周君和柯长崎等四人到我校为经济学院、财贸学院的 300 多名师生做了精彩的学术报告。校党委书记吴家仁、校长杨光俊、经济学院院长王学仁热情接待了 4 位来宾，对他们做学术报告表示衷心感谢。

（本文原载《云南大学报》1992 年 6 月 25 日，《云南日报》刊用，云南广播电台播放，原题为《有识之士增进共识　炎黄子孙携手合作　海峡两岸首次经贸学术研讨会在昆举行》）

世界银行贷款国际招标 我校首次中标

1992 年 6 月 10 日接到中国机电设备进出口公司通知，由中机公司主持招标的国家第三铁道计划中的项目 IBF805——企业计算机管理信息系统招标已获世界银行批准，我校一举中标，中标合同金额为 329800 美元。

IBF805 是第三铁道计划中的一个项目，项目内容是建立一个基于计算机网络的企业管理信息系统，以实现工厂的管理和设计现代化。该项目由世界银行贷款，在铁道部昆明机械厂实施。

我校是首次参加项目投标，接到投标通知后，经计算中心和“计算机应用与软件”重点学科有关人员及校领导协商，由计算中心全权负责此次投标工作。以

20 世纪 90 年代初世界银行贷款考察组在物理系考察

朱维华副校长和计算中心王运祥主任为首的投标组进行了两个多月夜以继日的工作，终使该项目的投标圆满成功。对招标项目，尤其是国际招标项目，在高等院校中还较少有参加角逐的，在云南省的高校中更是首例。这次投标的成功，说明了我校计算机方面的实力，提高了学校的知名度。

（本文原载《云南大学报》1992 年 7 月 9 日，《云南日报》刊用，云南广播电台播放）

我校科学馆（德龙楼）奠基

1994年2月5日上午，虽然学校仍在放寒假，但图书馆前的广场上彩旗飞扬，人声鼎沸，一片节日的景象，我校科学馆（德龙楼）奠基仪式在这里举行。

科学馆的建成，将使校本部的总体布局形成一个新的主体。东面的图书馆（逸夫楼），南面的生物馆和物理馆，西面的科学馆（德龙楼）和北面的礼堂形成了一个新的四合院。科学馆总建筑面积15000平方米，内设展览厅、报告厅、计算中心等开展科学研究的场所，具有展示科研成就、进行国际学术交流、开展现代科学研究等多种功能。

美国熊氏集团总裁、我校董事会副董事长熊德龙先生对我校颇为关心，慷慨

熊德龙先生在做报告

本书作者采访熊德龙先生

捐资1000万人民币建立科学馆，首批30万美金已汇到，作为开工费用。这次他专程从洛杉矶赶到昆明，参加科学馆的奠基典礼。他说，愿科学馆高速度、高质量地早日建成，早日为师生服务。希望云大办成全国的名牌大学，成为世界一流的大学。我校师生难忘熊德龙先生的深情，学校决定把科学馆命名为德龙楼。

省委书记普朝柱、副书记梁金泉和熊德龙先生亲自为该馆剪彩。省委、省政府的有关部门负责人，省教委主任海松，中华烟草国际有限公司董事、总经理张镜堂博士等参加了奠基仪式。

（本文原载《云南大学报》1994年3月30日，《云南日报》刊用，云南广播电台播放，原题为《我校科学馆（德龙楼）奠基　省委领导普朝柱、梁金泉和熊德龙先生参加剪彩》）

云大聘请吴征镒、张敖罗等九位专家为教授

最近，学校隆重举行聘任仪式，分别向吴征镒、张敖罗等九位专家颁发了名誉、客座、兼职或返聘教授聘书。这九位教授中，吴征镒是著名的生物学家，中国科学院院士；张敖罗是著名生物学家，省科委主任；刘诗嵩是电子科学家，省科委副主任；张柏荣是中国科学院昆明分院院长，天体物理学家，博士生导师；谢光中、黄润乾、冒蔚等三位是天体物理学家，博士生导师；丁有济是天体物理学家。汪飞白原是杭州大学外语系教授，著名外国文学家。他们都是在科研和教学中有成就、有水平，甚至在某一领域有影响的专家。他们的到来必然给我校的教学和科研增强了实力和活力。

聘任仪式上，吴征镒院士发表了热情洋溢的讲话。他说，他已是第三次到云大当教授了，对云大有深厚的感情。早在西南联大在昆期间，他就应熊庆来校长之邀当了云大的教授，1946 年吴老还在云大加入了中国共产党。中华人民共和国成立后，应李广田校长之请第二次当云大的教授。这次，应王学仁校长之邀，第三次当上云大的教授。他感到十分高兴，也觉得担子重了。吴老几十年来一直把云大当作自己的母校，为学校的发展做出了贡献。

会上，受聘的专家纷纷发了言，为学校出谋献策，表示要尽力尽职做好教学、科研工作、为学校早日进入“211”而努力。

几年来，云大共聘请国内外专家教授近 50 名。其中中国科学院院士 7 人，博士生导师 8 人，外国专家 10 余人。这些应聘的教授为云大的各项工作给予了很大的支持，取得了一批成果。

（本文原载《云南大学报》1994 年 10 月 17 日，《云南日报》刊用，云南广播电台播放）

泰王国诗琳通公主殿下到我校访问

1995 年 3 月 3 日上午，泰王国诗琳通公主殿下在省政协副主席陈立英陪同下到我校访问。校党委书记吴家仁、校长王学仁在图书馆贵宾室接见了公主殿下。

在欢迎仪式上，王学仁校长代表全校一万多名师生员工向诗琳通公主的来访表示热烈欢迎。王校长说，泰王国是中国的友好邻邦，云南和泰国更是山水相连。在历史、文化、民族、经济贸易等方面的关系更是继远流长。云南大学与泰国的锡伯康大学、卡赛萨特大学、清迈大学等三所大学建立了交流合作的友好关系。近年来我们之间的交往日益密切，除学校领导和学者之间的互访外，我们还互派教师、学生交流以及合作研究项目，“中泰文化比较研究”“湄公河三角洲开发利用”等研究课题把我们之间的交流引向一种长期稳定的合作关系。王校长还回

泰王国公主诗琳通访问云大

顾了一年前率云大代表团参加锡伯康大学校庆时的情况，在庆典上有幸与公主殿下会见，王校长赞扬公主殿下博学多才和宽厚坦诚，对教育事业所做的积极工作和贡献，并希望公主殿下像关心泰王国的教育事业一样，关注云南大学的发展。王校长向诗琳通公主介绍了云大的概况，并热忱邀请公主殿下在方便的时候，再次光临云大。

诗琳通公主在欢迎会上做了简短讲话。她说，非常高兴能到云南大学参观访问，去年王学仁校长率团到泰国锡伯康大学参加校庆，那是一次非常隆重的活动。自己对中泰两国教学方面的交流非常感兴趣，很重视。借此机会感谢贵国对泰国部分大学的支持和帮助，祝两国的大学交流更加密切，取得更大成效。

在参观校图书馆时，诗琳通公主较详细地询问了图书的编目方法和整理情况。她对云大有百万册的藏书，尤其是一批珍本、善本书怀着浓厚的兴趣。

（本文原载《云南大学报》1995 年 4 月 5 日，原题为《增进友谊　加强合作　泰王国诗琳通公主殿下到我校访问》）

云南大学“安居工程”竣工 四百余户教师乔迁新居

由昆明市盘龙房地产经营开发公司承建的云南大学江岸小区住宅楼近日建成并交付使用，448 户教职工陆续乔迁新居。

两年前，云南大学决定在学校附近购置 3 万平方米商品房。学校的这项“安居工程”得到了盘龙区房地产经营开发公司的大力支持。

他们优先让云大在江岸小区建筑工程的四个组团中任意挑选一个组团。总建筑面积 31000 多平方米，并按照教师住房的特殊需要对一些房子进行了改进，满足了教师的需求。公司考虑到学校经费困难，在昆明市物价局审定微利房价格的基础上再让利赞助学校 450 万元。

云南大学筹资大面积解决教师住房，不但使 400 多户教职工喜迁新居，而且通过腾室的滚动分配，受益者达近 1000 户，大大缓解了学校住房难的问题，稳定了教师队伍，调动了教师的教学和科研的积极性。

云南大学江岸小区的“安居工程”建设，不但受到教职工的热烈欢迎，也得到兄弟院校和上级的好评。李岚清副总理在昆明出席全国第二次教师住房工作座谈会期间，专门听取了云大校长的工作汇报，当汇报到云大教职工住房问题基本得到解决时，李副总理带头起立鼓掌，盛赞云大的这一重大举措。

（本文原载《云南大学报》1996 年 9 月 12 日，新华社发，《光明日报》《云南日报》刊用，云南广播电台播放）

省委书记令狐安视察昆明云大科技产业股份有限公司

本报讯 1998年10月20日，中共云南省委书记令狐安在省委副秘书长张钢等陪同下视察了坐落在昆明高新技术产业开发区的昆明云大科技产业股份有限公司。

令狐安书记先兴致勃勃地视察了公司的合成、包装等各车间及质量监督检验部门。然后认真听取了洪品杰副校长和公司董事长付文明对公司情况的基本介绍和几年来发展经营状况的汇报。“云大科技”主营产品新型高效植物生长调节剂云大—120自1988年被列为科研课题，经过三年的基础研究，三年的中试扩大生产和三年的大规模产业化生产，在农业生产中表现出良好的增长增收效果，先后被列入国家科技成果重点推广计划、中国农业丰收计划项目、国家高技术产业化示范工程计划，在全国推广应用。公司现已成长为拥有近七亿元总资产，近五亿元净资产的上市公司，为今后稳定发展奠定了良好基础。

“云大科技”办公楼

“云大科技”的工厂车间

令狐安书记听了汇报很高兴。他就公司工作和今后发展发表了重要讲话。他说，对公司及云大—120产品早有耳闻，今天特意来看看。对大家艰苦创业精神和所取得的成绩，对公司进军资本市场的勇气和能力给予充分的肯定。“云大科技”在发行上市后，应抓住机遇充分利用募集的资金，选好项目，办好企业。企业搞项目要有特色，有特色的项目其风险就小。在云南省四大支柱产业中，既富民，又富滇，同时潜力很大，将来贡献最大的就是生物资源开发。希望“云大科技”作为高新技术企业在产业化方面当好榜样。

令狐安书记指出企业在人才机制、资本运作机制和企业管理机制上思想要解放些，才能求得更大的发展。“云大科技”要保持在芸苔素内脂类产品领域的领先地位，就必须在科研、生产上始终同国际接轨，并采取多种方式吸引国内外科研人员为科研开发服务，始终走在高技术的前列。

令狐安书记还谈到，公司的管理要制度第一，人情第二，按经济规律办事，这是办好公司的前提条件。

在谈及高科技产业化中的风险投资等问题时，他指出高新技术转化，具有高投入、高风险、周期长及高回报的特点，我省今后在科技成果转化特别是在风险投资方面需要进行不断地思考和实践，由此鼓励和促进高科技成果迅速转化为现实生产力。

（本文原载《云南大学报》1998年11月10日，《云南日报》刊用，云南广播电台播放，原题为《省委书记令狐安视察昆明云大科技产业股份有限公司　希望公司在高新科技方面成为榜样》）

打牢思想基础 积极追求进步 云大学生凝聚党旗下

据新华社昆明5月9日电（通讯员徐嘉文、记者杜奎昌）云南大学现在在校的6781名本科和专科学生中，除了353人已经加入党组织外，尚有814人向学校党组织写了入党申请书。这一可喜现象反映出该校广大青年学子积极追求进步，为当好跨世纪接班人打牢思想基础的志向。

近日记者在云大采访时，了解到许多这方面令人兴奋的情况。本学期学校党校办学生入党积极分子培训班时，计划招收250名学员，但各个系一下子就推荐了300多名。党校考虑到办学条件有限，多次请各系党总支压缩名额，而学生们要求参加学习的呼声却很高，最后只好多收了39名，数学系数学专业九〇级本

云大学生凝聚党旗下

科班的 29 名学生，以团员为核心组成的党章学习小组，长期坚持学习党的基础知识、建设有中国特色的社会主义理论以及党的十四大文件精神，不仅激发了学习的上进心，而且提高了思想觉悟。去年在校的 322 名学生党员中，就有 126 名被评选为三好生和优秀学生干部。

云南大学党委十分重视在学生中做好发展党员的工作，并逐步形成校党委、各系党总支和学生党支部、学校党校以及团组织协调配合的运行机制。全校各级党团组织根据当代大学生具有强烈进取精神这一特点，一方面积极引导他们在思想上追求进步，树立热爱党、热爱社会主义祖国的坚定信念；另一方面，逐步推进教学改革，增设新型学科，建立各类奖励制度，为他们学习适应现代化建设所需要的各种专业知识创造条件。1993 年，全校写入党申请书的学生就有 978 名，其中被批准入党的 256 名，分别比上一年有较大增加。

（新华社发，《中国教育报》刊用，本文原载《云南大学报》，《云南日报》刊用，云南广播电台播放）

全校师生员工的大喜事
——云南大学图书馆奠基开工

在欢庆党的十三大召开之际，云大校园又迎来了一个喜庆的日子。1987 年 10 月 31 日下午，衣着整洁的省政府和学校领导及有关单位的来宾与千余名师生员工欢聚在大礼堂。三时，在鞭炮声中，香港知名人士邵逸夫先生赠款建设云南大学图书馆奠基开工典礼隆重举行。

杨思忠副校长主持了奠基开工典礼，他高兴地宣布云大图书馆奠基开工典礼开始，并代表学校向各位来宾表示热烈的欢迎。

杨光俊校长讲了话，他首先祝贺道："云南大学全体师生员工盼望已久的新图书馆工程今天奠基开工了！"接着他说：一座较完备的图书馆是大学办学的重

邵逸夫先生捐赠礼品给云大

建于 20 世纪 50 年代的老图书馆

要条件之一。我们云南大学是一所具有六十多年历史的老大学，经过多年来的积累，藏书比较丰富，现已超过百万册。在校学生和教职工人数与“文革”前相比，已翻了一番。而我校现有的图书馆是 1960 年兴建的，仅能藏书 40 万册，阅览席座不足一千个，图书馆的容纳能力已不能满足教学科研的需要。今天我们开工新建的图书馆面积为 15000 平方米，总藏书量 200 万册，设有阅览席座 2000 个，并有学术报告厅和供各种专门研究的阅览室。采用多种现代化装置，装修标准高于国内同类建筑，预计 1989 年 6 月 30 日正式投入使用。新建图书馆建成后将大大改善我们学校的办学条件。这确实是我校师生员工的一件大喜事。在这里我代表学校对赠款的香港邵逸夫先生，对关怀重视云大建设发展的国家教委、省人民政府、省计委、省建委、省教育厅，对于支援我们的市政府、省设计院、省市建行、市规划办公室、省建总公司等单位的领导和同志们表示衷心的感谢！杨校长最后说，我校新图书馆的开工，适逢举世瞩目的中国共产党第十三次全国代表大会的隆重召开，这是给我们最大的鼓舞。我希望全校师生员工，认真学习，深入领会党的十三大精神，不辜负党和人民对我们教育战线的关心、支持和希望，我们要努力提高教育质量和科研水平。全体同学一定要刻苦学习，全面发展，努力成为一代四有新人。

会上，宣读了邵逸夫先生和国家教委的贺电。省建五公司经理杨培代表施工单位做了大会发言。

在隆重的剪彩仪式上，副省长陈立英、省人大常委会副主任余活力为图书馆奠基开工剪彩。随后，陈立英副省长，余活力副主任，省政协副主席曲仲湘、金琼英，省外办主任潘敬思，校领导王广宪、杨光俊、刘西芳、周庚鑫、李兆同、姜汉侨、刘佩文、杨思忠，以及老同志吴道源、苏林等为图书馆奠基培土。大型掘土机在热烈的掌声和鞭炮声中徐徐启动。数千名云大师生员工兴奋地围绕在施工现场，欢庆盼望已久的图书馆建设开工。

（本文原载《云南大学报》1987 年 11 月 10 日）

第五章　党团建设

第一节 党的十一大、十二大 学校几次党代会

全校师生员工热烈庆祝党的十二大胜利闭幕

本报讯 党的十二大胜利闭幕和新的中央领导机构诞生的喜讯传来，全校师生员工欢欣鼓舞，热烈拥护党的十二大为全面开创社会主义现代化建设新局面所确定的正确道路、战略步骤和方针政策，热烈拥护选举产生的新的中央领导机构，决心紧密团结在党中央周围，同心同德，振奋精神，努力奋斗，把我校思想政治、教学、科研和各项工作搞上去，以工作和学习的优异成绩，为实现十二大制定的宏伟目标贡献力量。

在党的十二大召开期间，校党委先后召开了党委常委扩大会议和校、系、部、处领导干部会议，安排十二大文件的学习和宣传问题，要求各级领导把学习和宣传十二大文件作为中心任务来抓，全校师生员工人人都要从思想上高度重视，认真学习，深刻领会，使大家的思想统一到文件精神上来。共产党员还要通过学习新党章和组织生活，开展批评和自我批评，为明年（1983 年）开始的全党整风做好思想上的准备。

最近，根据中共中央转发的中央宣传部《关于学习、宣传党的十二大文件的安排》通知精神，结合学校实际，校党委进一步做了安排部署。决定从 1982 年 9 月 15 日起，集中一段时间，组织校、系两级领导干部先走一步，带头学好，带头宣讲文件，模范地贯彻执行。学习要以邓小平同志在党的十二大的开幕词作为总的指导思想，在通读十二大文件的基础上，逐段认真讨论。深刻领会和掌握文件的精神实质，全面理解十二大提出的各项任务和主要精神，有针对性地解决思想中实际存在的问题，对一些同志一时未能理解的问题，要进行有事实根据、有理论分析的说明解释，使大家的思想逐步统一到十二大所确定的方针政策上来，

使我们的各项工作沿着十二大确定的道路向前发展。

各系和机关总支也认真进行了研究，积极组织师生员工学习、宣传十二大文件。党委组织部、学生工作部和团委、统战部还分别召开了党员、团员、学生和民主党派人士进行了座谈讨论。

在座谈讨论中，大家通过耳闻目睹的大量事实，畅谈了三中全会以来的大好形势。认为从三中全会以来，特别是十二大的召开，真正看到我们党和国家的前途和希望，对未来充满了胜利的信心。大家认为这次大会通过的各项文件，闪耀着马列主义、毛泽东思想的光辉，是全面开创社会主义现代化建设新局面的伟大纲领，是我国三十多年来社会主义革命和建设的经验总结，是我们党对我国社会主义建设规律认识的结晶。大家认为坚决贯彻十二大的路线、方针、政策，我们党一定会兴旺发达，我们的社会主义事业一定会兴旺发达，我们的国家、我们的民族一定会兴旺发达。

胡耀邦同志的报告，把解决好教育和科学问题，作为实现经济建设总的奋斗目标的战略重点之一。大家在讨论这个问题时，心情十分激动。认为党中央对教育和科学这样重视，寄予如此殷切的期望，我们决不能辜负党中央的希望。特别是我们高等院校在这方面更负有义不容辞的责任，我们一定要乘十二大的强劲东风，同心同德，群策群力，把我校的教学、科研和各项工作搞上去，为全面开创现代化建设新局面做出更大的贡献！

（本文原载《云南大学报》1982 年 9 月 18 日，原题为《全校师生员工欢欣鼓舞喜气洋洋　热烈庆祝党的十二大胜利闭幕》）

我校举行纪念十一届三中全会二十周年理论研讨会

本报讯 1998 年 11 月 27 日，我校举行纪念十一届三中全会召开二十周年理论研讨会，省委宣传部、省社科院、省教委、云师大、民族学院及我校从事政治理论研究的老、中、青三代专家学者 50 余人参加了研讨会。与会的学者踊跃发言，从不同侧面、不同角度畅谈了二十年来自己亲眼看见，亲身感受到的祖国的发展与巨大变化。有的谈三中全会的伟大历史意义及其巨大影响；有的谈邓小平同志关于建设有中国特色社会主义理论；有的从国际共产主义运动谈到中国共产党；有的谈市场经济与民主政治建设。一言以蔽之，大家一致认为，十一届三中全会是我党我国历史转折时期，具有划时代、里程碑式的重大会议。

研讨会由校党委副书记纳麒主持，校党委书记高发元讲了话，校党委副书记陈福强、纪委书记游庆章等参加了会议。

（本文原载《云南大学报》1998 年 12 月 15 日，原题为《回顾历史硕果累累让人醉 展望未来踌躇满志创辉煌 我校举行纪念十一届三中全会二十周年理论研讨会》）

第二节 党团学工作

校党委召开三干会讨论工作着重点的转移 努力把我校办成教学科研两个中心

本报讯 云南大学党委召开三级干部会，传达和学习了三中全会和中央工作会议的精神以及省县书记会议精神；传达了全国高等学校科学研究工作会议纪要。这次三干会着重讨论了如何把党的工作着重点转移到教学和科研上来。到会的同志解放思想，发扬民主，对我校各方面的工作和对校党委主要负责人，提出了很多善意的批评和宝贵的意见。会议开得生动活泼，畅所欲言，大家敢于讲心里的话、实在的话，到会同志认为这是我校民主生活中一个可喜的开端。

参加会议的有教研室副主任、行政副科长以上党内外干部、教师 210 多人，会议期间，刘披云、杨黎原两同志代表党委做了发言，杨桂宫、赵季、顾耀宗三同志就所分管的工作做了发言。3 月 2 日下午，刘披云同志代表党委做了总结发言。

刘披云同志在发言中讲了如下几个问题：

一、工作着重点的转移问题。三中全会和中央工作会议的中心，是全党工作着重点的转移问题。这是我国革命历史上又一伟大的战略决策。从云南大学的情况看，我们学校也基本上具备了转移的条件。1. 过去两年来全校揭批林彪、“四人帮”的运动从总的说来是正确的、健康的。2. 由于狠批了“两个估计”和“划线站队”，我校的路线是非，大是大非，已经得到澄清。3. 落实了党的政策，为党委常委、副校长李广田同志、中文系主任刘尧民同志和政治系主任代钟珩同志等进行了平反昭雪；为云大“三家村”“四家村”“一月夺权”，关于所谓《云南大学两个阶级、两条路线斗争史料》和《大批判资料》的问题，关于 1959 年后反右倾的问题，关于 1958 年的几次运动的问题等冤、假、错案平了反，对受

云大学子

迫害致伤、伤残、致死的同志及其家属分别进行了慰问和抚恤。“文化大革命”中，全校被审查的共 369 人，除 17 人外其他的已全部落实。4. 初步调整和建立了组织机构和合理的规章制度。很多同志都主张党委的工作着重点应该转移。因此，党委做出决定，从现在起，要集中全部精力，把我校办成既是教学中心，又是科研中心，为多出人才，多出科研成果，做出应有的贡献。

学校工作重点转移到教学和科研上来，是全体师生员工的共同任务。党委的主要负责人要改变作风，克服官僚主义、形式主义和文牍主义，深入实际，调查研究，把问题抓准、抓落实。各系、处、部门领导也要把精力集中到抓教学和科研方面来。教师要认真钻研，提高业务水平。学生要学扎实，掌握高精尖的知识，不能满足得六十分，“混”满四年。团委会、学生会、后勤部门也要围绕教学、科研，把工作做好。

工作着重点的转移，还要解决思想认识路线问题。实践是检验真理的唯一标准。我们要坚持实事求是，一切从实际出发，做到理论联系实际。要提高教学质量，必须着眼于现代的科学发展水平，大胆进行改革。如果不从现有的实际出发，一切空话、大话，言行不一，都经不起实践的检验，都不能把着重点转移的工作做好。

二、安定团结问题。安定团结的局面来之不易，我们一定要珍惜它、发展它。目前我们还有很多工作要做：1. 改正被错划右派分子的工作，决定在 3 月底以前结束。2. 清理档案材料和其他历史上遗留的问题，争取 3 月底结束，最迟 4 月份完成。3. 要克服资产阶级派性，加强团结。4. 同志之间、教师之间存在的不团结现象，要继续克服。提倡从大局出发，不计以往，大家推心置腹把心里话讲完，千仇万恨要把账记在“四人帮”身上。

三、健全机构、建立合理的规章制度，提高工作效率。教职工要严格执行岗位责任制；教师要试行工作量暂行条例。要按《高教六十条》的规定和干部参加集体生产劳动的制度安排好干部、教师的生产劳动。机关和系一级的行政人员，要充实的还要充实，要做到有职、有权、有责，是非分明，提高工作效率。

四、狠抓师资培养提高，着重是对中年教师的培养。对中年教师，要通过教学、科研实践培养提高，原则上是“三个为主”（自学为主、校内培训为主、国内培训为主）。“文化大革命”以来毕业留校的教师，都要补基础课，方式是采取办专业基础课进修班，或以老带新，随学生班听课等方式进行。为提高教师外语水平，学校要办初级、中级外语进修班。

五、认真提高教学质量。文理科都要制订教学大纲。基础课要安排有经验的教师去讲。还要针对前一段检查的情况，提出提高教学质量的措施，要认真编写好讲义，并在课前发到学生手里。理科要按教学大纲开出实验课，文科要提供必要的图书资料。要改进印刷厂的工作，提高印刷质量，及时完成任务。

六、大力加强科学研究，积极开展学术活动。这学期要有准备地开展一至二次全校性的学术报告会，讲一点带共同性的理论问题。各系科研计划已经订出来，要进一步落实计划，拿出成果，向国庆三十周年献礼。

七、加强后勤工作。后勤工作要为教学、科研服务。第一是对教学、科研需要的东西，要摆在首要地位，创造条件给予解决。第二是办好食堂，搞好卫生，增加品种，降低价格。第三是基建工作要抓紧进行，不然会影响招生工作。

八、选举产生党委会。力争在 1979 年 4 月份以前，把党委成立起来。

九、加强信访工作，密切联系群众。每周星期三，党委成员轮流值班接待来访群众的制度，一定要坚持下来。今后经常召开学生、教师、职工座谈会，听取意见。有时，党委的主要负责人，也要下去走走。

十、这次会议时间较短，学校如何按发展规律办事，总结我校 29 年的经验，讨论得不够，以后再安排时间认真讨论。

（本文原载《云南大学报》1979 年 3 月 22 日）

卫念祖教授光荣入党

本报讯　数学系系主任卫念祖教授最近光荣加入中国共产党。

卫念祖热爱党、热爱社会主义，认真学习马列主义、毛泽东思想，积极搞好本职工作，努力完成党交给的各项任务，在党的十一届三中全会精神的鼓舞下，他精神焕发，工作更加积极。根据卫念祖本人的要求和他的一贯表现，校党委于1979年3月6日批准他为中共预备党员。卫念祖入党后，表示要更加严格要求自己，活到老，学到老，改造到老，生命不息，战斗不止，为我国早日实现四个现代化贡献自己的全部力量。

1978年以来，我校共有28位同志光荣入党。他们当中有忠诚党的教育事业的教师，也有勇挑工作重担的干部和德智体全面发展的学生。

（本文原载《云南大学报》1979年4月10日，《云南日报》刊用，云南广播电台播放）

校党委书记林亮主持召开党员教授、副教授座谈会

本报讯　最近，校党委书记林亮主持召开了我校党员教授、副教授座谈会，座谈关于深入学习中央文件，加强学生思想政治工作，做到教书又教人等方面的意见。参加会议的 20 余人，有 11 人在会上发了言。

林亮同志在会上说，我校共有教师 756 人，其中党员教师占 1/3，我们要依靠这支力量，按照中央文件的精神，做好学生思想政治工作，做到教好书又教好人，培养社会主义建设的新一代。

座谈中，大家发表了许多意见和建议。他们谈到，调整在学校中的主要关键是抓好政治思想工作。要做好这一工作，首先要解决党内的思想认识，提高党员的思想觉悟，敢于理直气壮地坚持四项基本原则，解决好党员的精神状态问题。从领导上讲，要从业务上培养党员，也要从思想上关心教育党员。

对做好学生的思想政治工作，提出了四条积极的建议：一、要了解学生的思想，针对问题做工作。方法上要灵活、多样。二、对好人好事要多表扬，不断交流经验，树立先进典型。三、加强政工队伍建设，班、级、学科要配备必要的政工干部。“文化大革命”前一些行之有效的办法，可以采纳。四、对教学中出现的问题，应及时研究解决。

最后，林亮同志指出：这次座谈会是一个很好的开端，今后还要多开。做学生的思想工作要靠教师，希望老教师担负起传、帮、带的光荣任务，为党培养好四化建设的人才。

（本文原载《云南大学报》1981 年 4 月 14 日，原题为《校党委书记林亮主持召开党员教授、副教授座谈会　努力做好思想政治工作　做到既教好书又教好人》）

学校党委要拿出主要时间和精力抓好思想政治工作

本报讯　1981年8月21日，学校召开党委扩大会议，赵季校长传达了教育部8月1日至11日在北京召开的全国学校思想政治教育工作会议和中央召开的思想战线座谈会议精神。这次学校思想政治教育工作会议的任务，就是要结合教育战线的实际情况，研究如何贯彻六中全会的精神，学习《关于建国以来的若干历史问题的决议》（以下简称《决议》），加强和改善各级各类学校的思想政治教育工作。会议强调指出，当前加强学校思想政治教育工作的关键，是要加强和改善党对学校的领导。学校党委要拿出主要时间和精力抓好思想政治工作。要运用批评和自我批评的锐利武器，同一切违反四项基本原则的形形色色的错误思潮和倾向进行斗争，努力改变软弱无力和涣散状态，积极引导青年学生德、智、体全面发展，走又红又专的道路。

赵季校长在传达中说，根据六中全会精神，大会对建国以来教育工作的成就、经验和错误进行了研究和总结。强调应当充分肯定三十二年来我国教育战线取得的成绩是主要的，基本经验是行之有效的，我们的教育工作队伍是可靠的。那么，我们在坚决地彻底地实事求是地纠正错误的同时，就必须充分肯定我们的成绩，珍惜我们的经验，依靠这支经历了严酷考验的忠诚的教育工作队伍，沿着社会主义道路继续前进。《决议》对毛泽东同志的历史地位和毛泽东思想作了科学的阐述。联系教育战线实际，实事求是地评价了毛泽东同志关于教育的论述，认为，毛泽东同志和我党许多卓越领导人关于教育的科学论断，是毛泽东思想的组成部分，他过去是，现在和将来仍然是教育工作必须坚持的指导思想。我们应当按照《决议》精神，把毛泽东思想同毛泽东同志晚年所犯的错误区别开来。以为毛泽东同志关于教育问题的论述都是不可移易的真理，只能照抄照搬的教条主义态度，是完全错误的。因为毛泽东同志晚年犯了错误，就企图否认毛泽东思想的科学价值，否认毛泽东思想对教育工作的指导作用，也是完全错误的。广大教育工作者应该通过对六中全会文件的学习，把思想统一到《决议》的基本结论上来。

全国学校思想政治教育工作会议的主要任务，是要按照《决议》的精神，研究如何加强和改善各级各类学校的思想政治教育工作。大家认为，当前学生的思想的主流是好的，但必须正视存在的问题。我国青年学生有着光荣的革命传统，民主革命期间，在党的领导下，他们曾起过先锋作用和桥梁作用，1976 年 4 月 5 日前后，在以天安门事件为代表的全国各地悼念周总理、反对“四人帮”的群众革命运动中，革命青年冲锋陷阵，同“四人帮”进行了英勇的斗争，粉碎“四人帮”以后，广大青年学生的思想觉悟有了进一步提高。1981 年以来，各级各类学校加强了坚持四项基本原则的教育，大力提倡建设社会主义精神文明，开展了“五讲四美”和“学雷锋，树新风”的活动，学校风气进一步向着健康的方向发展，出现了许多好人好事。但是，必须看到，社会上各种思潮在学校里都有反映，学生中存在一些值得严重注意的情况。一部分青年学生对四项基本原则有很多模糊以至错误的认识，有些学生对共产党的信任发生动摇，对社会主义制度的优越性发生怀疑，对马列主义、毛泽东思想不感兴趣。有些学生接受资产阶级自由化的思想。个别人企图摆脱党的领导，另找出路。不少学生缺乏革命理想，追求的是毕业后在大城市找个舒适的环境，轻松的工作。有些学生羡慕资产阶级生活方式，个别人道德败坏，甚至违法犯罪。

根据当前学校的情况，会议认为应从四个方面加强对学生的思想政治教育：第一，以《决议》为思想武器，对学生进行坚持四项基本原则的教育。现在一部分青年学生对于四项基本原则存在模糊和错误的认识，最核心的问题，是对于坚持党的领导的必要性发生疑问。我们应当理直气壮地宣传，我国民主革命的胜利是在共产党领导下取得的；建设社会主义现代化强国，同样要靠共产党的领导。现在的党中央，总结了历史上正反两方面的经验，不但停止和改正了毛主席在“文化大革命”中的错误，而且还继承和发展了毛泽东思想。在政治上益臻成熟，是完全值得人民信赖的。第二，加强和改进马列主义理论教育，开设马列主义理论课，用马列主义的立场、观点、方法武装学生的头脑，帮助学生逐步树立马克思主义世界观，增强识别和抵制各种错误思潮的能力。第三，加强共产主义道德教育。共产主义道德教育的重要内容是培养集体主义思想。要把国家和人民的利益摆在第一位。自觉地为人民服务，为社会主义事业服务。要贯彻集体主义精神，必须反对极端个人主义、无政府主义，抵制资产阶级思想和生活方式对青少年的腐蚀。培养学生逐步形成关心集体、遵纪守法、文明礼貌、艰苦奋斗、维护公共利益等道德风尚。第四，加强劳动教育。组织学生参加劳动，培养他们的劳动观点，增进他们对劳动人民的感情，克服轻视体力劳动和体力劳动者的观点。

为了进一步贯彻会议精神，校党委决定：本学期开学以后，集中一段时间，组织全校师生职工认真学习《关于建国以来党的若干历史问题的决议》，统一思想，统一认识，做好学校的各项工作。

（本文原载《云南大学报》1981 年 9 月 1 日，原题为《党委召开扩大会议传达全国学校思想政治教育工作会议精神　努力改变软弱无力和涣散状态　引导青年学生走又红又专道路》）

著名历史学家方国瑜教授追悼会在我校举行 经省委批准追认方国瑜同志为中共党员

本报讯　云南省第六届人大常委会委员，九三学社云南省委副主委，云南历史学会会长，著名历史学家，我校历史系教授方国瑜，因患脑溢血抢救无效，于1983年12月24日逝世，终年81岁。方国瑜同志追悼会于1984年1月12日在我校礼堂举行。

全国人大民族委员会、国家民委、教育部、九三学社中央委员会和中共云南省委、省人大常委会、省人民政府、省政协以及丽江地区、丽江县的党政机关送了花圈。

中共中央政治局委员宋任穷，以及许德珩、严济慈、缪云台、周培源、费孝通、楚图南、钱三强、郭影秋、谢冰心、赵增益、黎韦、李原等发来唁电、唁函或送了花圈。

方国瑜同志病重期间，安平生、刘明辉、梁家、朱家璧、高治国等党政负责同志到医院看望了他。

刘明辉、梁家、刘树生、普朝柱、和志强、朱家璧等党政负责同志、科研单位、高等院校和我校师生以及方国瑜同志生前友好共一千多人参加了追悼会。方国瑜的侄子、美国波士顿学院教授方宝贤专程回国，参加了追悼会。

追悼会由省委顾问委员会副主任高治国主持。

校党委书记吴道源宣读了中共云南省委批准云南大学党委关于追认方国瑜同志为中国共产党党员的决定的批复。

杨光俊校长致悼词。悼词说，方国瑜同志是云南省丽江县人，纳西族。早年就读于北京师范大学和北京大学。毕业后，曾任北师大研究院编辑员、北平国民大学教授等职。1936年到我校任教，历任历史系主任、文法学院院长、国家民族事务委员会委员、省民族事务委员会委员、云南省文联副主席、云南民族学院顾问等职。曾当选为第一、二、三届云南省人民代表，第五、六届云南省人大常委，第三、四、五届全国人民代表大会代表。

悼词说，方国瑜同志治学严谨，诲人不倦，忠诚于党的教育事业。几十年来，方国瑜教授从事语言学，音韵学、文字学、金石学、考古学、地方史、民族史的教学和研究工作。先后撰写了《中国西南历史地理考释》《广韵声汇》《彝族史》等十余种著作。特别是粉碎"四人帮"后，他更加精神振奋，拥护党的十一届三中全会以来的路线、方针、政策，勤勤恳恳，不知疲倦地、忘我地工作到生命的最后一刻。他克服双目失明、部分胃切除等健康上的困难，在助手的帮助下，组织编撰了六百多万字的《云南史料丛刊》。一批批地招收硕士、博士研究生。方国瑜同志把自己的研究成果无私地献给党和人民，为发展爱国统一战线、加强各民族团结，维护祖国领土的完整等方面做出了突出的贡献。

悼词说，方国瑜同志热爱中国共产党，热爱社会主义，坚定地跟共产党走，

20 世纪 70 年代方国瑜教授与助手木芹探讨学术问题

他严格要求自己，刻苦学习，注意自我改造。根据他生前的申请，经云大党组织讨论通过，并报请中共云南省委批准，追认他为中国共产党党员，方国瑜同志的一生是追求光明，追求进步的一生，他是社会科学战线和民族工作战线的好战士，是纳西族人民的好儿子，是我们学习的榜样。他的逝世，是学术界的一大损失。

（本文原载《云南大学报》1984 年 1 月 19 日，《云南日报》刊用，云南广播电台播放）

我校隆重举行纪念中国共产党成立六十四周年大会

本报讯　1985 年 7 月 1 日下午，我校隆重召开纪念中国共产党成立六十四周年大会，会上表彰了 8 个先进党支部，31 名优秀共产党员，412 名新党员举行了入党宣誓。

省委副书记赵廷光，省顾问委员会副主任高治国，省委组织部部长王信田，省委宣传部副部长李维贵，省政协副主席曲仲湘、金琼英等领导，学校各民主党派负责人和师生员工 1200 多人参加大会。赵廷光、高治国同志向受表彰的先进党支部、优秀党员和新党员表示热烈祝贺，提出了殷切希望。

纪念会由校党委副书记刘西芳主持。党委书记吴道源讲了话。他说，经过整党，我校广大党员受到一次共产主义理想的教育，党性、党纪和党风的教育。一年来，我校吸收了一大批愿为实现共产主义奋斗终生的先进同志入党，使党组织增添了新的力量和活力。整党中，涌现出了一批工作先进的党组织和积极发挥模范作用的优秀党员。今天，我们表彰了 8 个先进党支部和 31 名优秀党员，我们希望同志们戒骄戒躁，继续前进，取得新成绩。希望全体党员向先进学习，互相帮助，共同进步。希望全校的共产党员继续努力，讲理想，讲纪律，成为有理想、守纪律的模范，先天下之忧而忧，后天下之乐而乐。公而忘私，舍己为人，勇于改革，勇于创造，为四化建设做出贡献。

最后，校艺术团为大会做了精彩的文艺表演。

（本文原载《云南大学报》1985 年 7 月 3 日，《云南日报》刊用，云南广播电台播放，原题为《我校隆重举行纪念中国共产党成立六十四周年大会表彰八个先进党支部、三十一位优秀党员四百一十二名新党员举行入党宣誓》）

经济系学生党员的调查情况

经济系的学生党员居全校各系之首，这些平均年龄为 20 岁左右的党员，质量如何？最近，我带着这一问题采访了该系党总支副书记、负责学生工作的古明清和党支部书记张海翔同志。调查证明，这些学生党员是令人信服的。

经济系八四级至八五级共有党员 174 人，占学生总数的 20%。1985 年毕业班党员占毕业生同学的 52%。有 4 个党支部，11 个党小组。

两年来，党总支认真贯彻执行党中央的有关指示，对这些党员学生加强了党性教育，不断提高他们对党的认识。同时强调共产党员要起先锋模范作用，做两个文明建设的主力军。

在学习上，党员组织了业务学习小组，与同学们互相帮助，共同进步，使各班的学习成绩都整体提高。有一位藏族同学，入学时汉话都很讲不清楚。入党后，在同学的帮助下，学习十分刻苦，大家说她入党后水平提高了，话也讲得好了。1985 年，系里有 12 人考取了中央财经学院、北京经贸大学等学校的硕士研究生，其中党员 10 人。1984 年系里组织学术报告，有 9 篇论文获奖，党员占 7 篇。1985 年大学文科学生论文比赛中，全系有 49 篇论文，其中有 10 篇优秀论文向学校推荐，党员占 7 篇。

1984 年，省里组织义务献血，学生争相报名，33 人献了血，绝大多数是共产党员。毕业实习，党员要求到最艰苦、最边远的地方。毕业分配，在公布分配方案后，党员服从分配，3 天内全部办完离校手续。1984 年毕业的党员向校党委表示决心，向全校同学发出了响应祖国号召，到最需要的地方去的倡议，在全校同学中起到好的作用。这两年的毕业分配，有一些到第三梯队的名额，而且都放在较艰苦的地区锻炼。不少党员都想搞专业。一般从事专业的工作条件较好，但党组织号召后，有 21 名学生党员志愿到第三梯队，现在有 5 人是县计委经委副主任，2 人当了副厂长，1985 年到第三梯队的 14 人，其中 1 人到部队，其余 13 人都到怒江、迪庆、思茅（现普洱）、文山等地锻炼。熊正平、蔡江华两人到文山和思茅工作后，表现突出。他们的事迹曾分别在《人民日报》和《云南日报》上发表。

经济系党支部还要求党员所在的小组或宿舍，成为文明小组、文明宿舍、文明床位。节假日，要求党员和同学都在一起。新年、春节系总支领导和党员都与同学一起过年。还举办春天的“樱花晚会”，五月端午的“粽子晚会”，八月十五的“月饼晚会”等，通过这些活动，使师生关系、干群关系十分密切。

在文娱体育活动中，党员同学是骨干，充分发挥每个人的特长为全系争光。1984 年，“云大之春”音乐舞蹈比赛，系里创作的舞蹈《归来》获一等奖。《探求》获特别奖。1985 年全校抗战爱国歌曲比赛，经济系获一等奖。经济系学生连续四次获得全校田径比赛团体总分第一名。系女子篮球队，获得全校比赛“三连冠”。

由于学生党员在各项工作中起了先锋模范作用，受到同学的好评。该系 1984 年被评为三好学生和优秀学生干部的党员 49 人，占三好生和优秀学生干部的 70%。1985 年，被评为三好学生、优秀学生干部的 63 人，其中党员 38 人，占 63%。在宣传工作方面，也是党员带头办好“三好报”，该系黑板报连续两年评比都获全校第一名。

（本文原载《云南大学报》1985 年 11 月 29 日，云南广播电台播放，原题为《起好先锋模范作用建设两个文明 经济系学生党员的调查情况》）

到祖国最需要的地点去
——我校八七届毕业班党员学生向党表决心

本报讯　一年一度的毕业生分配工作即将开始，云大校园又将为祖国四化建设输送一批人才。最近全校各系毕业班的党员纷纷向党组织表示：服从祖国需要，到艰苦的地方去，到祖国四化建设最需要的地方去。

数学系毕业班党员陈萍、陈自友、叶惠杰、费品道、庞建柱、张正华、林国广、饶鸥、骆丽莉说，我们之所以加入中国共产党，是因为她的千百万党员是为共产主义奋斗终生的先进战士。我们认为要想成为一名真正的而不是观念和形式上的党员，就要从大局出发，全心全意为人民服务。现在我们9名党员向党组织郑重提出，我们愿意顾全大局，服从组织分配，把9颗火红赤热的心交给党安排，并付诸行动。无线电系毕业班的党员郑楠、杨红阳、李昆林、罗乔兴、董宛春、李梅、潘峰光在决心书中写道：大学四年，我们不仅学到了先进的科学技术知识，还系统地学习了马列主义、毛泽东思想。我们深深认识到：只有坚持四项基本原则，才有改革带来的新局面。党和人民的利益高于一切，为了党的事业，人民的利益，我们向党组织郑重表示：坚决服从组织分配，祖国和人民的需要就是我们的去向。物理系毕业班的党员吴文光、段继梅、赵建松、吴武琴、田梅、李成林表示：作为80年代的大学生，我们清楚地意识到历史所赋予我们的责任。振兴中华，不仅要振兴那些已初具现代化规模的大中型城市，而且更要振兴960万平方公里的每一寸土地，这样就需要大批有专长、有创造性、富于牺牲精神的建设者到偏僻、落后的地方去。在临近毕业之际，我们6名党员再次向党郑重表示：坚决服从分配，到发挥我们专长，贡献我们才智的地方去，到最需要的地方去。

（本文原载《云南大学报》1987年6月4日，《云南日报》刊用，云南广播电台播放，原题为《党和人民的利益高于一切 到祖国最需要的地点去——我校八七届毕业班党员学生向党表决心》）

第六章　制度建设

第一节 立章建制

我校举行第十七次学生代表大会 通过云大学生会章程和学生守则

本报讯 云南大学第十七次学生代表大会于1980年11月28日和12月5、6日下午举行。会议期间，全体代表认真听取并讨论了上届学生会的工作报告，修改通过了《云南大学学生会章程》和《云南大学学生守则》，选举产生了第十七届学生委员会。

校党委对这次会议很重视，多次听取了学生代表会筹备情况的汇报并做了研究。赵季校长、吴道源副校长、杨绍珠总务长等在会上讲了话，就学生代表提出的各种提案做了答复、解释，提出了希望和要求，代表们对此十分高兴。

在大会召开前，代表们广泛地收集了所在班、级的同学们的意见、要求和建议，用提案的方式提交大会讨论研究，代表们共提出165件，213条提案。对教学、科研和生活管理等方面提出了意见、要求和建议。

上届学生会主席张荐华对两年来学生会工作进行了总结。两年来，在学校各级党、团组织的领导、关怀和帮助下，以学习为中心，以三好为目标开展了各项工作，取得了一定成绩，并取得了一些经验。第一，保证党的领导，代表学生的利益，发挥桥梁和纽带作用，是学生会工作的基本原则。学生会是在党的领导下的学生的自己的组织。要起好桥梁和纽带作用，就应把广大学生的意见、要求和建议经常向党委反映，帮助党委加强和改善党的领导。并从各有关部门工作的不断改进中，使学生应有的利益得到保证。第二，根据学生特点，开展生动活泼，丰富多彩的学习、科研，文体和公益活动，是学生会的基本任务。第三，依靠学生骨干，发挥校系学生会和班委会的作用，是学生会的工作基础。有一支好的学生干部队伍，有健全的学生会组织，是学生会工作得以顺利开展的基本条件。

大会还通过了云南大学第十七次学生代表大会决议。最后以无记名投票的方式进行了民主选举，产生了第十七届学生委员会。

（本文原载《云南大学报》1980 年 12 月 24 日，《云南日报》刊用，云南广播电台播放）

为了更合理地解决学生困难　我校对助学金补助办法作了改进

本报讯　经第三十四次校行政会议决定，从 1981 年 4 月份起，把我校学生助学金原规定的一般家庭平均收入在 25 元以内的予以补助，改为平均收入在 30 元以内的一般都可以补助，将原定最高等级的补助 23 元提为 25 元，并规定了具体实行方法。

学生助学金补助方法的这一改进，是学校领导按照中央和省有关助学金的指示精神，根据目前的生活水平，结合我校学生的实际情况做出的。它体现了党和国家对我们青年学生的关怀和期望。几年来，我校助学金的开支，数量是比较大的，根据 1980 年的统计，一个月就要开支两万多元，对解决学生在学习期间学习和生活上的困难，培养社会主义“四化”建设人才起到了较好的作用。助学金的补助办法改进以后，确实是一件不容易的事。它对学生德、智、体的全面发展，将发挥更大的作用。

1978 年以来，各级评议组织的同志，对学生助学金的评议是认真负责的，他们能够按照规定，坚持原则，实事求是地进行评议，尽量做到助学金的补助使用合理。特别是各系负责这项工作的同志、辅导员和班干部，经常深入调查研究，及时反映情况，主动帮助学生解决实际困难，任劳任怨，做了大量的工作。广大学生也能如实反映自己的家庭经济情况，实事求是地申请补助，正确对待助学金，许多原来享受助学金的学生，一旦家庭情况有了好的转变，就主动提出放弃或降低补助。有的学生家长对自己的子女要求很严格，家庭能够负担子女的费用，就不让他们的子女申请补助，这对我们做好助学金工作给了很大支持。

目前，我校助学金工作，成绩是主要的，助学金的补助使用基本上是合理的。当然也存在一些问题。如有的学生在申请补助时，不实事求是，填报家庭收入情况不够真实；有的还把不属于家庭负担的旁系亲属也列为家庭的供养人口；在评议时，有的学生怕得罪人，不大负责，不管情况如何，就随便表示同意；有的负责同志对具体情况又缺乏认真的分析研究，加上我们深入调查了解不够，补助不合理的现象仍然存在。

为了使助学金使用得合理，学校有关部门，对本学期学生助学金的评定，提出了一些改进的意见和措施：

一、各系在评议时，要严格按照补助改进办法的规定执行。二、目前，我们国家还有一定困难，每个学生应本着勤俭节约、艰苦奋斗的精神，按照助学金补助的规定，结合自己的情况，实事求是地考虑，应该申请的才申请，不该申请的就不申请，要严格要求自己，为国家分忧。三、学生申请助学金要经过班（或小组）群众民主评议，班委会审查，系评议小组复审，学校批准，才能予以补助。各级组织都应认真负责，要加强调查研究，注意做好思想政治工作。通过评议，既做到补助合理，又做到大家心情愉快，用实际行动完成党交给的学习任务。

（本文原载《云南大学报》1981 年 2 月 23 日，《云南日报》刊用）

进一步办好《云南大学学报》（自然科学版）

本报讯 1982年11月29日，校办公会议对进一步办好《云南大学学报》（自然科学版）（以下简称《学报》）的问题，进行了讨论。并同意下发科研处拟定的《关于办好“云南大学学报”（自然科学版）的稿约规定（草案）》，征求意见后，正式执行。

科研处拟定的稿约规定指出：《学报》是反映我校科研水平的一个窗口，起到向国内外交流学术活动的作用。实践证明，要提高教学质量，必须加强科学研究。办好学报，能够活跃学术空气，促进我校科研和教学工作的发展。我们一定要将它办好，争取达到国内的先进水平。力争在1983年下半年向全国公开发行，并通过国际书店向国外发行。

党的十二大文件明确指出，要加强应用科学研究，重视基础理论研究。据此，我校《学报》将优先刊登对国民经济具有一定应用价值或理论意义的论文及成果报告，要求具有先进性。同时还要刊登相当数量的具有学术水平的基础理论研究论文，要求具有新的见解。

《学报》公开发行后，每年定期出版四期。每期发表论文15 ~ 20篇，研究简报5 ~ 10篇。每篇论文限5000字左右，简报限1000字左右。来稿应将文章标题、作者姓名及内容提要译成英文。凡录用稿件力争在收稿后半年内刊出，稿费一般每篇最高为40元，简报每篇10元。超过规定字数者，稿费一般不加，如需抽印本者，付印前请将数量、篇目通知编辑部，但费用由稿费中扣除。《学报》不登讲义及科普文章。

办好《学报》关键在于保证稿件质量。为此，特提出以下稿约规则（草案）：一、所有稿件（包括自由投稿）必须由系、室、所学术委员会安排在系、室、所做一次学术报告，认真组织讨论。对论文提出的问题和建议，作者必须认真考虑，以保证稿件的质量，并能活跃学术空气。二、经讨论修改的稿件，系、室、所学术委员会应提出审查意见。三、编辑部对所有稿件应按征稿要求，进行审查，达不到要求的，可提请作者修改。所有稿件（包括编委的稿件）一律需请同行专家进行复审。四、合格稿件由编辑部提交编委会通过，由主编、副主编和责任编辑签字后方能付排。小样排定后，先送作者初校、二校，最后由编辑部签字后，出版科才能开印。五、退稿需提出审查意见，时间不得超过一年。六、研究生论文一般只登摘要，并刊登指导教师姓名、通过日期。特别优秀的由校学位评定委员会推荐，可按对一般论文要求改写刊载。七、凡在全国性刊物及学术论文集上已公开发表的稿件，本《学报》即不再刊用。

办好《学报》必须杜绝一切不正之风。编委会和编辑部对审稿人和审稿意见必须严格保密。任何人不得干扰阻挠编辑部的正常活动。但编辑部也要虚心听取读者、作者的意见。编辑部直接对编委会负责。编委会在校理科学术委员会监督和指导下开展工作。

（本文原载《云南大学报》1982 年 12 月 15 日，原题为《进一步办好〈云南大学学报〉（自然科学版） 校办公会议研究了稿约原则》）

化学系试行教师工作量和管理体制改革新办法

本报讯 最近，化学系根据本系实际情况，经过全系教职工的酝酿讨论，制定了“教师工作量考核计分”和“取消教研室，成立系主任聘任课组负责制”两项管理办法在全系试行。

“教师工作量考核计分”办法，对全系已经评定职称的教师和实验员的工作量都有明确、具体的规定。新办法不仅对硬指标如教学工作量有规定，而且对一些软指标也有具体的规定，如辅导课，批改作业，指导实验，批改实验报告，指导科研训练，指导研究生论文，学术报告、编写新讲义、修改旧讲义、实验室建设、科研、指导青年教师提高、备课、创立新课，兼任行政领导等十多个项目，每个项目各计一定分数。学期结束时，每个教职工填写“工作情况登记卡”，学年结束时，累计核定工作量。全学年满分为 100 分，达到 100 分成绩突出者，享受一等岗位津贴，效果较好者，享受二等津贴； 80 分至 100 分享受三等津贴。这种计分考核办法，由于把责、权、利紧密结合，打破了大锅饭。过去是等米下锅，无米不下锅，现在变为人人都在找米下锅。教学工作量不足，可以由科研或其他工作量来弥补，从事科研的教师，也要参加一定的教学工作，可以充分发挥教职工教学、科研等积极性。

教学管理体制改革办法，取消了原有的教研室，试行“系主任聘任基础上的课组负责制”。目的是加强基础课教学，统一调动和安排教师的教学和科研及实验室工作，统一安排和使用实验室及实验仪器设备，提高大型精密仪器的运转和使用率，统一调配使用经费和购置仪器设备，有利于全系的建设，有利于发挥人的潜力。

试行系主任聘任基础上的课组负责制。按照教学计划设立 8 个基础课组，6 个选修课组，7 个公用实验室。课组组长和实验室主任可以自荐、他荐或由系主任聘任。课组组长和实验室主任有“组阁权”，组阁成员名单报系主任审定。

在实行课组负责制时，优先考虑基础课和基础实验室的组阁，现在 8 个基础课组和相应的实验室已全部组成。课组组长可以在全系范围内组阁，从组织上保证基础课教学有更多的有经验的教师担任，提高基础课教学质量。课组组长和实验室主任在组阁时，要兼顾教学工作和科研梯队的建设两个方面。实验室主任一般任期三年，基础课组组长任期两年，保持实验室和基础课组相对稳定。课组成员每个学期均可部分相对流动。

系主任只对课组和实验室下达教学任务，如总工作量、学时安排、质量要求等。考核办法仍然实行一级考核一级。

根据课组和实验室的教学任务，由系主任下达包干经费、设备费指标，统一调配实验室用房。为方便教学和科研，系里还设立了七个公共实验室。

由于课组的成员承担同一方向的教学任务，有利于提倡和鼓励各课组，实验室将教学和科研有机地结合起来。

对同一门课程，如有两个课组愿意承担，允许同时开出和分两个学期轮流开课，做到不同风格百花齐放，鼓励竞争。

选修课的开设，根据教师自荐、推荐，由系学术委员会和系行政统筹安排。

（本文原载《云南大学报》1985 年 1 月 12 日）

我校制定《云南大学评选特别优秀毕业生试行办法》

本报讯 为在毕业生分配中体现优才优用、择优分配的原则，促进在校学生德、智、体全面发展，使学生争做“四有”新人。根据国家和云南省有关部门的文件精神，结合我校实际，最近，我校制定出《云南大学评选特别优秀毕业生试行办法》。规定：

一、具备下列条件者可授予特别优秀毕业生称号。

1. 坚持四项基本原则，拥护中国共产党的领导，热爱社会主义祖国，有理想、守纪律、品行优良。

2. 大学四年主要课程（含马列主义理论课、德育课、体育课）的考试和考查成绩优良、优秀成绩应占五分之四以上，基础理论扎实，有较强的自学能力、分

云南大学优秀毕业生座谈会

析问题的能力和解决实际问题的能力，毕业论文（科研训练）有较高的水平

3. 关心集体，热爱劳动，积极参加文体活动，身体健康，能适应本专业工作。

4. 在校学习期间，一般应连续三年被评为“三好学生”或“优秀学生干部”。

二、特别优秀毕业生的比例应控制在人数的 3% 以内。

三、特别优秀毕业生，由班主任在广泛听取毕业生、任课教师意见的基础上提名，系党政联席会议和毕业生分配领导小组共同审核并张榜公布，然后向学校推荐，由学校审批。

四、经批准的特别优秀毕业生，由学校发给荣誉证书，有关材料归入本人档案。

五、特别优秀毕业生，在毕业分配时可由本人在本专业调配计划范围内选择工作单位，必要时也可由学校报上级主管部门单独分配工作。

（本文原载《云南大学报》1986 年 5 月 24 日，原题为《我校制定出〈云南大学评选特别优秀毕业生试行办法〉　特优毕业生可在计划范围内选择工作单位》）

实行奖学金和贷款制度 学生工作发生五大变化

本报讯 从1986年开始，学校对八六级学生改过去的助学金为奖学金及贷款制度，使学生在德、智、美等方面发生了五大变化，实践证明，奖学金和贷款制度对促进学生全面发展是行之有效的。

第一，实行奖学金能调动广大学生的积极性。奖学金制度对获奖者的德智体美等做了全面具体的规定，有明确的考核标准和要求。学生就有奔头，能经常检查对照自己，严格要求管理自己，学习积极性有很大的提高，成绩也有明显变化。

第二，实行奖学金，使违反纪律的现象明显下降。由于考核规定，凡受到处分者，就失去评奖资格，学生对纪律较为重视，1986年，八八级学生受纪律处分的只是极个别的，仅占学生的万分之九。

熊庆来奖学金颁奖仪式

第三，奖学金的测评，促进了班主任和负责学生工作干部的工作责任心。为了使综合测评工作能全面具体，促使班主任和负责学生工作的干部经常深入学生，了解掌握各种情况，积累资料。相应的学生工作就大为加强。

第四，奖学金的测评工作，为学生毕业分配和推荐招聘提供第一手材料。近年来，毕业分配采取了一些改革措施，供需见面，用人单位对品学兼优的毕业生乐于接收。能否评上奖学金就与毕业分配的切身利益挂钩。全面综合测评的成绩，就是毕业分配的最好依据。

第五，奖学金能增强学生的荣誉感。获奖者在全校张榜公布名单给予表彰，还发给证书、奖金，评奖结果投入档案，这作为学生是一种荣誉。

实行学生贷款制度，既帮助了一部分经济困难的学生解决后顾之忧，能静心学习，同时培养学生勤俭节约、合理用钱的习惯。贷款总是要偿还的，因此学生在使用贷款吃喝时得认真考虑。一些大吃大喝，请客送礼等浪费现象得到克服。更重要的督促贷款学生努力学习。因贷款制度规定不及格或违反纪律秩序不予贷款，所以贷款的学生得发奋读书，第一争取贷款，第二争取评上奖学金。实践证明贷款制度的实施，对学生及学生工作有很大促进。

（本文原载《云南大学报》1987 年 9 月 15 日，《云南日报》刊用，云南广播电台播放）

深化管理改革 实行学分制初见成效

本报讯 我校从 1985 年开始实行学分制，两年多的实践证明，实行学分制是教学管理制度的重大改革，有利于更多更好地培养人才。

为保证学分制的贯彻执行，学校制订了切实可行、富有弹性的学分制教学计划。颁布了《学分制教学计划总则》，对课程设置和各类课程提出具体明确的原则和要求，课程设置分必修课、限制性选修课和任选课三类。规定了必修、选修课所占学分的比例。重点解决必修课太重而选修课不足的问题。每个专业平均压缩必修课 439 学时，增加选修课 250 学时，增加 77%，全校共开选修课 524 门。其中全校性选修课 85 门，选修人数达 1017 人 (次)，平均每人选修 4 门。跨系、跨专业互选课程达 9967 人，文理科间交叉选读人数达 6149 人。

实行双学位制和主辅修制是我校学分制的一个重要特征，为了使那些品学兼优、学有余力的学生纳入“复合型”人才的轨道，规定他们经申请批准，从三年级开始攻读双学士学位或辅修专业，在取得本专业毕业资格外，如取得另一个专业主干课程的 30 个学分，发给辅修证明书。如取得另一专业规定的全部主干课程学分并完成毕业论文者，发给双毕业证书和双学士学位证书，学校给他们委派指导老师帮助制订攻读计划；对他们的考勤、成绩考核做法比较灵活。取得双学位的学生，毕业分配时可按自己志愿选择。由于采取这些措施，鼓励同学的积极性。全校现有 76 名学生攻读双学位，他们来自 13 个系，攻读 8 个专业的第二学士学位。八四级有 20 名学生 1988 年将取得双毕业证书和双学士学位。

学分制的管理管而不死、活而不乱。如学生提前修满专业教学计划规定的总学分和必修课学分，可以提前毕业或报考研究生。实行学分制大大提高了学生的积极性和主动性，挖掘学生内在的学习动力，较充分地贯彻因材施教的原则，给不同学生的成长创造了条件。学分制的实行，促进了学科专业间的横向联系，扩大了学生的知识面，开阔了视野，受到多方面的启示。同时调动了教师的积极性，促进教学质量的提高。鼓励教师多开选修课，能发挥教师的专长。

我校实行学分制还有一些问题需要进一步解决。如扩大选课自由度，在保证基础教学的前提下，进一步压缩必修课增加选修课。对同一门课，可以由几个教师同时开出档次不同、教学方法不同、课时不同的课程，由学生选择。还需加强对选修课设置的研究和学生选课的指导。进行教学内容和教学方法的改革，保证教学质量。

（本文原载《云南大学报》1988 年 6 月 15 日，《云南日报》刊用，云南广播电台播放）

第二节 规范管理

我校教职工 40% 住房得到改善

党的三中全会以来，我校新建教职工宿舍10幢，面积为18479平方米。这几年，根据省政府有关规定，我校制定了《云南大学教职工住房分配办法》，已有656户教职工的住房得到调整和改善，占全校教职工总数（包括单身教职工在内）的39.54%，其中住进新房的有342户。

在住房分配调整中，学校首先保证了讲师以上的教学骨干，同时考虑到享受同等待遇的党政干部。如新建的10幢教职工宿舍，分配给讲师以上的有265套，占77.5%；分配给科以上党政干部和在因工作需要的其他职工77套，占22.5%。现在已有26位教授、40位副教授、285位讲师的住房得到调整，改善面占讲师以上人员的60.8%。其他人员有225人的住房得到调整，占22.25%。

为解决部分教职工住房的困难，学校还想方设法，盖了部分临时住房，还为88户教职工每户新盖了一间厨房。

这几年，学校虽然尽了很大的努力，改善了一批教职工的住房，但是，总的讲，我校教职工住房仍然很紧张，在短期内还不可能全部解决。现在还有部分讲师以上的骨干教师的住房还很困难。还有160多位青年教师仍然住在学生宿舍。职工的住房问题更为突出，虽然没有三代同堂的情况，但一家四口（子女都在13岁以上）住在一间房子内的情况仍然是有的。造成上述困难的主要原因是学校新建住房的速度远远赶不上人员增加的速度。“文化大革命”后新建的教职工宿舍面积比“文化大革命”前增加63%（主要是三中全会后建的），而教职工人数却增加了93.13%（还不包括退休人员）。教授、副教授人数比“文化大革命”前增加一倍以上，讲师增加了三倍多。按规定都应逐步提高他们的住房面积，改善他

云南大学北院原教职工住房（现为云大附中校园）

们的住房条件。为了继续解决住房问题，学校计划今年还将动工兴建三幢教职工宿舍。

（本文原载《云南大学报》1982年5月22日，《云南日报》刊用，新华社发，《中国教育报》刊用，云南广播电台播放，原题为《我校教职工40%住房得到改善　今年还将建三幢教职工宿舍　学校对住房分配办法作出补充规定，希望大家自觉遵守住房分配办法》）

解决教职工子女上学的问题 我校教职工子弟中学开学上课

本报讯 在党的十二大精神的鼓舞下，我校教职工子弟中学于1982年9月初开学上课。

职工子弟中学，是经省教育厅备案，昆明市教育局批准的一所由初中到高中的六年制的全日制完全中学，1982年首次招收初中一年级学生。争取在六年内办成完全中学。为创办这所子弟中学，学校党委和行政部门，全校教职工都积极支持，在十二大精神的鼓舞下，挖掘潜力，动员部分大学教师、干部到子弟中学兼课，子弟中学筹备组的几位同志昼夜加班工作，经过短短半个多月时间的努力，使子弟中学按时开学上课。

子弟中学解决了教职工子女上学难的一大问题，使本校教职工的子女能就近上学，它虽然招收的是经昆明市统一招生录取的本校子女，但很好地解决了教职工的一个后顾之忧，深受全校教职工的欢迎。

招收的72名初一学生，9月初开始上课。学生们现已投入紧张的学习。

（本文原载《云南大学报》1982年9月18日，《云南日报》刊用，云南广播电台播放）

“欢迎你们多来”
——党委书记吴道源走访学生宿舍

1986 年 4 月 3 日下午，校党委书记吴道源同志在走访东二院学生宿舍时，对学生宿舍管理科长周正祥说：“管理人员的工作是辛苦的，是有成绩的。要教育学生尊重管理人员，同时也要让管理人员明确自己工作的重要意义和职责。管理人员既要做管理学生的工作，又要做为学生服务的工作。要从培养和关心学生出发，树立为学生服务，在服务中教育学生的思想；要以身作则，用自己良好的言行影响和教育学生；学会多种服务的本领，从具体小事扎扎实实地做好，帮助学生解决一些实际问题。”

当吴道源同志来到东二院一幢 523 号学生宿舍时，经济系企管专业八三级的张天明、郑应春、安永红、高峰、蒋已明等五位同学亲热地请吴道源同志坐到了他们的床上。这几位学生与吴道源同志已经是相识的了。吴道源同志逐个点了学生的姓名，点到高峰同学时，吴道源同志笑着说：“高峰这个名字好记，攀登高峰嘛。”说得大家都笑了。吴道源同志详细询问了同学们的学习和生活等多方面的情况，对同学们提出一些需要解决的问题，辅导员同志打开笔记本一一记录下来。大家畅所欲言，交谈过程中，不断有同学走进宿舍，多达十几人，一直到开晚饭时间，吴道源同志才与同学们道别，同学们说：“欢迎你们多来！”

（本文原载《云南大学报》1986 年 4 月 8 日）

试行奖学金评选办法改革之后

1986 年 9 月 25 日下午，在东二院二幢学生宿舍，刘佩文副校长走访了住在 228、229 室的历史系八三级的同学。

在 228 室，见华海波同学衣着单薄，又听说他病了，刘副校长忙对他说：“你赶快再穿件衣服。”坐定后，刘副校长向同学们询问了历史系八三级改革评选三好学生的情况。大家说改革后的评选办法比以前的合理些，全面些，但还需完善执行的办法。刘副校长高兴地说，改革后的评选方案有两点好处：一是克服单纯看学习，学习又只看分数的倾向，有利于促进同学们德智体全面发展；二是把评选办法逐步趋于定量化，减少个人主观因素，做到更客观一些，使其更科学化。这时李毅同学走了进来，笑着说：“刘老师下来体察民情。”刘副校长也笑着说：“我们来听听意见，了解情况。”李毅说：“有些话不好说。”刘副校长说：“不要紧的，有什么说什么。我们保密。”听了大家的意见之后，刘副校长说，通过你们的试点总结经验，逐步完善，制定出一个既简便，又能反映同学德智体全面发展情况的，为同学所公认的评选办法。学校将在八六级新生中实行新的评选方法。

在开晚饭的时候，刘副校长向同学们握手告别。

（本文原载《云南大学报》1986 年 9 月 30 日，《云南日报》刊用，云南广播电台播放）

本学期期末考试将采用五种方式

本报讯　在深化教学改革中，我校又迈出了可喜的一步，从本学期期末考试开始，今后将采用五种考试方式，以实现学生考试成绩的规范化和科学化。

列入考试改革课程的范围及采取的五种方式：

1. 按课程建立题库，采取不同类型题目各占百分比，部分或全部从题库随机取题的更标准化考试。

2. 全校公共基础课、系内共同基础课以及挂牌教学课程，由系实行统一命题、制卷和评卷。

3. 各专业主干课程由教研室组织集体命题评卷。

4. 教务处指定课程、引用校内外同类系科专业的课题，进行比较性考试。

5. 采取口试等其他考试改革方法。

据悉，本学期期末考试，有三个系室先走一步，实行新的考试方法。如马列主义课教研室的“马克思主义原理”课，实行教研室统一命题、统一阅卷的办法；法律系的“民法”等五门课，按课程建立题库，实行从题库随机取题的更标准化考试方法；地球科学系的“FORTRAN 语言”课，则实行客观命题，教师评卷后，系里还要进行检查的方法。

为搞好考试改革，教务处抽出人力、物力、财力，大力支持各系采用新的考试方法。

（本文原载《云南大学报》1990 年 1 月 16 日，原题为《我校考试逐步实现规范化科学化　本学期期末考试将采用五种方式》）

我校对外影响逐步扩大 留学生人数逐年增加

本报讯 改革开放以来，我校的教学，科研的对外交流活动日益增多，影响逐步扩大，留学生人数逐年增加，1986 年以来，已先后有 21 个国家的近千名留学生到我校学习、进修。尤其是 1991 年我校成立国际学术教育交流中心以来，留学生人数猛增，现在该中心开设了初级、中级和高级进修班，对留学生进行教学系统的汉语教育。

20 世纪 90 年代的留学生参加运动会

1993 年秋季留学生班于 9 月 1 日正式开学，这个班有 62 名留学生。他们分别来自美国、英国、日本、意大利、法国、德国、澳大利亚、新西兰、

21 世纪的留学生在呈贡新校区参加运动会

泰国、新加坡、韩国、加拿大等 14 个国家。他们当中有第一次到中国学习汉语的新同学，也有几年前曾在我校学习过汉语，又重返我校学习的老同学。他们中不仅有欧美学生，亚洲学生也逐渐增多。1993 年来我校学习汉语的留学生人数之多，来源国家之广，都是前所未有的。

在开学典礼上，许克敏副校长代表学校对留学生表示热烈的欢迎，并鼓励他们在我校学习成功、学业有成、生活愉快。许副校长还为 1993 年参加国家教委举办的汉语水平考试（HSK）中获得优异成绩的我校留学生颁发了汉语水平等级证书。

（本文原载《云南大学报》1993 年 10 月 12 日，《云南日报》刊用，新华社发，中国教育报刊用，云南广播电台播放）

为教师树碑立传 开风气之先 《云南大学教授概览》一书进行首发式

本报讯 经过一年多的酝酿、筹备、组织和编辑，《云南大学教授概览》（以下简称《概览》）一书在 1996 年教师节之际举行了首发式，为云大的教师献上了一份最有意义的礼物。

为加强师资队伍建设，总结造就大学教师的经验，探索人才成长规律，交流教学与科学研究成果，促进高等教育的繁荣和发展，提高云大的教育质量和科研水平，展示云大师资队伍的风采，学校编纂出版《云南大学教授概览》一书，这是建立云大人才库的阶段性成果。云南大学具有悠久的历史，1996 年通过了“211”预审，师资力量雄厚。截至 1995 年底，云大在编教师 1118 人，其中教授 122 人，占教师总数的 11.8%，副教授 401 人，占教师总数的 35.4%，具有博士、硕士学位的教师占教师总数的 29.2%。有一批国家级和省级有突出贡献的专家、教授。《概览》一书全部收录并介绍了云大 600 多位教授、副教授概况及教学、科研情况。该书出版有利于云大与国内外校际之间的交流，扩大学校的知名度，对学校的教学、科研有很大的促进作用。老教师看到《概览》一书感慨万千，既感谢学校对老师的关怀，又感到这是对老教师的鞭策；中青年教师很受鼓舞，他们认为学有榜样，要向老教师学习；通过互相比较，感到重任在身，任重道远，有作为才能有地位。参加首发式的省市新闻单位、人事、教育等单位的来宾盛赞云大和云大出版社的远见卓识之举，开了云南省为教师树碑立传之先河，为尊师重教，敬重人才树立了良好榜样。

（本文原载《云南大学报》1996 年 10 月 3 日，《云南日报》刊用，云南广播电台播放）

云南大学首届华藏奖学金颁奖

本报讯　1996年元月四日下午，云南大学首届华藏奖学金进行了颁奖，有18名学生和3名图书馆工作人员获奖。华藏奖学金资助者净空法师的代理人徐业华和学校领导向获奖者颁奖。

华藏奖学金是由台湾爱国人士、台湾藏精舍住持、台湾佛陀教育基金会董事长净空法师资助设立的。该奖学金旨在为弘扬中华文化，鼓励青年学生勤奋学习、品学兼优、报效祖国。主要奖励科研，论文成果突出的文科学生。这项奖励是净空法师捐助云大全套“四库全书荟要”之后的又一捐助活动。

这次奖学金有王皎等3人获一等奖，7人获二等奖，11人获三等奖。获奖者中有4名博士生，4名硕士，10名本科生，3名图书馆优秀工作者。

（本文原载《云南大学报》1996年1月17日，《云南日报》刊用，云南广播电台播放）

熊庆来奖学金成效显著

熊庆来奖学金是我校最高级别的奖学金之一。1997 年 5 月 9 日举行第五届颁奖仪式，有 3 名硕士研究生和 2 名本科生获奖。该项奖励已设立 9 年，共有 18 名学生获奖。这些获奖学生在校期间都是德、智、体全面发展的优秀学生，同时在各自的专业或学科领域刻苦钻研，获得可喜成果。有的连续获得校级、省级三好学生称号。有的参加各种比赛，获得好成绩；有的撰写的论文提出独到见解，获得专家好评。这些获奖学生毕业后有的考取博士，很多人已成为所在单位的骨干，很受欢迎。图为颁奖仪式结束后，方应祥、吴松副校长，熊庆来的亲属熊秉衡教授、熊有曾女士等与获奖学生合影留念。

（本文原载《云南大学报》1997 年 5 月 27 日，《云南日报》刊用，云南广播电台播放）

高治国、杨光俊、杨乐、方秉衡参加熊庆来奖学金颁奖仪式

第七章　校园花絮

向参加中越边境自卫还击战的英雄们学习　各系学生到医院慰问光荣负伤的解放军指战员

本报讯　我校中文系、政治系、历史系、外语系、物理系、地球物理系、生物系和化学系等8个系的同学，最近派出代表到人民解放军某部医院慰问在中越边境自卫还击战斗中，为祖国、为人民光荣负伤的解放军指战员，并向他们赠送了慰问品。历史系3个年级的同学还为指战员演出了自己排练的文艺节目。

在慰问过程中，指战员给同学们讲述了战斗故事，使同学们受到了一次爱国主义和革命英雄主义的教育。历史系李继红同学说："解放军同志在战斗中所以能一声令下，勇敢地打击敌人，无坚不摧，无攻不克，这是因为他们有马列主义、毛泽东思想指导，有一颗热爱社会主义祖国的心，我要向解放军同志学习，努力攀登科学高峰。"同学们纷纷向指战员表示要学英雄、见行动，用优异的成绩向党、向为了保卫我们的和平和幸福而光荣负伤的指战员汇报。（本文所配照片为战斗英雄座谈会上与同学们交流时所摄，这一组照片获1982年全国高校摄影二等奖。）

（本文原载《云南大学报》1979年5月2日，《中国教育报》《云南日报》刊用，云南广播电台播放，）

学生向英雄赠送云南大学校徽

云南大学学生向英雄献花并请英雄签字留念

女学生欣赏战斗英雄纪念章

云南大学田径运动会 10 人次破 4 项校纪录

本报讯　为了进一步推动全校体育活动的开展，促使学生积极锻炼身体，做到德、智、体全面发展，我校于 10 月 18、19 和 26 日举行了 1980 年全国重点大学田径通讯比赛云南大学田径运动会。

这次运动会共进行男女 25 个单项比赛，有 300 多名运动员参加比赛，是我校历届学生运动会人数最多的一次。他们当中很多人都是“三好”学生。学校和各系对这次运动会都比较重视，成立了大会组织委员会，由校党委常委、副校长顾耀宗任委员会主任。各系分别作了动员，有的系还进行了田径测验，挑选出成绩好的同学组成田径代表队参加学校运动会。运动会期间，学校有关部门的领导和系的负责人先后到运动场助威和观看比赛。大会还聘请了市体委的裁判和昆明一些大专院校的体育教师担任裁判工作，其中师院体育系的袁跃民老师是国家级裁判，其他人都是二级以上裁判。

在为时三天的比赛中，取得了一批可喜的成绩。在男子 1500 米、5000 米、马拉松和女子跳高四个项目的比赛中，先后有 6 人 10 次打破了校纪录。经济系的邹建国一人先后破了 1500 米、5000 米和马拉松三项校纪录。他 1500 米的成绩 4 分 27 秒 4，把原校纪录 4 分 39 秒 2 一下提高了 11 秒多。他的马拉松成绩为 3 小时 3 分 41 秒，既打破了 3 小时 6 分的校纪录，而且达到了国家二级运动员的标准。经济系的罗明义和生物系的郭家明也同时打破了 1500 米和 5000 米校纪录。其他打破 5000 米纪录的运动员是数学系皇培勇、物理系的俞国良。男子 5000 米 18 分 0 秒 8 的校纪录是原物理系学生周宗林在 1956 年创造的，整整保持了 24 年之久，这次被五位同学打破，而且把原纪录提高了 34 秒是令人振奋的。在女子跳高比赛中，物理系八〇级新生王磊，不畏强手，敢冲敢拼，发挥了较好的技术水平，创造了 1 米 35 的好成绩，打破了 1 米 32 的校纪录，成了这次运动会上唯一打破女子纪录的运动员。在男子 100 米、200 米、800 米、1500 米、5000 米、马拉松、三级跳远、标枪、铅球等 9 个项目的比赛中，有 2 人达到国家二级运动员标准，37 人达到三级运动员标准，为这次运动会增添了不少光彩。比赛中破纪录者和获各单项比赛前六名的运动员，都分别发给一定的物质奖励。

比赛结果，获男女团体总分前四名的是：男子团体为经济系，生物系，物理系和数学系。女子团体为物理系，生物系，化学系和中文系。

我校获男女各单项比赛前六名运动员的名单和成绩，已造表册邮寄国家体委群体司，按各项目的成绩，将评选出这次参加全国重点大学田径通讯比赛的前六名运动员给予奖励。

（本文原载《云南大学报》1980 年 11 月 6 日，《云南日报》刊用，云南广播电台播放，原题为《全国重点大学田径通讯比赛云南大学田径运动会圆满结束　10 人次破 4 项校纪录　39 人次 9 项分别达到国家二级、三级运动员标准》）

14 个女同学的心愿

1979 年政治系七六级政治理论班的陶晓玲同学得了肝炎，住进了医院。临近毕业了，生病住院，小陶的思想包袱很重，全班同学都为她着急。为了解除晓玲的思想负担，使她能安心治疗，班里经常有人帮她烧水、买菜、做饭、喂药，有的帮她洗衣服被子，使她感到了班集体的温暖。

同学们不仅在生活上无微不至地关怀照顾她，而且在学习上给予积极的帮助。为了使晓玲病愈后就能跟班上课，班里的 14 名女同学承担起帮助晓玲补课堂笔记的任务。5 门课程，每周 26 节课，有时 1 门功课上两小时，就是上万字的笔记，14 个女同学就这么轮流地帮她抄补笔记。4 个月左右的时间，上了 400 多小时的课，同学们帮她一次不漏地全都补齐。在小陶那笔记本上留下了 14 个女同学各自不同的笔迹，凝结着全班女同学的心血和汗水。同学们的这种关心和爱护，感动得小陶在给上海的父母亲写信时说："同学们对我的关心照顾，就是你们在身边，也不可能做到。"由于同学们的热情帮助，小陶恢复了健康，很快跟班上了课。

（本文原载《云南大学报》1980 年 2 月 8 日，《云南日报》刊用，云南广播电台播放）

做一个文明的大学生

云大学子在银杏树荫下努力学习

我们高兴地收到了盼纪《从"你们都是有文化的人"想到的》的来信，信中所提及的种种问题，涉及我校当前思想政治工作中的一些重要问题，对一些部门，对党员、团员、团的干部，学生干部和"三好"学生提出了质疑：你们在"学雷锋、树新风"的活动中，做了多少工作？效果如何？学校党委号召"从我做起，从现在做起"，你们响应了没有？实践得怎样？等等。我们每个同志都应该认真地想想，用"吾日三省吾身"的方法，用共产党员、共青团员、"三好"学生的标准认真检查对照一下自己，哪些方面做好了？哪些方面做得差？不足之处立即改正。全校学生党员、团员占总数的70%以上，如果每个党员，团员都能在"学雷锋，树新风，创三好"的活动中，发挥模范作用，全校面貌就一定会改观了，这正是我们所要求的。希望全校各级党团组织，广大教职员工、党员、团员重视这封来信，开展一些讨论。

（本文原载《云南大学报》1980年7月5日，《云南日报》刊用）

教室里不再有香烟味

走进政治系哲专七八级和数学系七八级的两个班的教室里，便会给人一种整齐、清洁而又舒适的感觉，地板上没有口痰和纸屑，空气里没有香烟的味道……

这两个班的同学入学后，由于环境卫生工作抓得不好，少部分同学随地吐口痰、乱擤鼻子，废纸随手就丢，教室里又脏又乱；年龄较大的同学中，有的有抽香烟的习惯，特别是上自习的时候，弄得教室里烟雾腾腾，使别的同学被熏得又闷又呛，头晕眼花，有口难言。本学期开学，在“学雷锋，树新风”的活动中，两个班的班委会、团支部进行了研究，经班里同学讨论，大家一致认为，大学生要讲文明、讲道德、讲卫生、守纪律。从这以后，两个班教室的卫生面貌改观了，每个星期拖一次地板，大家不再乱丢纸屑，乱吐口痰；不论是休息或上自习，没有人在教室里抽香烟了，而且抽香烟的人数大为减少了。讲文明、讲卫生的好习惯在这两个班逐步形成。

（本文原载《云南大学报》1980 年 7 月 5 日，《云南日报》刊用）

欢声笑语游海埂
——党委机关职工暑假侧记

1980年暑假，党委机关几个部、处的同志，到滇池之滨的海埂游泳场度假。

那天，我们职工、家属及小孩一行40余人，登上昆明市海运公司的小汽艇，从大观河向滇池进发。呵！我们这欢乐的一群，几乎坐满小艇！连绵几天的阴雨，今天突然放晴，阳光灿烂，使人心情格外舒畅。久住城市的孩子们见到水，又乘上漂亮的汽艇，高兴得又笑又跳。驶入碧波荡漾、清漪涟涟、水清如镜的滇池，汽艇速度加快起来，“嘟嘟嘟嘟”，劈波斩浪直向前冲。看着翻滚的浪花，苍茫的湖面，清代诗人孙髯翁的名句跃然眼前：五百里滇池，奔来眼底。披襟岸帻，喜茫茫空阔无边。突然，一个小孩指着湖边用石头和草包混合叠起来的埂子问道：“那是什么？”许多人异口同声地说：“那是‘文化大革命’的‘丰功伟绩’之一——围海造田的堤坝。”啊，就是这“伟大的创举”打碎了西山睡美人梳妆的明镜，使“喜茫茫空阔无边”的五百里滇池，被这人为的堤坝禁锢起来了。回想“伟大的十年”，不仅山水被禁锢，人的思想不也被禁锢了吗？十年浩劫，海埂筑堤在人们的心灵深处，人与人之间不也筑起不少道“堤坝”“高墙”。殊不知禁锢是不能长久的，粉碎“四人帮”，冰消雪融，禁锢被冲决了，人们之间的高墙被拆除了，心灵之间的“堤坝”也逐渐消失了，同志之间出现团结互助、和睦相处的新气象，大家团结一致，齐心协力奔四化。我们身边欢笑着的同志们，正是一个缩影。

海埂游泳场沐浴在金色的阳光下，岸边垂柳依依，水面波光粼粼。虽然我们乘的是早晨八点半的第一班汽艇，然而早到者却大有人在。他们不顾清晨的凉意，此时已欢腾在水中了。柳荫下的地盘几乎全被“占领”。沙滩上撑开一把把彩色的阳伞，宛如一朵朵艳丽的蘑菇。我们找到一块阴凉的地方刚坐下，孩子们按捺不住游泳的欲望，早已把衣服脱光，揪着父母带他们下水。不得已，连喘气的工夫都没有，只好匆忙下水。“旱鸭子”的志趣是，打扑克，下象棋，在录音机旁欣赏音乐……“水鸭子”则带着小鸭子们，有的抱着，有的高举着，跑着笑着，嘻嘻哈哈，叽叽呱呱，噼里啪啦往水里跳。海埂游泳场沉浸在一片欢声笑语中。有如蛟龙归大海，几乎把滇池都要掀翻起来。真是海阔任鱼跃，“好战分子”首先挑起水战，高明地用手溅起水柱直往对方头上、脸上喷去，迫使对方转身用背挡着，有的干脆鲤鱼翻身潜游着逃跑了。那些初次下水的“小鸭子”们尽管由父母扶着坐在游泳圈上，还是紧张得抓住游泳圈不放，那些游泳老手则在一边比花样、赛速度，什么自由泳、蛙泳、蝶泳、潜泳、仰泳等等，大显身手。而 5 个年纪稍大的男同志却不慌不忙地游起 1500 米来，几个初学者则两手撑地费劲地蹬着刨着……一个多钟头过去了，要不是肚子“闹革命”，谁愿意上岸呢。因为肚子饿，所以管它什么香肠、花生、豆腐、面包、卤牛肉，全都大把大把抓起来，狼吞虎咽，直往嘴里塞；有的冻得发抖，把老白干、重升酒、竹叶青直往嘴里倒……大家从心底感激着为准备这顿丰盛野餐而忙碌的几位女同志：安大妈、徐阿姨、李阿姨。吃饱了再下去游，饿了又上来吃。那和暖的海水把我们半年的辛苦都洗去了，甚至冲洗掉残留在心底的一丝丝阴影。

下午两点，大家正准备返校，突然传来李斌同志小孩丢失的消息。“找人！”不用谁下命令，同志们立即兵分五路搜寻小孩。大家跑得满头大汗，气喘吁吁，游泳场的大小角落，甚至连水里也找遍了，仍无下落。忽然一阵瓢泼大雨下来，但是大家没有停止搜寻，最后才在码头上找到这淘气的小家伙。

愉快的郊游结束了，这则不大不小的“插曲”，又为团结友爱、亲如一家的精神，谱写了动人的凯歌！

（本文原载《云南大学报》1980 年 9 月 1 日，《云南日报》刊用）

教室照明显著改变 深受同学欢迎

本报讯 寒假期间，经过总务处职工 20 多天的苦战，使全校教室的照明有了显著变化，同学们放假归来，看到教室的灯亮了，墙变白了。大家高兴得笑了。

上学期末，在学代会上，同学们就教室的灯光照明等问题向学校提了意见，校领导对此十分重视。总务处、教务处组织有关人员进行了调查，卫生科还对七七级学生进行了视力的检查，有 40% 的学生视力有不同程度的下降。为彻底改变教室的照明条件，保护学生的身体健康，学校集中了人力、物力和财力，利用寒假时间进行了突击施工。首先，把四合院、会泽院和外语系的教室全部换成双管日光灯，换了日光灯约 600 套。因灯管增加，旧电线承受不了负荷，在四合院又新换了 1000 多米的内外电源线。过去学校只有一个配电室供全校的动力和照明用电。外语系、数学系、地球物理系由于距配电室较远，路线长，电量损耗大，因此照明用电供电不足，现在新建了一个配电室，安装了变压器，重新换了线路，照明强度明显增加。为增加教室的亮度，四合院一幢的顶棚改用纤维板做平顶，共用纤维板 1860 多平方米，并用白油漆喷刷。四合院、会泽院和外语系教室的墙共为 15000 多平方米，也全部粉刷了一遍。现在全校教室的灯光照明平均每平方米达 8 瓦以上，超过了教育部和水电部每平方米 6.8 瓦的规定。被损坏的门窗玻璃也重新作了安装。同时，四合院的教室安装了玻璃黑板 10 块，新做讲台 10 个，修理了课桌、凳子，油漆了全部黑板，为学生的学习创造了较好的条件。全部用费约 10 万余元。

在时间紧、任务重的情况下，总务处对参加施工的木、泥、电工加强了思想政治工作，先后三次做了思想动员。工人同志识大体、顾大局，很多同志假期不休息，白天黑夜加班加点苦战。探亲的晚走，休息的推迟，其中，管培顺、崔惠昆、刘祖兴、张凤鸣、蔡德能和杨树雄等同志表现尤为突出。苏林副校长、杨绍珠总务长经常到施工现场指导工作，及时解决施工中的问题，保证了施工的顺利进行并按时完成了任务。

现在，全校的教室照明条件有了明显的改善，教师反映，这确实是做了件大好事。同学们深有感触地说："学校领导对我们的意见这么重视，这么关怀我们，为我们创造了良好的学习条件。我们要加倍努力学习，用实际行动来报答党的关怀。"

（本文原载《云南大学报》1981 年 2 月 23 日）

1981 年绿化重点工作

本报讯　绿化校园，全校师生员工十分关心，很多教师和学生给学校提出建议，要求分给任务。学校多次进行研究，赵季校长和苏林副校长走遍学校各个角落，对于绿化校园提出了明确而具体的要求。

扩大绿化面积，逐步达到整个校舍在翠绿丛中，土不外露。有计划地在北院（原内农场）、东二院和会泽院四周分类种植、培植有价值、有特点的树木花草，尽可能结合生物教学和研究需要，培养新品种。

1981 年绿化重点：会泽院东西两侧争取建成庭院式的小花园。从水塔到配电室前建成 3 个花园，水塔下为茶花园，水池上段为桂花园，水池下段为樱花园。3 个花园内还要套种其他花种，使其能四季轮换开花。

1981 年绿化的另一个重点是植树。校本部和北院临街围墙一带，女生宿舍、卫生科和东院临街围墙一带，要补植树苗。锅炉房周围要见缝插针多植树。目的是减少尘烟，减少噪音。

学校成立了“校园建设委员会”，苏林副校长任委员会主任，下设校舍建设和校园绿化两个组，由校领导，总务处、各系的专家、教授和职工代表、校工会、团委会和学生会的代表参加，负责指导校园建设，包括校舍基本建设的布局和校园环境绿化、美化方面的计划、规划工作。校工会、团委会、学生会和爱卫会也联合发出通知，号召全校师生员工参加绿化校园的劳动，按照学校规定绿化校园。实行三包：包栽、包活、包管理。

我校的校园，在林彪、“四人帮”横行时，遭到了严重破坏。粉碎“四人帮”后，逐步有所恢复。1979 年学校成立了绿化小组，两年来，他们做了大量工作，取得了一定成绩。他们种植了各种树苗 400 多棵，铺草坪 1000 多平方米，插迎春柳 500 多米。新建苗圃一个，播种一亩两分。培育各种花卉 1000 多盆。修建花台 29 个。修建水池一个、假山一座。此外，还在林荫树下建造水泥桌凳 60 套等，使校园有所改观。

晨光中的会泽楼

目前，全校教职工和学生正在积极准备，为使校园平坦化、整洁化、条理化、制度化，把我校建成整个校舍在翠绿丛中，绿草如茵、土不外露、鲜花盛开、鸟语花香的，既有精神文明，又有物质文明的社会主义重点大学而努力。

最近，全校在学雷锋，开展“五讲”“四美”文明礼貌活动中，不少班级的学生开始在校园里种花植树，3 月 15 日前，经济、政治、中文、化学、物理、数学、外语和地球物理等系的学生和教职工就种植了云桦树等近 600 棵。总务科的同志还在昆明市购买花苗、树苗，以供给大家种植。

（本文原载《云南大学报》1981 年 3 月 16 日，原题为《我校绿化工作正全面铺开　扩大了绿化面积　使整个校园在翠绿丛中》）

六一节校领导看望孩子们和保教人员

本报讯 1981年"六一"前夕,学校表彰了被评选为五华区"热爱孩子赛妈妈"的先进单位幼儿园和4名先进工作者,还表扬了9名保教人员,"六一"儿童节这天上午,党委书记林亮、校长赵季、副校长苏林、程明轩和吴道源以及总务、人事、工会等部门的领导同志先后到幼儿园、托儿所看望了保教人员和孩子们,赠送了节日礼物。

一年来,学校对幼儿园、托儿所的工作比较重视,加强了领导,采取了一些切实可行的措施,建立健全了各种规章制度,认真开展了"热爱孩子赛妈妈"活动,在孩子的教育、保健等方面做了很多工作,取得一定成绩,在学校各单位的大力支持下,幼儿园、托儿所越办越好,受到教职工的欢迎,这次幼儿园和托儿所均被评为五华区"热爱孩子赛妈妈"先进集体,托儿所的领导姿态比较高,多次推辞,把"先进集体"的光荣称号让给厂矿的小单位,幼儿园的张春华老师,搞了近三十年的儿童教育,经验丰富,教学效果好,组织幼儿园的教学工作认真负责。托儿所负责人宋庆珍,经常带病坚持工作,能团结保教人员齐心协力做好工作,受到大家称赞。王桂芝被托儿所的孩子们称为"王奶奶",她年近六十,带孩子真像亲奶奶一样,耐心细致,深受孩子们的欢迎。徐韵莲老师热爱本职工作,兢兢业业,一丝不苟,不怕苦、不怕累。

"六一"儿童节这天,孩子们个个穿上节日服装,欢天喜地,幼儿园、托儿所的孩子们排练了丰富多彩的文艺节目,到翠湖参加文艺汇演。过去孩子们入园自带行李,现在全部由学校换成崭新的被褥和枕巾。还给保教人员做了工作服、给孩子们做了统一的服装。校行政会研究决定,将给幼儿园、托儿所买一台大型的洗衣机;今后孩子们在幼儿园、托儿所的文具、课本也将由学校供给。

(本文原载《云南大学报》1981年6月10日,原题为《表彰幼儿园托儿所保教人员 六一节校领导看望孩子们和保教人员》)

孔安道纪念金会捐助我校港币十五万元购买图书

本报讯　香港孔安道纪念金会于 1981 年 11 月和 1982 年 1 月先后两次来函，表示愿意捐赠港币 15 万元给我校购买社会学、心理学、经济学、管理学、法律学、商业学、地理学、历史学、政治学及哲学等 10 个学科的外文书籍。

据香港孔安道纪念金会来信说，孔安道纪念金乃由已故之孔安道先生的家属设立，旨在捐助慈善事业及学校教育事业，过去十年中曾捐助香港一些大学和医务机构，国内的北京大学、南京大学、中山大学、武汉大学、山东大学、复旦大学 6 所大学及广州中山医学院等已分别接受同一性质的捐款。

我校已同意按该项捐款规定的使用范围接受这笔 15 万元港币的捐款。校图书馆利用这批捐款购买的书籍将加盖"香港孔安道纪念金会赠书"的印记，以作纪念。

（本文原载《云南大学报》1982 年 2 月 16 日，《云南日报》刊用，云南广播电台播放）

我校囊括全省大学生乒乓球选拔赛全部冠军

本报讯　云南省大学生乒乓球选拔赛，经过一个星期的紧张、激烈的较量，我校蝉联男女团体冠军，周德华夺得男子单打冠军，潘圣洁夺得女子单打冠军，夏卫东获得男子单打亚军，林越陵、刘礼英分别获得女子单打第七、十一名。

这次乒乓球比赛，是由省教育厅、市体委联合举办，选拔参加全国大学生运动会运动员。全省共有 15 所大专院校，110 多名男女学生参加。这是云南省规模最大的一次大学生乒乓球比赛。从整个比赛看，各队男女运动员的技术、战术普遍有提高，实力比较接近，很多场次都是打满 5 盘和 9 盘。我校男女队共 7 名队员，他们以中国女排和乒乓球队为榜样，放弃了寒假休息，刻苦训练，在比赛中打出了水平，赛出了风格。运动员顽强拼搏的精神给大家留下了很深的印象。不少队员带病坚持比赛，女队的第一场比赛就碰上了实力较强的思茅师专队，林越陵感冒发烧，边吃药边参加比赛。在冠军争夺战对农大女队时，主力队员潘圣洁拉了两天肚子，吃不下东西，睡不好觉，但她一直坚持比赛，比赛的当天她早点都没吃，打完比赛，小潘已经累得汗流夹背，走路都有困难。男队也有几个队员带病上阵。比赛中，男女队员讲团结、讲友谊，认真开展“五讲四美”活动。男队的夏卫东同学，裁判员误判给他两次多计了分，他主动提出改正，其他同学也多次改动自己的分数，受到裁判和对方队员的称赞。女队的刘礼英同学上场比赛比较少，她就主动承担了大家的生活管理工作，每场比赛，她都热情地给队友端茶送水，比赛结束回到宿舍又给女队友打热水洗脸洗脚，照顾得十分周到，使队员们很感动。

我校男女乒乓球为什么能取得这么好的成绩呢？这是和学校领导的支持、关心分不开的，这次选拔赛前，学校体育运动委员会主任吴道源书记多次和教练员商量研究，比赛中有一天晚上十一点还到教练杨国智老师家里了解比赛情况，研究如何进行比赛的问题。赵季校长也到比赛场观看比赛，鼓励全体队员努力拼搏，争取更好的成绩。体育教研室的几个老师和职工对运动员的后勤工作管理很好，

1082 年“首届全国大学生运动会”选拔赛，云南大学乒乓球队获得冠军，吴道源书记、赵[illegible]校长与 9 人合影

在学校领导的关心和教职工的支持下，乒乓球队的教练员和运动员花费了很大的心血，留下了不少辛勤的汗水。从1977年昆明地区大学生乒乓球比赛中我校男女队获得冠军后，为了保持这个荣誉，把乒乓球技术提高一步，打出新水平，他们4年多来，一直没放松过训练，每周坚持3个下午的训练，队员尽管进进出出，有更新，训练制度却从没改变。为搞好这次选拔赛，从寒假开始，训练抓得更紧，练技术，做思想政治工作。还请一些不同类型打法的球队和老师进行有针对性的训练、友谊赛等。队员的基本功有了进步，思想也比较稳定。比赛中，男女队员互相鼓励、互相帮助、共同研究战术技术。比赛一场比一场打得好。男队的周德华和夏卫东，女队的潘圣洁，他们3人在团体赛中，都打了13场以上，获得了全胜的成绩。他们3人已被选拔参加全国大学运动会比赛，其他队员正在选拔中。

这次选拔赛，只进行男女团体和男女单打比赛。获男子团体二至四名是：昆明医学院、昆明工学院、云南工学院，获女子团体二至四名是：云南中医学院、云南农业大学、昆明医学院。文山师专的李成波、昆明医学院的沈虹分获男子单打三四名。云南中医学院的毕云、云南农业大学的郑天媛、思茅师专的向光莲分获女子二至四名。

比赛期间，还进行了体育学术讨论会，会上交流了15篇学术论文。

（本文原载《云南大学报》1982年2月16日，原题为《全省大学生乒乓球选拔赛结束　我校男女队囊括全部冠军》）

人生无处不青山

今天1982年7月6日本刊发表的经济系七八级党支部全体党员和学生家长林国材、谭绍云同志致校党委、系总支和系领导的信，表达了我校应届毕业生立志四化、献身祖国的豪情壮志，反映了广大学生家长对子女的殷切期望。他们这种把祖国需要放在首位，个人利益服从国家需要的精神，值得大家学习！

对1982年毕业的研究生和高等学校毕业生的分配去向，国家计委、教育部和劳动人事部根据当前的新情况做了新的规定。强调要转变重科研、轻生产的观念，要动员和鼓励毕业生到生产第一线去工作；要积极支援边远地区和民族地区，以加快这些地区经济文化的发展；要分配一定数量的毕业生到集体所有制单位去工作；农林医师范等本科毕业生要分配到县及县以下基层单位，为发展农林科学技术和农村教育、文化、卫生事业服务。为了支援西藏建设，国家规定，从1982年起，对去西藏的毕业研究生和大专毕业生实行定期轮换办法。对于这些新规定，我们一定要认真学习，深刻领会其重大意义，坚决贯彻执行。

1982年我校有800多名毕业生将奔赴工作岗位，这是四化建设的一支新生力量。几年来，他们在党和人民的抚育下，在老师的辛勤培养下，思想觉悟有很大提高，学业有很大进步。他们关心国家的前途，愿把火红的青春献给祖国四化的宏伟事业。他们中的大多数对当前的形势有较清醒的认识，对待毕业分配有较充分的思想准备，决心听从党的召唤、服从国家分配。但也有部分毕业生，对1982年毕业分配的新情况、新规定缺乏深刻的理解，思想准备不够充分，存在这样那样一些想法：有的向往大城市，不愿到边远和民族地区去；有的想到科研单位，不想到生产第一线去；有的想到大专院校，不愿意去当中学教师；有的希望到离家近的地方，不愿意到外地去，等等。当然，毕业生中有一些实际问题，希望得到照顾是可以理解的。领导上对每个人的情况都做了调查研究，在分配计划允许的范围内，也会适当给予考虑。然而，作为每一个毕业生，更重要的是应该多想国家的需要，要认清当前的新情况，体谅国家的困难，要把国家利益放在首位，当个人利益与国家需要发生矛盾时，应无条件服从国家需要，这才不辜负党的培养和人民的希望。

毛泽东同志青年时代，在进步思想影响下，决定离开家乡时，曾写诗送给他的父亲："孩儿立志出乡关，学不成名誓不还。埋骨何须桑梓地，人生无处不青山。"老一辈无产阶级革命家，为了救国救民，青年时代就勇敢踏上坎坷的革命征途，一往无前，这种大无畏的伟大气概，永远值得我们学习！

我们希望全体毕业生根据学校的安排，认清当前的形势，提高认识，树立共产主义的革命理想和人生观，听从党的召唤，服从国家分配，愉快地到祖国最需要的地方去，为四化贡献力量，为母校争光！

（本文原载《云南大学报》1982 年 7 月 6 日）

校领导接见来校任教的五位外籍教师

本报讯　最近，赵季校长、杨桂宫和苏林副校长接见来我校任教的五位外籍教师，交谈了教学工作和生活等问题，几位外籍教师对学校给予他们的各方面的支持、照顾，感到满意。

这次来校的五位外籍教师，有四名美籍教师和一名法籍教师。其中，美国惠特曼学院青年教师麦卡恩先生和格雷戈里小姐作为该院的首批交流师资到我校担任英语教学和进修。贝蒂露·瓦伦丁教授是由外专局推荐来我校任教的，英戈德讲师是根据我校与美国西伊利诺州立大学交流协议，应聘来我校任教的，他俩将讲授高年级的英语课。法国专家弗朗索瓦·勒·巴尔比耶已在我校工作一年，准备继续工作一年。格雷戈里小姐代表惠特曼学院院长罗伯特·艾伦·斯科特海姆赠送赵校长《华盛顿州风景画册》一本。

校领导决定，不时与几位外籍教师举行交流，给他们介绍我们国家和学校的一些情况，听听他们的意见。还安排给五位外籍教师送去一份英文《中国日报》，并为他们提供阅读外国报纸，如《纽约时报》《基督教科学箴言报》。会见后，校领导同五位外籍教师合影留念，共进晚餐。

（本文原载《云南大学报》1982 年 9 月 18 日，《云南日报》刊用，云南广播电台播放）

法律系参加“法制宣传日”活动获得好评

本报讯　1983 年 3 月 20 日，我校法律系 160 名师生参加由昆明市司法局举办的“法制宣传日”活动，义务为群众解答有关法律和公证事务的询问，受到群众好评。

很多群众闻讯，早上 8 点多钟就赶来等在圆通公园门口，询问法律等有关方面的问题。他们当中有八旬老人，也有年轻人和外地出差人员。他们说，这样的法制宣传服务活动，方便群众、解决问题。有位青年女社员不堪受丈夫打骂，痛苦万分，听到云大法律系的老师和学生上街为群众服务，便去请求帮助。师生们向她介绍了《婚姻法》的有关条款。她临走时流着泪说：“感谢你们使我懂得了很多道理，我现在知道了法律保护妇女的正当权益，再也不怕丈夫欺负了！”

有些群众由于缺乏法律知识，对一些涉及法律的问题，长期不知道怎么处理。这次在云大法律系师生的帮助下，找到了解决的办法。有一个群众和邻居发生斗殴，被打伤了，不服单位的处理决定，但又不知道怎样向法院起诉。法律系的师生根据他反映的情况，解答了他的问题。他高兴地说：“我为这件事烦恼了一年多，你们讲的道理帮我把烦恼解除了，谢谢你们！”不少群众还从法制宣传中受到教育，认为这对于减少民事纠纷、促进社会安定团结有好处。

有的群众还反映了落实政策、社会治安等问题。一位 40 多岁的男同志，因政策问题，与师生谈了 4 个多小时。他提出了很多疑难问题，负责接待的师生按法律、政策给他耐心细致、不厌其烦地做了解答，使他较满意地离去。还有一位 72 岁的老大娘，因抚育、赡养问题长期得不到解决，吃住都有困难。法律系的有关师生听了她的情况后，根据她本人要求，恭恭敬敬地帮她写了 3 份起诉书。有的同学看到她年老体弱，便端来茶水，买来面包给她吃，老人被师生热情周到的服务深深地感动，流下了热泪。

这次活动内容包括宣传宪法、法律常识，解答刑事、民事等方面的疑难问题，以及对要求诉讼的当事人提供法律帮助等。他们从上午八点半一直忙到下午五点

云大师生开展法律咨询

钟，为 104 人次解答法律问题，散发了 25 种有关法律的宣传资料共 25000 多份，展出了 29 张法律知识和图片展板，和群众进行了交流并得到他们的好评。通过这次活动，同学们不仅巩固了课堂上学的东西，而且还向老师学到了很多实际工作经验，接触了社会问题。

（本文原载《云南大学报》1983 年 3 月 3 日，《云南日报》刊用，云南广播电台播放）

集体的温情温暖了同学母女的心

化学系帮助中国石油化学总公司代培的学生何学伦，是个来自四川省永川县山区才17岁的姑娘。考取云南大学后，全家人都十分高兴，但家里经济比较困难，东找西借才勉强给她买了两套衣服、一床被子和一个床单。由于女儿第一次出远门，母亲总是放心不下，陪送女儿到昆明后，仅剩了一点回家的路费，吃饭都成了问题。到学校报到的第一天，负责接待新生的八三级同学、老师和系领导知道这一情况后，马上看望了何学伦母女，并且安慰了她们。一方面打扫宿舍给她们母女俩安排了住宿，另一方面则向学校反映情况，学校立即给予了25元钱的临时补助，暂时解决了其母女二人的吃住问题。

负责接待新生的八三级同学，看到何学伦同学生活上有了困难，心里十分同情和着急。他们经过商量，全年级同学自动捐献出了50多元钱和一部分饭菜票给何学伦同学。唐晓华同学还送给了何学伦同学一床棉絮、一个保温瓶和一个床单。学校及同学们的无微不至的关怀和爱护，使何学伦母女深深感到了社会主义大家庭的温暖。何学伦同学舒展开了紧锁着的眉头，母亲也放心地笑着回家了。

现在，何学伦同学享受着甲等助学金，基本上解决了生活困难，开始了令人向往的大学生活。

（本文原载《云南大学报》1984年10月18日）

献计上门 服务到家
我校派增百致富服务队到农村开展科技服务

本报讯 最近，学校派出以科研处长何耀华为领队，由物理、化学、生物等系及文科教师 8 人组成的增百致富服务队，用近半个月的时间，先后到楚雄、大理两个州，与地州有关领导座谈了解这两个州的经济和社会发展问题，针对实际需要献计献策，找出进行科技服务的重要课题，与有关部门和企业签订意向性的科技服务合同。他们深入一些重点户、专业户、乡镇工业、县办企业中去访问考察，与这两个州签订了 12 个意向性科技服务协议。

在楚雄州，他们从当地的资源优势和地方名牌产品的发展需要出发，根据我校所设专业学科的科研优势，决定做以下工作。第一，帮助双柏县解决妥甸酱油缩短发酵期和生产周期，保持和提高品位，实现大批量生产的问题。妥甸酱油是我省获全国二等奖的名牌产品，但生产周期长达 18 个月，不能形成大批量生产，满足不了省内外市场的需要。若缩短周期，可给州、县和我省经济的发展带来巨大的效益。第二，他们与楚雄州花果山酒厂达成联合建立一个酒曲车间的协议。当前，我省的酒曲主要依靠上海、贵州、广西、四川等省市区输入，该车间建立后，将填补我省酒曲生产的空白，给地方带来较大的经济效益。第三，根据楚雄特产大白芸豆生产中出现的质量问题，他们决定从大白芸豆提纯复状科技咨询服务，以保证大白芸豆的出口。第四，他们了解到楚雄州农村 60% 的经济收入依靠烤烟，但烤烟技术较落后，严重影响烤烟质量，使烟农收入减少的情况，决定帮助推广烤烟微波烘烤、微机控制的技术。第五，他们决定帮助推广优良稻种，以提高半山区水稻的单产。第五，他们决定对楚雄菌种场提供技术服务和技术培训，以帮助广大农村发展食用菌的生产。第七，他们还决定帮助楚雄花果山酒厂建立一个生产实验室。

在大理州，他们深入洱源县邓川奶粉厂，根据工厂生产经营中存在的问题，决定帮助解决犊牛血清的出路和犊牛皮、骨、肉的综合利用问题。邓川县是我国著名的乳牛县，乳牛资源极为丰富。邓川奶产量高、质量好。牛的发展对洱源县和大理州的经济发展有重要作用。但过去只重视乳牛的发展，小牛犊的经济效益不高。邓川奶粉厂曾与上海一家生物研究所签订每年提供 200 万毫升犊牛血清的合同，但血清的资源优势仍发挥不了。服务队决定设法帮助解决这个问题。对于邓川乳扇的保鲜问题，他们也将进行研究。邓川乳扇是国内外非常受欢迎的乳制品，我国仅有邓川乳牛的奶能做乳扇，成了全国独家产品，但乳扇的保鲜问题没有解决，影响长途运输和批量生产打入国内外市场。服务队决定帮助解决这一难题，受到州、县和邓川奶粉厂的欢迎。根据胡耀邦同志大理要种万亩茶花的指示，他们深入养花专业户家里访问，准备为专业户提供技术服务。

另外，服务队还与楚雄、大理有关部门商谈了有关智力开发问题，表示要满足这两个州提出的各项人才培养的要求，学校将为楚雄州开办地球物理和生物两个训练班，培养一批专业技术人才。

1985 年 4 月 6 日，学校根据上述意向性协议，已派出首批教师到楚雄州进行科技服务。

（本文原载《云南大学报》1985 年 5 月 8 日，《云南日报》刊用，云南广播电台播放）

庆祝建国三十五周年征文评奖揭晓

本报讯 校党委宣传部和校刊室举办的庆祝建国三十五周年有奖征文已评选结束，共评出一、二、三等奖 17 篇。党委副书记刘西芳在宣传部举办的春节茶话会上，向获奖者颁发了奖品。

这次有奖征文活动，得到了广大师生员工的大力支持，在 3 个多月的时间里，收到教师、学生、行政干部的来稿 60 多篇。来稿体裁多样，内容丰富，有诗歌、散文、小说，也有通讯、摄影。有的来稿反映了一个系的发展变化，有的讴歌了一个集体或者一个宿舍的新人新事，而大量的来稿则抒发了对祖国或校园的深厚感情。经认真评选出来的获奖作品，从写作技巧到语言表达都比往常有了较大提高。其获奖作品如下。

一等奖：

汪泽雯《思乡雨》（散文）

应旺安《听我说吧，妈妈》（诗）

二等奖：

王 彪《捐款》（小说）

李鸿宾《祖国我对你说》（诗）

饶培新《悔》（散文）

彭 彬《价值》（小说）

雷 鸣《特别宿舍》（散文）

三等奖：

陈俐媛《船夫》（诗）

赵 红《河边》《思》（诗两首）

杨克林《同窗》（照片）

高 力《今日沙甸》（通讯）

高雄飞《伞》（散文）

袁 东《和前线战士在一起》（通讯）

赵琳仙《一条洒满汗水和心血的路》（通讯）

（本文原载《云南大学报》1985 年 2 月 6 日）

校工会抽查结果表明：我校教职工生活水平逐年上升

本报讯　最近，校工会对化学系、历史系、图书馆和总务处等单位的75户教职工进行了一次家庭经济情况调查。调查结果表明，我校教职工的生活水平近年来有了较大幅度的上升。

被调查的这75户教职工，均为1980年我校的在册教职工。其中有教授、讲师、助教、行政人员和工人。在这75户教职工中，如用1985年和1980年相比，黑白电视机由原来的23台增加到了现在的39台，彩色电视机由原来的1台增加到了现在的12台，收录机由原来的20台增加到了现在的38台，洗衣机由原来的20台增加到了现在的49台，自行车由原来的60辆增加到了现在的105辆。另外，如收音机、缝纫机、照相机、摩托车和电冰箱等家庭高档消费品，较之于1980年也有了不同程度的增加。

这些教职工，人还是五年前的那些人，工作也没有变动，相反的有些教职工的家庭因小孩上大学等，开销反而增大了一些，但生活水平都有了很大的变化，工资普遍增加了。家庭收入和五年前的人均数相比增加了80%，远远超过了物价指数的上升幅度，许多几年前还不敢想的一些高档消费品，现在已出现在很多普通教职工家中。

事实说明，近年来，我校教职工生活水平有了较大幅度的上升，而那种“现在什么东西都涨价了，唯独生活水平没有提高”的说法是站不住脚的，人们从这些对比中，充分看到了党的三中全会以来经济政策的威力。

（本文原载《云南大学报》1986年3月7日，云南广播电台播放）

我校普法教育基本结束

本报讯　根据中央和省委关于普及法律常识教育的指示精神和有关文件，我校从 1986 年下半年开始在全校师生职工中开展普法教育，1987 年 8 月已基本结束。全校 1518 名教职工参加考试，90% 取得优秀和良好成绩。具体情况是：优良 1370 人，占参加考试人数的 94%；及格 144 人，占参加考试人数的 9.4%；不及格 4 人，占参加考试人数的 0.2%。

一年多的群众性普法教育，从始至终都是在校党委领导下进行的。党委认为，普及法律常识是加强社会主义法制的必要措施，是精神文明建设的重要内容。为了进一步提高全体师生职工的法制观念，真正做到有法可依、有法必依、执法必严、违法必究，以促进党风、校风的建设。为此，各级党总支和行政都认真抓了这项工作，列入自己工作的议事日程，加强了组织领导，两个学期时间，学完了《干部法律知识读本》，重点学了《法律基础理论》和九个法律、一个条例，具体内容为：《宪法》《刑法》《刑事诉讼法》《民事诉讼法》《民法通则》《婚姻法》《经济合同法》《兵役法》和《治安管理处罚条例》。学校工人学完了《职工法律常识读本》二十三讲。

（本文原载《云南大学报》1987 年 7 月 5 日，《云南日报》刊用，原题为《我校普法教育基本结束参试优良者占 94%》）

我校邀请昆明地区部分家长来校座谈

本报讯　1987 年 1 月 10 日，我校召开昆明地区部分学生家长座谈会，20 名学生家长参加了会议。座谈会由党委宣传部部长史宗龙主持，首先由党委办公室主任马维龙向学生家长传达了中共中央 1987 年一号文件精神，说明学校党委召开的这次会议，是希望家长配合学校共同做好学生的思想政治工作，并请他们对学校工作提出意见和建议。马维龙同志和学生处处长彭佑娴还分别介绍了学校的基本情况，和 1986 年底一段时间少数学生上街游行，粘贴大小字报等问题的情况，以及省委、省政府和学校领导所做的工作，明确表明了学校对少数学生闹事的态度。当天中午学校请家长们分别到各学生食堂以普通就餐人员的身份打饭进餐。饭后学生家长到学生宿舍看望了自己的子女。下午继续座谈。

有 8 位家长做了发言，现摘要如下。

王庚（云南省军区离休干部）：我对当前少数学生上街闹事是坚决反对的，保证积极配合学校做好自己孩子的教育工作。少数学生上街闹事其原因是多方面的，根本的原因是资产阶级自由化的影响。我们要教会学生用马克思主义的立场、观点和方法正确分析和看待现实问题。要使学生懂得，只有马列主义能够救中国，只有社会主义能够救中国，没有中国共产党就没有新中国的真理。使他们清醒地认识到这是历史的结论、历史的选择。

金永庠（冶金研究所高级工程师）：云南大学的党团组织和老师对学生都很关心，对学生的工作是做得好的，我作为家长是放心的。现在的学生多是从初中、高中到大学的，这些孩子思想活跃，但对社会缺乏了解，认识不深，而且往往容易上当，受坏人利用。十年内乱时期他们只有几岁，不知道这样搞“大民主”对社会的安定团结有很大的危害。20 世纪 50 年代匈牙利事件后不久，我到匈牙利留学。匈牙利事件开始也是从学生上街游行先搞起来，后来越闹越厉害，被反革命利用出现了流血事件，国家受到了严重的危害，多少年后匈牙利都没有恢复过来。这是血的教训。十年内乱我们也有教训。这些情况孩子们不知道，要用事实来教育我们的子女，让他们看到搞资产阶级自由化的危害，知道今天安定团结的大好形势来之不易。

高羽（铁合金厂劳动服务公司干部）：从根本上来说家长与学校的目标是一致的，这就是为了把子女教育好，为国家培养人才。建议学校多与学生家长联系，系领导多与学生联系。听孩子们说，现在有些班主任与学生接触不够，希望今后加强。

李远耀（昆一中教师）：学校要理直气壮地抓思想教育，要用马列主义对学生进行教育。现在中学的学风也不好，大学是否也这样？我的孩子上大学后学习的劲头不大，凭兴趣，刻苦钻研的精神比较差了。现在的大学生是身在福中不知福。希望学校加强对学生的管理，加强对学生的思想政治工作和形势教育。

周士民（昆明工学院地质系教师）：对青年学生的教育是一个普遍性的问题，如何把20世纪80年代的大学生教育成具有坚定正确的政治方向的人才，实质上是一个争夺青年的大事。前段时间对大学生的评价，有的吹捧得过头了，不恰当的宣传和估计对学生成长不利。有的家长认为子女上了大学是进了保险箱，其实不然，家长还是要关心和教育自己的子女。

赵海伦（昆明陆军学院政治处干部）：建议学校在政治理论教育中加强针对性，联系实际，回答学生在新形势下产生的各种思想问题。针对改革开放中出现的情况，用马列主义的立场观点分析、解答。利用假期有计划有目的地组织学生进行社会调查。加强学校的行政管理工作和培养学生树立良好的作风。组织多种形式的课外活动，占领业余时间阵地。

张裕群（昆明18号信箱工程队工人）：原先我认为把子女送进大学就完事了，也就没有与学校联系。我没有上过学，希望自己的姑娘上好学，为四化贡献力量。我的姑娘思想幼稚，在云大选举五华区人民代表时，有几个同学说选她当代表，没有考虑后果，她就出来辩论，但没有参加上街游行。今天中午她对我说，今后做什么事都要先在自己的脑子里考虑一下，哪些是对的，哪些是不对的，考虑好了再去办，今后要好好学习。

张世玉（科学院昆明分院技术干部）：家长对娃娃的教育和影响是很重要的。

我体会到，家长对子女严格要求，与学校配合起来做学生教育工作效果就好些。前段时间，不仅是学校的政治思想教育有所放松，从整个社会上来看也有所放松。现在有些学生没有远大目标，学习目的不太明确，思想空虚，没有精神寄托，行动盲目。有一部分学生对学习采取混的态度。我觉得，做学生的思想政治工作，要有针对性，不能泛泛地做工作。平时的思想教育工作要抢在前面，等到事情发生了再来做工作往往很被动。还要教育学生树立为人民服务的思想，加强艰苦朴素的教育。

学生家长还对学校伙食做了较好的评价，同时对学生宿舍管理、食堂卫生等方面的问题提出了意见和建议。会上没有时间发言的家长在会前会后也和学校的同志做了认真、坦率的交谈。

（本文原载《云南大学报》1987 年 1 月 15 日，云南广播电台播放，原题为《家长望子成才　学校为国育　我校邀请昆明地区部分家长来校座谈》）

总务处做了十二件实事

本报讯 一年来，总务处广大职工，在完成经常性和突击性工作外，围绕学校的发展需要和中心任务的完成，还比较集中地办了十二件实事。

1. 坚持改革。遵循巩固，消化、补充、完善的方针，对食堂继续推行责权利相结合的经济承包合同制。在市场副食品物价上下浮动较大的情况下，能够持续稳定地保证了全校近万名就餐人员的需要；房租改革方案试行一年多来，受到校内外的重视，并积累了一定经验；总务科在垃圾清理、沐浴理发方面做了较大的改进。

2. 完成了“东方红”宿舍的加层工程及维修工作。研究生宿舍竣工交付使用。调整了青年教职工、学生住房，解决了增加四百余人的住房问题。

3. 解决了几幢大楼房和几个宿舍区的用水问题，基本保证师生用水。

4. 学校环境脏、乱、差状况基本得到改观。以秩序、安全、卫生为重点在校内进行严格管理，收到良好效果。

5. 新建了校本部锅炉房，保证了一、二食堂用气需要和校本部的开水供应。

6. 东二院新建理发、沐浴室。每天可满足 600 ～ 700 人的沐浴需要。

7. 加强了校园绿化、美化。栽了孔雀杉、银杏、桂花、茶花、樱花等 4569 株。

8. 东二院内新建运动场地一块，面积为 6600 平方米，内设篮、排球和网球场，此项工程正在施工。

9. 新建 4 个单车棚，修建了临街面的围栏。

10. 办起了招待食堂并附设西院教工食堂，校内办了服务部，受到师生欢迎。

11. 竭力挖潜，扩大服务范围为师生员工提供方便。卫生科增设了妇科、五官科、外科，自制药剂 23 种，节约了开支。幼儿园开设了英语课，增设婴儿班。

12. 一年输送 44 名职工参加各类专业班学习。提高了职工素质，有 6 人读夜大，7 人参加自学考试，培训行政管理干部 3 人。

（本文原载《云南大学报》1987 年 3 月 5 日，《云南日报》刊用，云南广播电台播放）

食堂肉食供应将用新办法

本报讯 为了缓和猪肉消费增长较快与肉食供应暂时不足的矛盾。从 1988 年 3 月份起，根据昆明市的有关规定，我校食堂的肉食供应将采用新办法。

1987 年 11 月昆明市规定了猪肉供应实行“双轨制”办法。即保证城镇居民基本需要的部分，实行凭票供应，每人每月供应统价肉 1 公斤；定量外的猪肉，实

菜品琳琅满目的云大食堂

行议价供应。对大学生采取优待办法，粮食关系在校学生每人每月供立统价肉 3 公斤，粮食关系不在校的学生每月供应统价肉 1 公斤。

不足的部分，需从市场上购买议价肉。根据昆明市的规定，我校食堂的肉食供应也做了相应的调整，也实行“双轨制”。即定量供应实行补差办法，每公斤补差 2 元，超定量供应部分按议价出售。1 月份试行结果，师生员工不太满意。而且市场上的价格浮动频繁，食堂难以适应。

在征求师生职工的意见，走访学习兄弟院校办食堂的经验的基础上，为了更好地调剂和办好伙食，经学校研究决定，从 3 月份起，不再实行补差办法，改为发肉票供应的办法。粮食关系在校的学生每人每月发 30 张肉票；其他各类学生包括粮食关系在食堂的教职工每人每月发 10 张肉票。肉食供应价也分两种，持肉票者按统价核算供应，无肉票者按议价核算供应。

该办法将作为试行，望全校师生员工提出改进意见。

（本文原载《云南大学报》1988 年 3 月 14 日）

路遥知马力

——锅炉微机控制系统研制组人像集锦

信电系在瑞丽糖厂进行锅炉微机控制系统研究取得成功。当人们欢庆这一胜利时，也许想了解一下这个科研小组是如何进行工作和生活的。

集体照之一

近几年，在德宏州是微机推广应用的低谷时期。糖厂一位职工说：“用微机是儿子辈的事，我们过去搞过，吃了亏，真是一次被蛇咬，十年怕井绳。”有的工人在参加科研工作中碰到困难就想打退堂鼓。我们的教师则说：“科研工作遇到困难和挫折是常有的事，我们还坚守在岗位上，你们怕什么？现在就像汽车爬坡，坚持一下，加把力就能冲上去。”经过大量的宣传、动员，人们克服了疑虑，而微机应用的成功事实教育了这部分职工，使他们成了参加科研工作的骨干力量。

集体照之二

锅炉微机控制系统研制组，他们是一个团结战斗的集体。在工作上既有分工，又有协作。他们在厂里同时承担了锅炉微机控制系统和均衡榨量控制等 4 项研究工作，有的工作需要晚上 12 点工人下班后才能进行，白天他们就参加其他的工作。晚上大家集中力量突击。有时为突破重点难题，研制组的教师全力以赴，日夜奋战。

单人照之一 三次推迟婚期的潘胜昔

小潘是信电系 1988 年毕业的研究生，毕业留校任教就参加科研工作，原计划 1990 年元旦和贵金属所工作的小向结婚。因 1989 年 12 月小潘要到糖厂调试设备，爱人小向来送行时主动给系领导说，为了工作他俩已推迟到春节结婚。又由于调试出故障，怕影响生产，春节时他根本脱不了身。第三次结婚的请柬都发了出去，小潘、小向不得不到所有的亲友家里道歉，并取得了双方亲友的谅解。

再次推迟婚期直到3月中旬，工厂的工作有了眉目，这对鸳鸯才终成眷属。

单人照之二 以工作为重的王老师

王威廉讲师在接受科研任务后，还每周在校承担6节课的讲授，他从无怨言。同时得到在昆医当医生的爱人潘嘉华支持。1990年1月就是小潘的预产期。两人都已40出头，大龄姑娘第一次生小孩，危险性是众所周知的。双方的父母无力照顾临产的小潘，两人多么盼望顺利产下又白又胖的孩子。王威廉在厂里一直负责项目的主体工作，任务很重丢不开，胎儿已入盆半个月，但小潘总是写信或打电话安慰王威廉，以工作为重，说“自己是医生，能够自己照顾自己”。当王威廉从瑞丽赶回来的第二天，孩子已呱呱落地了，系领导、小王和小潘也欣慰地笑了。

单人照之三 完不成任务睡不好觉的施心陵

施心陵讲师负责锅炉微机控制系统的总设计和数学模型设计与方案实施工作。同时还担任着楚雄州的太平水库，弥勒县的东风水库的全部软件工作，3个科研项目几乎同时验收，且是直接用于生产，搞不好要造成国家极大的经济损失。施心陵从东跑到西，从南跑到北，回到系里每周还上4节课。科研、备课，时间从哪里来？他只有不分日夜的加班干，当我们在一起开会时，小施两眼布满了血丝。他说完不成任务睡都睡不好，从1989年12月到1990年2月，三个月里睡觉时间很少。

单人照之四 老将出马一个顶三的郑苏民教授

郑苏民教授，既是系主任，又是该科研项目的总负责人，参加课题的研究，1989年1月还亲自到工厂参加微机的安装调试工作。施心陵讲师深有感触地说：“项目离开了郑老师不行，有他在，困难就迎刃而解。有的问题解决起来就可以少走弯路，节约大量时间。”尽管郑老师动口又动手地参加科研工作。但在申报科研成果时，却没有郑苏民的名字，他这种为青年人开路让位的精神实为楷模。

单人照之五 一万二千里路云和月的解绍先

53岁的解绍先，是该项目的总协调和后勤部长。从昆明到瑞丽800多公里，战线拉得如此长，时间也用了一年半，解绍先从省经委、省科委、学校到州、县和瑞丽糖厂，他都得做各种协调工作，跑腿，苦口婆心地四处游说，争取支持。一年半时间里，他从昆明到瑞丽往返7次，行程达12000公里。到过瑞丽的人谁不知晓，坐在公共车上，有的地段道路崎岖，艰险到令人窒息，根本不敢往车窗外看的程度。难怪老伴每次见到老解出差总捏着把汗。解绍先却坦然地说："既然干上了，就得干好，看到边疆少数民族地区那样渴求科学技术渴求科技人才，我们不去干谁去？"

集锦总说明：就是这群忘我的教师，在瑞丽糖厂干出了名堂，同时赢得了州、县、糖厂的信任。糖厂一位负责人在总结时说："信电系的教师这种苦干精神实在令人钦佩，他们以厂为家，每天从早到晚干十七八个小时，如果大家都这么干，实现社会主义不知能提前多少时间。"这也就是此篇结束语。

（本文原载《云南大学报》1990年5月24日，《云南日报》刊用，云南广播电台播放）

荡水进轻舟

——云大外语学校见闻

走进云大外语学校，拟写一篇采访通讯，大量有趣的事和人向我们涌来，激动着我们。

外语学校 1984 年建校，四届毕业生升学率分别是 94.4%、96.7%、72.4%、93.3%。他们除被录取到北京外国语学院、北京第二外国语学院、上海外国语学院外，还有 52% 的学生考入东北财经大学、广州外贸学院、武汉工业大学等非外语类院校。难怪不少人羡慕外语学校。

——学校除 7 名（其中两名是外籍教师）外语教师外，其他课程的老师都是从昆明市各中学聘请的，课堂上老师都讲得津津有味，很吸引人，由不得你走神。下了课从不发复习题、模拟题什么的让你去啃。

——外语学校的课程多。一般高中学校文科开设的课都得上。特殊的是英语就分了精读、泛读、口语、听力等，3 年还要学完大学外语系的 5 至 7 门课程。还有美术课、音乐课、舞蹈课，课表排得满满的。全面贯彻德、智、体、美、劳的教育方针，拓宽了学生的知识面，锻炼了学生的思维敏感性。并且课程的安排有劳有逸，该看书时看书，该跳舞时跳舞，气氛活跃，学习起来就不易觉得倦乏，即使原来不爱唱、不爱跳或功底较浅者也照样能歌能舞。云大艺术团的骨干有不少是外语学校毕业的，每次云大的文娱比赛也总有外语学校的同学获奖，可谓“采菊东篱下，悠然见南山”。

——外语学校的学生都爱说话，这是不是能加强思辨能力？背英语单词时“哗啦哗啦”读，记历史、地理时也“唏蟠嗞嗞”的念，也许言语最能冲开记忆的闸门。学生打了饭也爱蹲在一起边吃边聊，神聊的味盖过了肉味。大家都把自己绝妙的学习方法、刚学到的新鲜知识如佳肴般端出来，增多信息输入，这也是智能互补。“与君一席谈，胜读十年书。”

就像外语学校得了个什么“W 效应”，许多人一进大学就担任班干部，或者一跃成了大学文艺团体、社会团体的骨干，很活跃挺能干的。还时而有同学取得令人瞩目的成绩。比如八八届毕业生曹晶获云南省大学生演讲比赛及诗歌朗诵大赛两项冠军，张玖参加托福考试得 653 分 (满分 660)，知情人说这即使在全国各托福考试考点中也寥若晨星！

离高考只剩两个月了，是有些紧张，不过校领导、教师和学生心里很自信。打扫卫生、早操、跑步，文娱、体育比赛照常进行，这就像水越急荡，越要轻摇桨棹，稳稳地划。“喧风春意闹，荡水进轻舟。”这就是云大外语学校给我们的深刻印象 。

（本文原载《云南大学报》1991 年 5 月 10 日，《云南日报》刊用，云南广播电台播放）

生活就是 99 个回合

1994 年即将结束，在逝去的一年中，我们有所获得，也留下遗憾和不足。而对新的一年，我们高声回答：

生活就是 99 个回合！生活就是不断地面对新的挑战！当你遇到挫折，一蹶不振时，切勿自卑、切勿自弃，一时的失利并不意味从此完蛋，生活中还有 90 多次机会！当你追悔莫及，情绪低落时，你必须正确处理好这一危机。一失足未必铸成千古恨，明日的太阳照样是鲜红的，生活中还有 90 多座山峰等待你去攀登！生命的乐章，有欢乐、激昂的快板，也有沉郁悲怆的哀鸣。失意的痛苦，成功的欢欣的交替循环，造就了丰富的人生。

美国著名成人教育家卡耐基，青年时是个穷小子，他渴望出人头地，在学校学习时，他决心在演讲比赛中获胜。他花了八个月时间进行练习，却一次又一次失败了。他极其失望和灰心，甚至想自杀，但最终他并未放弃，第二年，他获胜了。大学毕业后，面对重重困难，凭着坚强的信念他开始自己的艰难创业，20 年后他成功了，庞大的卡耐基机构建立起来了：美国卡耐基成人教育机构、国际卡耐基成人教育机构和遍布世界的分支机构达 1700 多个，接受教育的人多达几千万，影响了 20 世纪的几代人。

生活中除了信念、理想、憧憬之外，最重要的就是战斗，向命运、向自我、向人生发出挑战。生活的最大考验不是你一帆风顺之日，而是在你遭受挫折，身处逆境之时。伟大的音乐家贝多芬，这位集西方音乐精华并为浪漫主义音乐开辟了道路的德国作曲家，一生境遇坎坷；童年的孤独、疾病的折磨、爱情的不幸，命运一次次把他抛进无望的深渊，他却从未向命运低头。不朽的《命运交响曲》《英雄交响曲》正是他向不幸的命运抗争，用英雄的形象激励自己顽强拼搏的真实写照。生活是 99 个回合，是坚定的信念，是激昂的斗志，是永远的憧憬，是顽强的拼搏，光荣属于勇敢拼搏的人。

（本文原载《云南大学报》1995 年 1 月 14 日，《云南日报》刊用）

从金花到阿诗玛

如落英飘零，如细雨叮咚，随着一曲清婉舒缓的悠扬之音，800 名少女微展双臂，轻点足尖，飘然迎风而出，撒落芳亭间，点点滴滴……有人误以为是“蜜蜂”，有人戏称为“小天鹅”。不过，你来听：“大理三月好风光，蝴蝶泉边采花蜜……”这是正处紧张排练中的全国第五届民运会开幕式第三场表演：彩云南现。

汉族以现代小提琴协奏曲《梁祝》来传达蝴蝶爱情悲剧的幽怨，白族则用《大理三月好风光》来表现金花、阿鹏在蝴蝶盛会下的爱情甜蜜。云南大学和昆明纺织工业学校的各 400 名少女演绎为醒目的蝴蝶图案，为时隐时现于花丛中的 10 名金花营造一种朦胧美，使得“苍山脚下找金花”的阿鹏好不心焦。

10 名阿鹏终于找到各自的金花，白族乐声戛然而止。来自武警云南总队第三支队的 400 名“彝族青年”和着彝族的音乐节拍步步走出，形成平面石林，蝴蝶们演变为小草。中间平台上，阿诗玛、阿黑表演双人舞。铜鼓声声，敲出深挚爱情的强悍震音。

从金花到阿诗玛，民族风格迥变。

（本文原载《云南大学报》1995 年 11 月 20 日，《云南日报》刊用）

生态所获得联合国教科文组织科研资助

本报讯　近日，我校生态学研究所欧晓昆副教授接到联合国教科文组织的通知，该组织已同意在云南大学开展生态技术领域的研究活动，并为其中的部分内容提供财政资助。

1994 年 10 月，在联合国教科文组织中国委员会的帮助下，生态所向联合国教科文组织总部提出了在云大建立生态技术教学基地和进行有关生态技术具体研究项目的申请报告，于 1995 年 11 月 20 日获得批准。

该项资助包括两方面内容：一是在云大准备建立生态技术教学基地的活动，其中将邀请一名专家出席 1996 年 2 月在印度马得拉斯召开的亚太地区生态技术网络会议，会议将讨论和提出有关在亚太地区建立生态技术网络的具体内容；二是在湄公河中游研究持续的自然资源的使用、保护和发展，本次资助内容为西双版纳地区竹资源的种植、利用技术，并举办一次国际性的培训班。生态技术教学基地的建设将增加云大与国外的联系，扩大云大在国外特别是在国际组织中的影响。

（本文原载《云南大学报》1996 年 1 月 17 日，《云南日报》刊用，云南广播电台播放）

“云南大学云县希望小学”开学

1996年9月16日，“云南大学云县希望小学”在云县晓街乡团山竣工并举行开学典礼。400多名中小学生在崭新、宽敞、明亮、洁净的教室里开始上课。

在开学典礼仪式上，云南大学党委书记高发元代表校党委、校行政及一万多名师生向希望小学表示热烈祝贺。他说，富国、强民，要靠科技，科教兴国、科教兴滇，基础是要抓好教育，教育是立国立省之本。希望工程是我们共同的事业，不论是大学还是小学都责无旁贷。也正是这希望工程把云大和临沧及云县人民紧紧地连在一起。能看到边远山区的孩子们到学校读书，能看到那些失学的儿童能回到教室里上课，这是全体云大师生的心愿。能为云县的教育事业尽点微薄之力，我们感到无比的高兴。我们衷心希望把这所小学办成云县、甚至临沧地区一流的

云南大学云县希望小学竣工典礼

小学，成为带动本地区教育的排头兵，多向中学、大学输送一流的学生。

更希望能有云大希望小学的学生到云大上学。希望同学们发奋努力，好好学习，早日成为家乡建设的希望人才。临沧地委书记邵琪伟对云大支持云县建成希望小学表示衷心的感谢，并希望这希望之花开遍云县。他热诚欢迎云南大学到临沧地区充分发挥教学、科技之优势，为整个地区的发展做贡献。

云县是省委、省政府指定云南大学的对口扶贫县。从 1994 年起，云大对云县的扶贫工作极为重视，投入了不少人力物力。学校的党政领导多次到云县调查研究，并与云县县委、县政府共同研究扶贫的方案、措施和步骤，与云县党政领导达成了共识。科教兴国，教育为本。云大以其自身的优势对云县进行扶贫。1995 年至今，云大已为云县贫困乡镇捐资 47 万元，其中 30 万元用于建盖希望小学。经过一年的努力，“云南大学云县希望小学”竣工并举行开学典礼。该小学的前身是团山小学，希望小学现有 10 个教学班，其中初中 3 个班，小学 7 个班；在校学生 407 人。有教师 27 人，校舍建筑面积 2200 多平方米，学校占地面积近 15 亩。在希望小学开学典礼仪式上，云大党委书记高发元代表云大捐资 5 万元建 500 多平方米的篮球场；捐赠计算机两台，一批书籍和文化用品。

云南大学用教育和科技扶贫，扶到了点子上。两年多来已为云县做了大量工作。连续不断地办培训班，培训科以上干部和管理人员近 400 人，为他们讲授科学管理和科技知识；利用假期，培训中小学校长及教师 400 多人，除讲授课程外，还介绍国内外的教学方法和经验；每年免费为云县培养部分专科进修生和技术工人；云大还牵线搭桥，帮助建立了云县胶带纸厂；为荞老爷酒厂进行分析化验，并对包装、工艺、营销等方面提供咨询；云大还选派两名处级干部到云县贫困乡任职，帮助落实学校科技扶贫项目。

这次云大党委书记高发元、副校长方应祥等一行 13 人，除参加希望小学开学典礼外，还实地考察了云县的晓街乡和茶房乡，看望了我校在那里任职的两位副乡长。

（本文原载《云南大学报》1996 年 10 月 3 日，《云南日报》刊用，云南广播电台播放，原题为《扶贫先兴教 功德著千秋“云南大学云县希望小学”开学》）

江岸小区的一道风景线——《云大组团报》

江岸小区云大组团住有近 500 户教职工。在 9 幢 7 层高的宿舍楼中间，有一块由校党委宣传部出资修建的高 2.5 米、长 4 米的墙报栏。就是这块既矮又小的墙报栏却显得十分显眼，引人注目，成为江岸小区的一道风景线。

1994 年 12 月，为了在江岸小区云大组团通报情况，联络感情，弘扬正气，批评歪风邪气，搞好小区文化建设，中文系高宁远教授、物理系赵椿副教授和成教院石鹏飞副教授 3 人自愿共同主办《云大组团报》。

《云大组团报》这块墙报虽小，但影响却很大。一是主编和编辑的档次高；二是内容丰富，起点高；三是形式多样，生动活泼，栏目新颖别致。如新闻点评、居民热线、友情广告、江岸夜话、身边科学、保健知识、漫画荟萃、大家乐等栏目就很受欢迎；四是墙报每月一期，至今已出版 26 期，并通过墙报办了几件实事，反响很大。小菜园、江岸小区一带是公路交通的“五道口”，路况差，交通拥挤不堪，容易发生交通安全事故。《云大组团报》呼吁住户签名，向市人代会递交了彻底改善“五道口”交通状况的提案，引起省、市有关方面高度重视。这一问题现已列入市府城区改造计划，不久将动工改造。曾经有一段时间，组团内经常停放大小车辆，影响交通，又污染环境，《云大组团报》又发起呼吁。终于得到学校的重视，正式发文禁止车辆在组团内停放，教职员工无不颔首称赞。

为提高云大组团校卫队员的积极性，在《云大组团报》倡议下，设立了由住户民间集资的“保安奖”。经住户投票表决，1997 年第一届的 3 位获奖者产生了，并于 7 月 1 日举行了颁奖仪式。这对调动校卫队员的工作热情、保障住户的生命财产安全起了很好的作用。《云大组团报》还经常为一些住户呼吁解决水、电、煤气等问题；提醒大家“卡拉 OK”别唱得声音太大、时间太晚；爱护院内花草树木等等，起到了舆论监督的作用。最近，该墙报又呼吁在组团内办少儿英语班，建立托儿所、幼儿园、邮电所等等，以解住户燃眉之急。《云大组团报》帮助大家解决了不少问题和困难，当然受到大家的欢迎，成为大家关注的热点。不少人出主意，想办法，希望缩短墙报的出版周期。目前，《云大组团报》的3位编辑每出1期墙报要花6个小时，他们自采、自编、自写、自画，全部是义务劳动。虽然很辛苦，但一看到墙报那么招人喜欢，他们就觉得很值得。几位编辑满有信心地对记者说，要进一步努力把《云大组团报》办得更好，办成江岸小区的一盏灯。

（本文原载《云南大学报》1997年11月6日，《云南日报》刊用，云南广播电台播放）

知名学者盛赞《张文勋文集》

《张文勋文集》

本报讯　由云大出版社隆重推出的《张文勋文集》，于2000年9月8日在泽清堂举行首发式及座谈会。中文系张文勋教授是我国著名的古代文艺美学家、民族文化专家和诗人。张先生1926年出生于洱源县，1948年考入云大，1953年毕业并留校任教。在近半个世纪的教学科研活动中，培养了大批人才，并发表了大量的论文和10多部在国内外享有盛誉的著作，取得了令人瞩目的突出成就。近几年来，张先生主持多项省级和国家级社科课题及一系列具有影响的学术著作的编撰，他主编的“中国西南边疆民族经济文化研究丛书”引起国内外民族学界、文化学界的极大关注。《张文勋文集》收集了张先生各个时期的论文和著作，包括尚未公开出版的作品，完整地反映了张先生作品的全貌。文集共六卷，第一卷中国古代文集与文艺美学为蓝本，增补了几篇相关内容的论文，如1988年中国社会科学出版社出版的《儒道佛美学思想探索》等；第二卷为《华夏文化与审美意识》；第三卷为《文心雕龙》研究。包括《文心雕龙探秘》《刘勰的文学史论》等专著和论文；第四卷诗词审美与赏析。包括《诗词审美》《滇云诗词》《诗词赏析》和张先生为友人的诗词集所写的序、跋及有关诗词的文章汇编；第五卷“文艺杂著”，包括民族文化与民族文学方面的研究论文、中国古代文学论文、现当代文学评论、治学之道的心得等；第六卷为张先生的旧体诗词创作集《凤樵诗词》。

在文集首发式和座谈会上，省委副书记王天玺称赞张文勋先生是彩云之南最灿烂的文化之星之一，其光芒不仅来自于他的智慧，也来自于他的人格魅力。王天玺还对张先生在云南民族文化事业方面所做出的杰出贡献表示敬佩和感谢。校党委书记高发元教授在致辞中说，文集凝结了张先生从事学术活动近半个世纪在各个方面取得的突出成就。张先生倡导的多学科交叉结合，“海纳百川，有容乃大”符合社会科学研究的大趋势。校党委和行政对文集的出版很重视，认为这是在学校发扬优良学术传统，提倡刻苦执着的学术精神和尊师重教风尚，对学校今后的发展做出贡献，在学术界颇有影响的学者的成果将进行整理出版。省政协副主席许克敏及我省教育界、学术界、出版界人士近百人出席《张文勋文集》首发式及座谈会。马曜、尤中、黄惠昆、贺圣达、李毓吉、骆小所、吴松、施惟达等知名学者对文集出版及张先生半个世纪的学术探索及成就给予高度评价。

（本文原载《云南大学报》2000 年 9 月 25 日，《老云大》和《丹霞集》刊用）

张文勋教授

良好的开端 显著的成绩
——我校学生制作的电影作品将亮相德国哥廷根电影节

本报讯 2000年4月27日至5月1日将是德国哥廷根影视人类学电影节举行的日子，届时，中国将有6部电影参加展评，其中4部是由云南大学东亚影视人类学研究所的学生制作的。

我校东亚影视人类学研究所的科学研究与人才培养，是德国大众基金会在云南资助的第一个合作项目。本项目首期获资助100万德国马克，于1998年10月正式启动。

1999年12月，大众基金会邀请了英国、美国、法国、德国、保加利亚等国家的10位世界知名的影视人类学专家对本项目的第一期工作进行了评估，评估工作分两个阶段进行。

2000年1月9日至14日，由英国曼彻斯特大学格林纳达影视人类学研究中心主任保罗·亨利教授、德国哥廷根科教电影研究所所长鲁道夫博士等一行五人组成的评估团到我校进行了为期五天的实地考察评估，并于1月21日出席了东亚影视人类学研究所举行的“云南大学首届影视人类学研究生进修班结业典礼”。鲁道夫所长和朱维华校长一起为此次结业的9个学生颁发了结业证书。

2000年2月25日至28日，评估的第二阶段在德国哥廷根科教电影研究所举行。林超民副校长和东亚影视人类学研究所副所长杨慧应邀参加。评估会上，保罗·亨利教授代表到我校参评的成员向评估团其他专家和大众基金会代表报告了到我校评估的过程及结论，认为东亚影视人类学研究所的各项工作在中德双方的共同努力和真诚合作下，取得了令人满意的成绩，比他们预想的要好得多。会上，专家们观看了我校学生制作的5部人类学影片之后，一致认为，中国学生的水平相当高，甚至高于欧美学生的水平，有的不亚于欧洲电视台的专业水平，这些片子可以在欧洲的电视台播放。5部片子中的4部被专家们推选到将于2000年4月27日至5月1日举行的德国哥廷根影视人类学电影节，参加学生作品组的竞赛。

值得说明的是，2000 年入选参加哥廷根国际人类学电影节的中国影片总共只有 6 部。

经过两个阶段的评估，专家们对本项目的顺利进行及所取得的成果一致表示肯定和赞赏，并希望德国大众基金会对此项目继续给予资助，以便开展第二期工作。争取在云南大学建立亚洲第一个、世界第三个国际影视人类学硕士学位点。

（本文原载《云南大学报》2000 年 3 月 20 日，《中国教育报》《云南日报》刊用，云南广播电台播放）

我校 1998 年至 2000 年科技成果奖颁奖

本报讯 2001 年 3 月 30 日，我校举行 1998 年至 2000 年科技成果奖颁奖大会。张克勤副校长、科技处处长方瑞斌和各学院、系、所的负责人以及获奖教师等共 50 余人参加了颁奖会。

这次奖励项目分为项目立项、成果和专利三大类。其中根据党字［2000］31 号文件，项目立项类奖励金额达 47.414 万元，它包括国家自然科学基金项目，省自然科学基金重点项目，省科委攻关项目，省自然科学基金项目，省自然科学基金人才培养基金、主任基金项目，省院校项目，市院校项目，省计委项目，省院省校合作共建重点学科项目等 9 类；根据校研［1998］01 号文件，成果类奖金为 10.885 万元，它包括 SCI、ET、ISTP 论文，获奖成果 5 项、国家发明专利一项，奖金 0.8 万元。

会上，张克勤副校长对获奖单位和个人表示热烈祝贺。同时为我校的科研工作提出了意见。他说，2001 年是“十五”计划第一年，也是西部大开发进入重点建设的一年。宏观上看，国家科技投入总体增加 20% 以上，以往由国家计委管理的高新技术专项也划归科技部主管，在科技部所有的计划中，除了专为西部省区设立了西部专项以外，都有在同等条件下，向西部倾斜的规定。云南省全部科研项目指南也已出台，2001 年总经费达 2.7 亿元。新增信息专项 1300 万元，贫困地区示范专项 1000 万元，农业攻关 2500 万元。只要项目符合云南社会发展需要都能争取立项，给我校的科研工作提供了新的机遇和挑战。我校“九五”期间科研经费增长率为 10%，在 SCI 等国内外核心刊物发表论文每年以 15% ~ 20% 的速度增长；我校高新科技服务云南经济的势头较好，一批云大高新科技产业在省内产生较大的影响；科研条件建设、支撑面得到提升；省级重点学科建设进展顺利，成果显著；博士学位点建设效果明显，新的学科及生长点基本形成，效果逐渐凸现。

但是我校的科研发展速度不够快，表现在以科研经费为标志的科研总量不够多；以国家、省部级获奖，总数为标志的科研成果水平突破性进展不大，某些单项指标已受到省内兄弟院校的强烈挑战。我们要认清这种严峻的形势，从而增强责任感，变压力为动力，加大科研力度，提高科研的质量和水平，为云南的经济社会发展做出新贡献。

当前，政府对科技投入进行了重大改革。第一，原来科研项目都是自下而上，由下面提出科研项目，政府职能部门审批。而现在是职能部门根据全省社会发展需要提出项目指南，由上而下。职能部门由原来的项目申报管理淡出，全力进行宏观管理。项目申报基本已全部由中介机构进行，宏观管理中计划处特别重要。这种科研项目申报自下而上到由上而下的重大改革，重大转变，必须引起全校教师和科研人员的高度重视，要尽快转变观念，转变申报程序。第二，科研项目资助也有重大改变，现有所有项目，包括“863”等都必须有产业化和推广、示范。而且资助的重点也必须是多学科结合，经过整合的项目组，不资助两三人的小课题组。这对我校至关重要，我校的科研长项是基础研究，大多由两三人组成，与这种现状不适应，必须尽快调整，在院、系内跨学科或跨学院进行整合。

学校从宏观上鼓励、支持整合。校科技处的职能也要调整为“沟通、整合、协调、服务”的八字方针。要在科技厅等主管部门和科研人员之间加强沟通，把政府需要和我们的研究统一起来；要从学校大面上，按照有所为有所不为的原则，对现有科研方向进行整合。以紧密和松散合作两种形式，形成一批新的优势学科；要强化科技处的服务功能，科技处要逐步从项目申报中淡出（把这部分工作放到学院），强化推出课题主持人制。理顺与科技厅及各中介评估单位的关系。通过整合形成新的学科优势，组织大项目，实现国家级项目和国家级奖的突破。

（本文原载《云南大学报》2001 年 4 月 20 日，《云南日报》刊用，云南广播电台播放）

小荷才露尖尖角
——记日语九七级本科班

我校九七级日语系本科班，也是首届日语本科班。小语种，小班级（全班共 29 名同学），又地处祖国的西南边疆。但是，最近却传出了一连串的好消息：在由日本国际交流基金会组织的国际日语水平能力测试最高级别一级测试中，全班有 23 名同学顺利通过，通过率达 78%；在该基金会组织的日语作文比赛中，6 名同学获奖；有 7 名同学获云南・富山县组织的云南，富山县日语学习奖学金；引起国内同行的关注，受到日方的好评。

该班人虽少，但他们来自 15 个省市自治区，从五湖四海汇聚到一起，只有一个共同的目的，为祖国的繁荣而发愤学习，生活习惯的不同，地域和语言的差异都不成问题。29 个人，像 29 只小鸟，在这个班集体里，吮吸着阳光、雨露。班主任、老师的爱心呵护和严格的教诲，使他们非常热爱这个班集体，就连在自办的“日语角”里也集体参加，他们不仅在同学之间互帮互助，还积极、踊跃参加扶贫，捐资捐物，救助灾区人民。同学踊跃报名义务献血。世博会期间，系里派同学协助日本展厅进行翻译服务工作受嘉奖，集体参加省外办、各大旅行社及涉外单位接待日本来宾几百人，深受好评。

他们还在国内外刊物上发表文章近百篇。毕业论文进行公开答辩，论文内容涉及日本文字、语言、中日关系、日本法律、文化教育、日本的风俗民情、经济等等广泛领域，用日语写论文和答辩，可见他们的日语已不是一般水平。

第二外语（英语）的四级通过率达 30% 多。2001 年有 6 名同学报考日语硕士研究生，5 名同学考分在 320 分以上，最高分 378 分。据不完全统计，三年多时间里，全班有 30 多人次获得三好学生、优秀学生干部称号，学生党员 7 人。九七级日语班是一个德、智、体全面发展的优秀班集体，获 2000 年云南大学优秀班集体称号。

（本文原载《云南大学报》2001 年 3 月 20 日，《云南日报》刊用，云南广播电台播放）

外国人眼中的云大银杏道

20世纪90年代初，以色列国在云南大学科学馆举办《今日以色列》摄影展览。以色列国对这次摄影展览很重视，派以色列国驻中国大使本·亚柯夫率领文化参赞、农业参赞和使馆工作人员十余人前来举办展览，影展展出近百幅摄影作品，比较全面地介绍了以色列国的情况。云南大学的部分党政领导、西亚研究所、云南省社会科学院、云南师范大学、昆明工学院、云南民族大学的部分师生300人参观了影展。

云南大学党委书记高发元致欢迎词，热烈欢迎以色列国到云南大学举办这次影展。云南大学重视对西亚及以色列国的研究并取得一批成果，今后还将持续深入研究，希望这次影展圆满成功！以色列国大使本·亚柯夫即兴做了题为"带着笑容来学习最好"的演讲。他说："看到云南大学的学生朝气蓬勃、轻松、愉快的学习和生活，勤学好问，脸上带着微笑，眼里充满对未来的希望和自信，带着笑容来学习最好。云南大学对以色列国的研究比较深入，增进了两国的友谊和了解。出版的一些论文和著作，其中《以色列——谜一般的国家》一书，在以色列国受到欢迎。杨曼苏、肖宪教授等人在以色列国考察、研究期间，还受到以色列国总理沙米尔的接见。上次在贵校举办的《以色列总理拉宾生平摄影展览》非常成功。希望我们的合作更深入，取得更丰硕的成果。"

看完摄影展览，我们陪着以色列国大使一行参观校园。走出科学馆，进入云大最有特色的银杏道。看到道路两旁长得高大、挺拔、树叶茂盛，风吹沙沙声响的银杏道，亚柯夫大使眼前一亮，用手指着像列队迎接贵宾的两排大树，问道，这是什么树？翻译回答，银杏树。这条路也叫银杏道。走在清爽凉快的银杏道上，亚柯夫大使说道："这里是自然空调。"时值八月，昆明秋高气爽。在室内因为参观的人多，又闷又热，来到树下感到凉爽舒适。生物系的一位教授向大家介绍，银杏树出现在几亿年前，是第四纪冰川运动后遗留下来的裸子植物中最古老的种子植物，被誉为"活化石"。它生长慢，寿命长，栽种20年才开始结果，40年后大量结果。爷爷栽树，孙子才能吃到果实，所以银杏树又被称为“公孙树”。云南大学这些银杏树，是武云忠先生栽种，精心护理成长起来的，现在正是丰产年。大家抬头一看，枝头密密麻麻，绿色的，圆圆的果子一串串的、一簇簇在阳光照射下闪闪发光，引起了大使和参赞们一片喝彩和赞叹。银杏树、银杏道成为云南大学最靓丽的风景，也是云南大学的名片之一。春天，这里呈现出一片翠绿，生机勃勃，绿意盎然；夏天，银杏叶变为成熟的深沉的墨绿色；秋天，这里是金黄色的海洋，微风吹过，金黄的银杏叶漫天飞舞，飘落在地铺就成金黄的银杏大道，吸引了成千上万的人来观赏。年轻人追逐那些在空中飘忽不定的银杏叶，把色彩艳丽，叶纹清晰，透明，造型优美的叶片夹在笔记本里，置于书里当书签，青年男女互赠做信物；文人墨客把它写在文章中，连同拍成的照片一起，银杏道长了翅膀，随着电波飞向远方，飞到了人们的心里。跟随爷爷奶奶来观赏的孙子孙女

云大银杏道

海棠映日（情人坡）

儿们，穿着色彩鲜艳的节日礼服，欢天喜地地举着一双双小手盼着银杏叶飘落下来，嘴里不停地喊着“银杏树爷爷奶奶，恩赐一片叶子给我们！”中老年人则忙着在地上寻找金黄的、肥厚的银杏叶，拿回家里煮水喝，治疗心脑血管疾病。银杏道变成金色的海洋，人潮涌动的海洋！冬季，银杏树叶落了，换上了冬装。银杏树枝干的皮变得既厚又破，像穿了盔甲，顶天立地的士兵，准备迎接风霜雨雪的考验，同时吮吸着大地的乳汁，等待来年的绽放。冬季的来临，春天也就不远！

银杏树的生态价值和经济价值都很高。它浑身都是宝，由于它长得高大，挺直向上，寿命长，因此还有象征健康长寿，幸福吉祥等等的美好寓意。以色列国大使听到银杏树的故事和传说，激动地说：“我先后到过世界 100 多个国家，没有看到过这样整齐、壮观、雄伟的银杏树。贵校的肖宪教授把我们国家说成是谜一般的国家，贵校才是谜一般的学校。”

至公堂

我们从银杏道右拐，上了“情人坡”，进了“玫瑰园”，五彩的玫瑰十分耀眼；隔壁的桂花园里，丹桂正飘着迷人的芳香；钟楼的钟声响起，洪亮而悠扬。我们来到至公堂，那是一幢古老、标准的中国式建筑，是古代科举时代云南乡试的地方。考试者人人公平，考取举人为官要以天下为公为己任。如今“会泽百家，至公天下”是云南大学的精神。走到学校大门口，回头一看，古朴、高耸、雄伟、肃穆的九十五级台阶和会泽楼，在蓝天白云的映衬下，显得深邃、庄严、幽静、神秘。听了九十五级台阶的故事，亚柯夫大使说：“贵校有那么多的故事和传说，真是谜一般的大学。”

（本文原载《云南大学报》，《云南日报》刊用，云南广播电台播放）

名人相见　依依不舍

方国瑜和关肃霜，一个是我国著名的史学家，一个是我国著名的京剧表演艺术家。一个是纳西族，一个是满族，都是少数民族中出类拔萃的精英。两位都是云南省人民代表大会的代表。名人也很难见面，平日里，一个埋头潜心钻研民族学的理论，为本科生、硕士研究生和博士研究生上课，还要著书立说，著作等身，享誉国内外。一个为京剧艺术表演蒸蒸日上，独树一帜，不但在中国，而且唱响世界，为中国的传统艺术走向国际而不遗余力，使中国的传统京剧艺术成为国际表演艺术中的一枝奇葩。他们都是很忙的名人，只有在参加省人代会的时候，各自带着平时收集到的人民群众的困难、愿望和要求，人民群众对党和国家的一些

图中：左一关肃霜，右二方国瑜先生。

方针、政策需要改进的意见建议，向政府反映人民的呼声时才有机会见面。

1983 年 4 月 23 日，云南大学建校六十周年大庆。学校除邀请国内外的云大毕业生外，还邀请了一些在国内外著名的、有影响的专家、学者和艺术家，关肃霜就是其中之一。隆重的庆祝大会结束，关肃霜急不可耐地到处寻找方国瑜先生，就在学校的操场边上，见到了方国瑜先生，两人见面紧紧握着对方的手，激动、兴奋，久久没有松开。关肃霜看到方先生身体健朗、精神，不断地祝福；方先生听到关肃霜在北京作过几场专场演出，受到中央领导的高度评价，后来还到美洲、欧洲等地演出，非常受欢迎，传播了中国京剧艺术，弘扬了国粹，十分高兴。方先生还表示，关肃霜若有安排京剧演出，一定争取好好的欣赏。两人在依依不舍中离别，似乎还有多少说不完的知心话。

（本文原载《云南大学报》，《云南政协报》刊用，云南广播电台播放）

温馨的组织生活

“九三学社”云南大学支社，20 世纪六七十年代就很出名。原因有三：其一，成员年龄偏大，平均年龄五十岁以上；其二，资历长，都是云大资历较长的长者；三是成员全都是教授，硕果累累，而且都是在某一领域内有影响的人物。平日里，大家各自忙于教学和科研工作，见面的机会不多，只有过组织生活时，大家相聚就有说不完的话，备感亲切。这是一次组织生活的现场，地点在会泽楼一楼。内容是支部成员老龄化、如何发展新成员。会上，方国瑜先生通报了学校布置的一些工作，希望大家在做好科研、教学工作的同时，一定要注意锻炼身体，做到健

图为温馨的支部生活。从右至左，徐文德教授、马开樑教授、方国瑜教授、李埏教授和马忠明教授。

康长寿，争取为云南大学的发展多做贡献。最后，李埏先生提出，自己多年来有一个追求和愿望，申请加入中国共产党，希望得到大家的理解和支持。李埏先生在他七十岁时光荣地加入了中国共产党，实现了他的愿望。

（本文原载《云南大学报》，《云南日报》刊用，云南广播电台播放）

后 记

《见证——定格于镜头、流淌于笔端的云大五十年》（以下简称为《见证》）用文字和图片简略地记录了云南大学从上世纪六十年代至今的发展变化情况。

半个世纪以来，几代云大人的艰苦努力、顽强拼搏，使云南大学发生了翻天覆地的变化。1960 年云南大学有教师 367 人，其中教授 28 人、副教授 23 人、讲师 88 人、教员 3 人、助教 225 人。学校设 8 个系，16 个专业，全校学生 3241 人。截至 2018 年，云南大学设有研究生院，有博士后流动站 14 个，一级学科博士点 21 个，一级学科硕士点 42 个，专业硕士类别 22 个，本科专业 86 个，有教职工 2965 人，其中正高职称 445 人，副高职称 861 人。全日制在校本科生 16730 人。硕士研究生 10907 人，博士研究生 1624 人。教职工中，国家级有突出贡献的专家 7 人，国家级教学名师 4 人，全国先进生产者先进工作者和劳动模范 13 人，国家级人才 12 人。云南省科技带头人、科技创新人才 120 人，云南省高校科研带头人 17 人等。学校占地面积增至 4360 多亩，分布于呈贡校区和东陆校区；学校公用校舍建筑面积 200 余万平方米；学校教学、科研仪器、信息化设备资产 8.12 亿余元，图书馆藏书 360 余万册。云南大学已发展成为以民族学、生物学、特色资产开发与研究保护为优势，以边疆和东南亚、南亚国际问题研究为特色，学科齐全的中国首批 42 所“双一流”大学之一。

云南大学的发展和辉煌，源于它丰富的精神与文化。云南大学前身是一所私立大学，号称东陆大学。美其名、立其志。首任校长董泽在开学典礼上宣布“是东陆大学，非一人之专有，更非云南的、中国人的，实世界的也。”云南大学建立在明清云南贡院的旧址上。公元 1499 年建立的贡院的重要建筑是至公堂，是云贵两省乡试的活动中心。民族英雄林则徐曾两次在这里主考，闻一多先生著名的最后一次演讲就在这里。抗日战争时期，全国性的学术活动和著名学者的演讲经常在这里举行，使至公堂成为全国最活跃的科学大讲坛之一。会泽院是 1922 年云南大学建校时的标志性建筑。因云南大学创办人、曾任云南省督军兼省长的唐继尧为云南省会泽人，故命名为“会泽院”。至公堂、会泽院使云南大学体现出厚重的历史文化底蕴，承载着云南大学的历史，见证着云南大学的成长。“会泽百家，至公天下”成为云南大学独具特色、气势恢宏的精神写照！“会泽百家”就是要继承和发扬融汇百家的学术传统，坚守学术之生命与精神，始终走在知识和科学的前沿，传播科学与真理。“至公天下”就是要担当起大学应有的责任，以天下为己任，将科学发展和个人发展融汇于民族发展之中，与国家和民族同命运，共进步。

《见证》一书，是云大人创造了云大辉煌的部分记录。树大根深，根深才能叶茂，硕果累累。一代代云大人，植根于这片沃土，用自己丰富的学识和科研成果，用自己的聪明才智和拼搏献身精神，谱写着云南大学发展的历史篇章。由于本书篇幅受限，只能选登其中部分。在本书出版之际，我真心感激母校云南大学！感谢所有教育、关心过我的老师、领导、同学及同仁们！

我于 1960 年就从边远的农村考入云南大学中文系。四年后作为优秀成绩毕业生，被分配到中国人民解放军，昆明军区政治部宣传部做新闻宣传工作。1973 年复员回到云南大学党委宣传部校报编辑部当编辑记者。在办报的同时还开设新闻采访、报刊编辑学、新闻摄影和新闻美学等热门课程。

我不但是云南大学的学生、老师，还是云南大学的建设者。亲身经历云南大学发展的重要历程，看到云大师生转动着的眼睛和各种神情；目睹校园内拔地而起的高楼大厦——科学馆、实验楼、图书馆、宿舍楼……听到云大人的欢声笑语及叹息哭泣，仿佛听见云大人脉搏的跳动及沉着坚定而有力向前迈进的步伐。我坚信经过云大人的不懈努力，定能铸造新的辉煌，书写新的华章！

作为记者，我亲身经历这一时期的发展过程，参加学校的建设。亲眼所见云大发展中重要的人、重大的事以及发明创造，亲耳聆听云大人的歌声和笑声……

不仅如此，我经历采访、记录、用照相机拍摄精彩典型的瞬间，写新闻报道、图稿到报社、广播电台、电视台发表，可以说跟云南大学同呼吸、共命运。为感激母校的培养教育，故著《见证》一书。

徐嘉文

2018 年 11 月 30 日